U0584220

高校体育教学工作研究

位一纯　何松博　贾洪淳　著

吉林科学技术出版社

图书在版编目（CIP）数据

高校体育教学工作研究 / 位一纯，何松博，贾洪淳
著 . -- 长春：吉林科学技术出版社，2023.6
ISBN 978-7-5744-0626-1

Ⅰ.①高… Ⅱ.①位… ②何… ③贾… Ⅲ.①体育教
学 – 教学研究 – 高等学校 Ⅳ.① G807.4

中国版本图书馆 CIP 数据核字（2023）第 136505 号

高校体育教学工作研究

著	位一纯　何松博　贾洪淳
出 版 人	宛　霞
责任编辑	孔彩虹
封面设计	长春美印图文设计有限公司
制　　版	长春美印图文设计有限公司
幅面尺寸	185mm×260mm
开　　本	16
字　　数	290 千字
印　　张	15.75
印　　数	1-1500 册
版　　次	2023年6月第1版
印　　次	2024年2月第1次印刷

出　　版	吉林科学技术出版社
发　　行	吉林科学技术出版社
地　　址	长春市福祉大路5788号
邮　　编	130118
发行部电话/传真	0431-81629529 81629530 81629531
	81629532 81629533 81629534
储运部电话	0431-86059116
编辑部电话	0431-81629518
印　　刷	三河市嵩川印刷有限公司

书　　号	ISBN 978-7-5744-0626-1
定　　价	78.00元

前　言

　　高校体育教学是以大学生的身体锻炼为主要目的，以科学的体育课程指导和教学方式，帮助大学生增强身体素质，提高健康素养。基于全新的体育教学观念，本书将"素质教育、健康第一、以人为本"的核心理念融入其中，在编写过程中力求借鉴和汲取体育科学和运动实践最新的研究成果，以最大限度满足现代高校体育教学的实际需求。本书既注重内容的科学性和前瞻性，又讲究实践性和针对性，以期为高校体育教学工作的发展和改革提供理论一定的支撑。本书力求精炼规范、覆盖面广、通俗易懂、践行性强，可以将其作为高校体育教学工作者的参考书籍。

　　本书共分为八个章节：第一章节对高校体育教学做出整体概述（位一纯）；第二至五章节分别对高校体育课程设置、教学内容、训练方法、训练安全研究等内容进行梳理（位一纯、何松博）；第六章节以体育课程中的几类主要运动项目为对象，逐个讲述，分别为田径运动、球类运动、有氧运动、养生项目，以理论结合实践的形式讲解运动的基本技术与科学化训练方法（贾洪淳）；第七章节介绍了对高校体育教学与实践探索（位一纯、贾洪淳）；第八章节对当代大学生体育教学的发展进行了展望（何松博）。

　　在本书的编写过程中，我们参考了众多优秀的专业书籍，在此向相关作者致以诚挚的谢意。由于经验、水平、时间所限，疏漏及欠妥之处在所难免，恳请读者予以批评指正。

目 录

第一章　高校体育教学概述

第一节　高校体育概述

一、体育的概念与组成

（一）体育的概念

体育的本质属性是什么？概括地说，体育是人们有意识地用自身的身体运动，来增进健康、增强体质，促进人的身心发展的活动。以这一本质属性为内涵，体育的概念是：体育（广义）是指以身体练习为基本手段，为增强体质，提高运动技术水平，进行思想品德教育，丰富社会文化生活而进行的一种有意识的身体运动和社会活动，属于社会文化教育的范畴，受一定社会的政治经济的影响和制约，也一定为社会的政治经济服务。

（二）体育的组成

近年来，我国社会主义体育事业迅速发展，不仅促进了学校体育的发展，而且也极大地推动了群众体育和竞技运动的迅速发展，并逐步形成了独立的体系，在社会生活中越来越显示它的重要地位和作用。"体育"一词已不仅局限于教育范畴的狭义体育了，而是包括竞技运动和体育锻炼在内的一个总的概念体系。所以，广义体育是由狭义体育、竞技运动、体育锻炼三个基本方面组成的。狭义体育是与德育、智育、美育、等相配合，增强体质，传授锻炼身体的知识、技术和技能，培养道德意志品质的一个教育过程。

二、高校体育工作基本标准

为落实立德树人根本任务，加强高校体育工作，切实提高高校学生体质健康水平，促进学生全面发展，根据国家有关规定，制定了高校体育工作基本标准。此标准适用于普通本科学校和高等职业学校的体育工作。

（一）体育工作规划与发展

（1）全面贯彻党的教育方针，服务立德树人根本任务，将学校体育纳入学校全面实施素质教育的各项工作，认真执行国家教育发展规划、规章制度、及各项要求。创新人才培养模式，使学生掌握科学锻炼的基础知识、基本技能和有效方法，学会至少两项终身受益的体育锻炼项目，养成良好锻炼习惯。

（2）统筹规划学校体育发展，把增强学生体质和促进学生健康作为学校教育的基本目标之一和重要工作内容，纳入学校总体发展规划，全面发挥体育在学校人才培养、科学研究、社会服务和文化传承中不可替代的作用。

（3）设置体育工作机构，配置专职干部、教师和工作人员，并赋予其统筹开展学校体育工作的各项管理职能。实行学校领导分管负责制（或体育工作委员会制），每年至少召开一次体育工作专题会议，有针对性地解决实际问题。学校各有关部门积极协同配合，合理分工，明确人员，落实责任。

（4）加强学校体育工作管理，在学校体育改革发展、教育美学、教研科研、竞赛活动、社会服务等各项工作领域制定规范文件、健全管理制度、加强过程检测。建立科学规范的学校体育工作评价机制，并纳入综合办学水平和教育教学质量评价体系。

（二）课外体育活动与竞赛

（1）将课外体育活动纳入学校教学计划，健全制度、完善机制、加强保障。面向全体学生设置多样化、可选择、有实效的锻炼项目，组织学生每周至少参加三次课外体育锻炼，切实保证学生每天一小时体育活动时间。

（2）学校每年组织春、秋季综合性学生运动会（或体育文化节），设置学生喜闻乐见、易于参与的竞技性、健身性和民族性体育项目，参与运动会的学生达50%以上。经常组织校内体育比赛，支持院系、专业或班级学生开展体育竞赛和交流等活动。

（3）注重培养学生体育特长，有效发挥体育特长生和学生体育骨干的示范作用，组建学生体育运动队，科学开展课余训练，组织学生参加教育和体育部门举办的体育竞赛。

（4）加强校园体育文化建设，促进中华优秀体育文化传承创新。学校成立不少于20个学生体育社团，采取鼓励和支持措施定期开展活动，形成良好的校园体育传统和特色。开展对外体育交流与合作。通过校报、公告栏和校园网等形式，定期通报学生体育活动情况，传播健康理念。

（5）因地制宜开展社会服务。支持体育教师适度参与国内外重大体育比赛的组织、裁判等社会实践工作。鼓励体育教师指导中小学体育教学、训练和参与社区健身辅导等公益活动。支持学校师生为政府及社会举办的体育活动提供志愿服务。

第二节　体育教育的特点

一、大学体育教育应与学生未来所从事的职业相适应的特点

劳动者在从事职业劳动的过程中，所承受的心理、生理负荷、具体的工作形式（动作快慢、紧张程度、力量大小、注意力集中程度）以及自然、社会条件均不同。因此，制订体育教学的内容时，要注意与学生未来所从事的职业相适应，充分考虑高等教育的特点，使学生走上工作岗位后能较快适应新的工作环境和劳动强度。

二、大学体育教育应具有针对性与多样性相结合的特点

学生作为未来生产一线的生力军，他们所从事的劳动强度较大，而且由于分工不同，劳动强度各异，呈现出工种多样、针对性强的特点。因此，体育教学应在研究、分析不同专业学生的劳动特点的基础上，结合生产实际进行相应的、有针对性的教学。但练习的形式应力求丰富多彩，形式多样，使学生在愉快的练习中，增强能力，以适应不同的劳动需求。

三、大学体育教育应具有预防性功能的特点

多年从事生产劳动容易使工人产生职业病，防治职业病是所有职业工人关心的问题。因此，高校体育教育应把具有"提高、防治、补偿"功能作为准则，始终贯穿于教学之中。在教学中注意引导学生学会自我锻炼、自我评价、自我预防，养成终身锻炼的习惯。

四、大学体育教育应以实用为主的特点

劳动者在生产劳动中，必然受到时间、空间和环境的限制。职业体育教育就是要在有限的时空环境条件下，教会劳动者利用现有条件进行锻炼。如生产车间狭小可以练习哑铃、简易健身操；野外作业可以练习爬山、攀岩；长期伏案可以练习瑜伽、气功、太极拳等。总之，就是要让每位学生都能掌握几种实用的锻炼方法，成为体魄强健的合格劳动者。

第三节 体育教育的目标和任务

一、高等院校体育教育的目标

高等院校体育教育的目标是培养学生的体育意识、提高体育能力、养成自觉锻炼的习惯、增强体质、培养良好道德品质，使之成为合格的现代化事业的建设者和接班人。这就要求高校的毕业生不仅要具有为祖国建设献身的坚定志向，在所学专业领域内有扎实的基础理论知识和技能，而且还要有强健的体魄。健康的身体不仅是完成学习任务的保证，更是胜任工作的基础。

二、高等院校体育教育的工作任务

（一）促进身心发展，增强体质

锻炼大学生的身体，增强大学生的体质，这是大学体育的首要任务。体质具有遗传性，但在后天的环境及一定的条件下，体质是可以变化的。如有计划地改变生活条件、加强身体锻炼，可以增强体质。生长发育的高峰期，可塑性极大，科学合理地安排身体锻炼十分重要。但作为大学生，他们的形态、素质及心理等各项指标基本上趋于平稳，所采用的方法、手段则必须有别于中小学生。特别是心理方面，要着重对大学生进行培养。

（二）增进知识，掌握终身受益的锻炼身体的方法

体育事业的发展，已影响和波及社会的各个方面，它属于人们生活中不可缺少的一部分。大学生学会和掌握几种锻炼身体的方法，了解其锻炼的机理，才能终身受益。简便易行、实效性强的内容应作为首选项目进行学习，如健身操、健美操、跑步、太极拳、气功、办公室健身法，并结合大自然的环境予以选择。这些运动，也是当今正风靡全社会的运动项目，这对大学生毕业后的一生将有重要意义，也符合当代教育提出的终身化、社会化的宗旨。

（三）通过体育教育，向大学生进行理想和职业道德教育

学生积极参加体育锻炼，不仅是为了个人的健康、长寿，而且还肩负着社会责任。把参加体育锻炼与热爱社会主义、热爱祖国相联系，主要表现为一种行动的教育。通过体育过程中的行为表现，有利于培养组织性、纪律性、集体主义等道德品质。在体育锻炼中，常常要求克服困难，勇于奋斗，这有利于培养勇敢、坚毅、果断、机智等意志品质，这些品质在体育锻炼的实践中，比在教室内的学

习中更容易表现出来。教师针对大学生的种种表现及时对他们进行教育，可达到事半功倍的效果。通过体育的实施过程，会更有效地培养大学生的爱国主义、集体主义等观念及培养坚强的意志和奋斗精神。

第四节　大学生体育学习的方法及途径

一、大学生体育学习的方法

（一）理论知识与实践相结合

理论是实践的总结和提升，体育理论知识能有效指导自己的健身实践。但是，理论学习还需要在实践中领悟和体验，从而使一般理论知识变为自己的知识和经验。因此，大学生在体育学习中，要把理论知识与自身体育实践结合起来，提高健身效果，丰富健身和健康知识。

（二）教师传授与自学、自锻、自评相结合

教师在长期的学习和实践中积累了丰富的知识，是体育教学活动的主导者，学生通过教师传授，能更快、更有效地掌握体育知识和健身方法。但是，体育学习仅仅依靠教师是不够的，学生是学习的主体，没有学生的主观能动性，同样不会取得最佳的学习效果。

大学生在体育学习中，要把教师的传授过程与自己的体验、思考、探索和实践紧密结合起来，学会自我学习，掌握自锻、自评的方法，并运用于课外和校外健身活动中，才能在今后的健身活动中更有效地提高体质和健康水平，为终身体育打好基础。

（三）利用信息技术拓展知识面

随着信息技术的不断发展，学生可以借助于电视、广播、网络等媒介，方便地获取各种体育与健身信息。学校教学和教科书上的知识是有限的，学会从外界获取信息，可有效地拓展知识面，解决体育健身中的问题，激发探索知识的热情，有利于自我健身能力的发展。

二、大学生体育学习的途径

（一）体育课教学

课堂教学是教师有组织、有计划地面向全体学生的教学活动。课堂教学的优点是能系统地传授体育的基本知识、健身方法，能在较短的时间内指导学生有效

掌握知识和方法的重点、难点；有利于学生科学健身和良好心理品质的形成，以及良好的个性发展。

（二）课外活动

课外活动一般指学生在学校课余时间内参加的体育锻炼。由于课堂教学时间有限，许多实践内容需要在课外活动中进一步提高和深化。课外活动可以是由教师组织学生进行有目的、有计划的锻炼；也可以由学生自由选择活动内容和活动形式。目前，许多学校对课外活动进行改革，建立俱乐部，使学生有更大的选择余地和自由发展的空间。

（三）校外活动

校外体育锻炼是指学生在学校以外的空间和时间上的锻炼活动，是学生参加体育学习和健身活动的重要组成部分，主要有自我锻炼、家庭体育和社区体育等。

1. 自我锻炼

自我锻炼是指学生利用双休日、寒暑假、节假日等，自发地结伴或独自进行自我健身锻炼。自我锻炼一般在校外进行，场地、器材需要自备，因此要根据条件选择健身内容和方法，如跑步、跳绳、做操、练拳、打羽毛球、远足等简单易行的内容，如果条件允许，也可开展球类、游泳、跳舞等活动。

2. 家庭体育

家庭体育是学生与家庭成员共同参与体育健身活动的形式。健身活动可以在家里进行，也可以选择附近的场所进行，如利用清晨、傍晚、周末、节假日等，选择健身操、太极拳、乒乓球、跳绳、游泳、跑步、远足、下棋、游戏等健身活动。

通过家庭体育健身活动，可以与家人沟通交流，同时，把自己在学校学习的健身健康理论与方法告诉长辈，以提高家庭的生活质量。

3. 社区体育

社区体育是指学生积极参与所居住地区（或邻近地区）有关部门组织的体育健身活动。近几年来，社区体育发展很快，设施在逐步建立和完善，从全面健身活动的开展和普及看，社区体育形式将发挥巨大作用。学生在参与社区体育锻炼的同时，可利用掌握的体育健身知识，协助有关部门组织体育健身活动，如组织比赛，担任裁判工作、教练员工作，开设讲座等，并在实践中提高自己的能力。

第五节　高校体育教育现状及问题

我国的高校体育教育从一开始走到今天，可谓是吸收了众家之所长，许多有益的教学方法和手段不断涌现，并且体育教育的理念也在不断更新。然而，与理想中的体育教育成果相比，实际当中教学效果显得较为一般。在一组大学毕业生的调查数据中显示，毕业后仍旧坚持一定周期频率的体育健身的人占54.25%，仅仅高出半数，而处于"亚健康"状态下的大学毕业生则占比巨大。诚然造成这个结果的因素有很多，但高校阶段的体育教育出现偏差总是不能被回避的问题。而为了能够解决这个问题，对于我国高校体育教育的现状及出现的问题进行客观分析和诊断就显得很有必要。

一、我国高校体育教育的现状

近年来学校体育教育已经成为体育教育领域中重点关注的问题，许多专家学者都将研究的目光落到这个领域，而高校体育教育更是成为其中的关键。一时间，许多关于改革高校体育教育的理念和方案被提出来。然而在经过更加深入的论证和实践的尝试后发现，其中许多方案的实施存在问题，不能如预期那样给体育教育带来效益上的明显改变。为此，要想提出最恰当和符合我国教育情况的方案就应该首先从最基本的高校体育教育现状开始分析。

通过对大量有关文献的调查分析，当前国内外的教育形式可概括为以下几种。

（1）传统方法的体育教学。

（2）以学生体育为指导思想的体育教学。

（3）以竞技体育项目为主的体育教学。

（4）快乐体育教育。

（5）发展个性为主的体育教学。

（6）传统项目为主的体育教学。

（7）发展能力为主的体育教学。

（8）增强体质为主的体育教学。

（9）以终身教育为主的俱乐部体育教学。

目前来看，我国绝大多数的高校体育教学的形式仍旧更多采用传统的体育教学模式。这种模式将走、跳、投等基础运动作为主要教学内容，为了达到统一的教学模式、教学程序按部就班的效果，较多地强调了教学中的某一个侧面，而不能照顾到更加全面的需求。这就是体育教育改革的着手点，然而当前的改革实施也多带有一定的局限性，导致一种方法虽然在某一时间、某地区流行一时，但多未形成一种改革的总体趋势。

现如今，由于我国对高校体育教学的重视程度不断提升，进而也带来了对教学目标与教学要求的提高。在深化教育改革的同时，把素质教育作为教育改革与发展的主旋律，并逐步将其与科技、经济、文化、社会等多领域相结合。如此一来，就使得高校体育教育不再是简单的对学生身体方面的体质提升方法，而是一种全方位的素质教育手段，使大学体育能够充分发挥个人的才能和智慧，促进个性发展。在这种大的环境下，高校体育教育应具备以下功能。首先，设置新课程例如"定向越野""野外生存体验""特色课程""攀岩登山"等内容，在一些自然和人为的条件下，设置各种困难和障碍，让大学生在克服困难和超越障碍的过程中，能够多开动脑筋，运用团体的力量与智慧，共同达到预定的目的，从而培养大学生适应环境，能够战胜自我、战胜困难、吃苦耐劳、面对困难、团结协作方面的品质以及意志。其次，就是能够满足大学生各种不同的兴趣、爱好的需要，让不同层次的在校生的身体素质得到提高，能够体验体育运动的乐趣，并且产生诸如成功、成就感，令学生的自尊、自爱、自信、自强、竞争意识等方面的心境得到加强。

最后，培养大学生的组织与参与能力、人际交往能力，从而促进大学生的行为文明和个性心理的良好发展。

二、我国高校体育教育发展中存在的问题

我国长期沿袭的体育教学尽管在一段时期内对青少年人才的身心发展带来过不小的帮助，但随着时代的发展和社会对新型人才的需求，这种较为传统的高校体育教学已经显现出了诸多不足，其理念和实践方法均已不适应新时期高校体育教学的目标和要求。

（一）对于学生的主体性认识不足

教学过程中，学生的主体性主要体现在两个方面，一是学生的体育实际需要与具体要求对于教学的主导性；二是学生在教学中的主动性与独立性。

虽然我们强调应以素质教育代替应试教育，提出教学应以学生为主体，但是这样的思想未能在教学中得到体现，以致一些高校在理论教学和运动教学中，都存在对学生主体认识不足的问题。从理论教学看，教学仍以传统的思想和认识为

主，因为遵循传统的模式，缺乏思想认识、理论实践、结构内容等方面的突破；因为沿袭"填鸭式"的讲授方法，留给学生的依然是被动的接受和狭小的思维空间；教学内容不注重高等体育教学本质、成人期学生体育需要和学后体育行为的要求。从运动学看，虽然一些高校尝试俱乐部教学、选项教学，小集团教学，能分班教学等形式和方法，以努力弥补传统体育教学中存在的不足，但是，由于教学思想僵化，以及缺乏对运动教学的本质、价值、内容和学后体育需要、高校教学要求的深入认识，使得这些教改尝试大多停留在追求形式的层面，难以将"以学生为主体"的精神真正体现到教学中去，更好地发挥学生的主体性。我们认为，在体育理论教学中，应以培养具备体育科学素养与文化素养的高素质人才为目标，以终身体育、健康体育的理论、知识和方法为重点，既注意体育教材的系统建设、又注意教学形式的多样性、教学方法的灵活性，以及学生参与教学的积极主动性。在教学中，以"为健康而终身体育"的思想、行为和方法教育为目标，以学后体育行为所应具备的体育综合能力为重点，在认识社会体育现状、学后体育需要和健康体育要求的基础上，力求将以学生为主体的兴趣教学同"自主体育能力"的培育有机地结合起来。

（二）课程结构与内容安排的缺陷

首先，一些高校现行的教学大纲与课程结构忽视了成人学生与非成人学生在身心特征、学习特点等方面的实际差异；忽视了课程教学与课外锻炼间的互动关系；忽视了理论教学在培养学生体育意识，教育学生认识体育、了解运动、掌握方法和学会应用等方面的价值；忽视了理论教学与运动教学间的关系和两者在教学中的比重，不仅造成高校学生对体育的片面认识，影响了终身体育与健康体育教育的贯彻和实施，而且给新时期的高校教学建设工作带来了极大困难。

其次，现行的高校体育教学长期沿袭传统内容。在理论教学上，虽然自20世纪80年代中期起，前国家教委就要求实施在高校进行青春期卫生知识讲授计划，且一些高校已经加强关于养生、保健、卫生、锻炼等知识讲授，但是，长期缺乏对中西方体育进行文化、历史、时代的比较以及缺乏对生物体育、人文体育等的深入分析，因而极易造成学生在不甚明了何谓体育、为何体育的情况下，被动接受。不仅不利于学生对体育的认识和了解，而且影响了学生的正确认识，进而影响了学生为接受体育、获益体育而对教学内容加以思考领会的主动性，不利于教学一体、互动，教学相长的境界实现。虽然融入了有特色的教学内容，但是受传统的各种观念的影响，以及对运动知识理念缺乏剖析，使学生对知识的领会难以达到应有的深度。以至于学生只知运动之术不知运动之道，导致"知其然不知其所以然"的盲动，结果势必不利于学生体育能力的培养。

（三）对于体育教学的本质仍未明确

运动教学是通过选择运用相关的教学方法和手段加以实施的。但教学中选用的项目是目的还是为目的而采用的手段，哪个为主体的回答关系到体育教学的实质和定位问题。

就运动而言，它只是为实现目标而运用的手段，同体育的本质有明显的区别。具体到高校体育教学，运动教学是主要形式、有效的方法、具体的手段，但并不等于体育教学，体育教学的内涵包括体育的功能、作用、文化内涵等。然而高校体育在很长时间内，崇尚运动、强调竞技、强调技能、注重成绩追求体能；在教学实践中，注重围绕身体素质与运动能力去展开。新时期高校体育教学的目标与要求，决定了运动教学项目本身只是手段，是为具体教学内容服务的有效教学方法。因此，教学应以提升学生体质为本去实现和应用体育目标。可见，将教学体育中的运动教学项目视为教学目的还是手段，实际是对高校体育教学的主体目标、主导任务等不同认识的结果。

（四）对于教学考评的实质认识不足

教学考评作为保证教学双方实际投入的管理措施，以及教学效果客观检验的具体方法、手段、标准，是十分现实和必要的。体育教学是一项非常严谨科学的学科，因此对于该学科的教学成果也是需要进行考评的。然而，许多人对于体育教学的考评工作看法不一，给予的重视程度也各不相同。实际上，如果对体育教学的考评工作的实质认识不清，则可能会给体育教学的总体发展带来阻碍。

在一些高校现行实施的体育教学中包括了体育理论的考评以及对体育实践的考评两种形式。对理论的考评主要考查学生对体育的基础性知识了解、掌握情况；对运动的考评则主要考察运动技术的掌握状况和运动成绩。这种直观的教学考评，其根源是对考评的认识不足，在现代体育教学的观点看来，这种考评的方式过于简陋和片面。这里就要首先明确一下教学考评的意义了。

教学考评从表面上看是对教学效果的客观检验，但它的作用绝不仅仅于此，它更深层次的意义在于引导和促进教学的完善，使教学更好地服务于教育目标。具体到新时期高校体育的教学考评，则是为了更好地促进和保证教学服务于为健康而终身体育的思想、方法、行为能力教育的需要。因而体育教学考评，应在正视体育文化的价值、不同学生身体和运动基础的差异终身体育行为所需要的体育素养和自主能力的基础上，将体育理论考评的中心转向对体育的思想、认识和体育科学基础与文化素养的考评；将运动考评的重心转向对教学项目的技术原理、运动价值、运动效果的知识程度和体育综合能力的考评等。只有这样，教学考评才能充分发挥它在高校体育教学中的指导作用，使学生真正地理解体育，以及体育对生命的意义与价值，并促进新时期高校体育教学目标与要求的实现。

（五）对于创造积极的教学情境和学习环境的意义认识不足

基于传统的体育认识与教学习惯，在一些高校的体育教学中，依然注重于教学的组织性、纪律性、调"教"的条理性、法度性和"学"的有序性、统一性等。这种教学虽然外观严谨、规范、清晰、有度，但也存在着主观营造紧张气氛的弱点。

体育教学不仅要强调人的社会属性，而且要强调人的自然属性，这既是新时期高校体育教学的要求，也是高校体育教学的发展趋势。然而，长期以来，我们一直强调，体育从属于教育，其主要功能是强身健体，本质属性是教育性与国家性。因而，高校的体育目标一直侧重于人的社会属性，注重"三基"和集体主义、协同思想与进取精神的教育，强调体育的社会功能与政治作用。这样的体育教育虽然是必要的，但由于它对"体育"和"人"的理解与认识较为片面，忽视了人的身心和谐对于生命健康的价值，其结果势必会轻视人的自然属性教育，也就不能充分认识教学情境和学习环境建设的意义。

从人的身心和谐、健康与体育作为娱乐游戏的角度看，高校体育教学不仅要注重对体育的认识、态度和终身体育行为能力的教育，也要重视学生接受教育的心境与宽松的学习氛围，充分调动学生学习的积极性与主动性，增进学生对体育教学的心理认同，使他们通过积极参与、体验乐趣、感受效果和享受成果而养成爱好体育，主动、积极地从事并坚持体育活动的意识、习惯，并将"终身体育"思想落到实处。因此，注意创造积极的教学环境与学习环境，是教学改革中应予重视的重要内容。

（六）对于体育教学如何结合课后体育需要的认识不足

新时期高校体育教育改革，既为高校体育教育指明了新的目标，也要求高校体育教学注意力主要集中于传统的教学形式、项目和方法等。虽然体育选修课、体育社团、体育俱乐部等体育教育新模式以及更多种类的球类运动、健身项目、民族传统体育运动、游泳等教学项目越发丰富，这对于提高学生的运动兴趣与能力具有积极意义。然而仅仅如此就力图来保证课后体育能力和终身体育行为，进而保障生命健康，则就有失全面和完备。之所以这是一种理想的想法，主要是因为参与体育运动需要有多种因素的共同构成以及周边体育环境的完备才可以进行。显然，提高。运动兴趣和运动能力，只能部分满足终身体育行为的要求。应该在此基础上，通过加强对身体肌理、运动规律、技术原理、动作效果、方法价值的解析等，使学生认识、理解并掌握运动，提高对身体的自我监测、发现、调控和锻炼的能力，能够不受时间、环境、条件等外在因素的束缚，而根据自身健康阶段性锻炼的实际需要，运用自己所掌握的运动、锻炼、卫生和保健的综合知识，来设计健康方案、选择运动方式、确定锻炼方法实施锻炼计划。此外，对于初次涉及的运动项目，还能根据项目的特点，运用所学得的知识和触类旁通的运动学习能力的自主性，对其加以分析、领会，进而自主学习。只有这样，才能在当前大众体育资源还有所匮乏以及社会体育指导员配备尚不完善的情况下切实保证体育教育真正结合学后体育的实际需要，使新时期的高校体育教学所应有的价值和作用得到充分发挥。

三、我国高校体育教育的发展前景与策略

（一）高校体育教育改革的几个侧重点

1. 教育理念的转变

要想做好高校体育教育改革工作，首先要改变的就是体育教育的理念。理念转变在先，此后才能以其作为指导实践的基础。在新型体育教育的理念指导下，要求体育教育不光是运动技能或体育知识的传授，还应该将体育教育作为部分社会、人文科学、自然科学等知识内容的教育场合，使学生在体育教学中所能学到的东西更加广博，学会多样化的学习方法。其中，特别要注意培养学生学以致用的观点，努力创设学生动脑、观察、练习、创造的机会，充分发挥体育多功能的作用，为提高学生全面素质服务。而这恰恰是体育教育区别于其他学科教学的最大特征，是体育教育在素质教育中得天独厚的优势。

2. 教师素质的提高

在高校体育教育改革中，身处体育教育一线的体育教师是非常关键的一个环节。为此，在实施素质教育时，要充分认识到教师的作用。由于教师是体育教育中的直接知识与技能的传授者，因此，教师所掌握的知识和言行将直接影响到学生对体育教学的认可度和满意度。由此一来，过往对于体育教师的要求要进行提升，对他们的知识结构不能只满足于"学科知识十教育学知识"的传统模式，而是应该形成多层复合结构，并且还要注重体育教育中的"软性"教育，即善于理解学生心理，捕捉学生内心的感受，培养学生健康良好的个性与情操以及他们对体育教育表现出的良好情感态度与价值观。另外，体育教师也要对自身的综合素质和工作能力有进一步的要求，除应注意完善知识结构，提高教学能力、专业技能之外，更应该注意培养良好的个性和心理品质，从政治、道德、知识、能力、心理、审美等诸方面提高自己，使自己全面发展和综合提高，成为全能型、开拓型、创造型的教师。

3. 教材内容的转变

21世纪所需的人才是综合性全面型人才，这是我国社会各方面领域保持可以持续发展的核心要务。为此，作为素质教育的主要培养形式，体育教育就自然承担了更多的责任。而教育的转变会在体育教学内容中获得直观的展现。首先，体育教学内容的载体是教材，现代体育教育要求体育教材应与培养学生能力和未来实际需要相结合，并且随着体育运动的发展不断获得完善和补充，使一些具有时代性和实用性的体育内容进入体育教学的范畴当中，如此才能使体育教学中的体育与生活中的体育更加接近使教材能反映现代科学技术的新成果，让学生能学习和掌握体育学科中的新成果、新技术、新动态，提高学生的学习兴趣；其次，体育教材应尽量能够与体育相关学科相关联，如此是对体育教学内容的一种拓展，能够引申出学生更多的思考；再次，教材应多样化，除了必修课外，还应开设各种类型的选修课，以拓宽学生的知识面，建立合理的知识结构；最后，增加教材的趣味性和可读性，增加体育史、教学和训练范例、评价标准和方法等内容，这种内容的增加可以使学生既学习体育知识，又巩固专业知识，有利于培养学生学习体育的兴趣，并使教材在今后的实践中具有参考和实用价值。

总之，教材的制定应考虑现代化、理论化、结构化、多样化、趣味化，教材内容应含有诸多层次：知识层次、能力层次、情感层次、认知层次、教学思想和方法层次。而一套好的体育教材的最终成形需要较为严谨的科学理论与实践检验，其中许多过程较为繁杂枯燥却不能忽略，否则对体育教学内容的改革就只能是一种流于形式的行为，这是对体育教学改革工作以及对学生的不负责。

4. 课堂教学观的转变

当前的体育课堂教学中存在几个问题，这些问题如果不能得到很好的解决，会在很大程度上影响体育课堂教学的总体质量。这些问题具体如下。

（1）体育教学的内容较多，然而总体来看体育课的总课时偏少，因此压缩体育教学的过程就是不可避免的事情，长此以往带来的直接后果就是每节课的教学过程因内容膨胀而无法实现目标。为此，首先就需要转变课堂体育教学观，使体育教学获得各方的重视，保障体育教学的顺利开展与各种保障措施的提供。

（2）在传统的体育教学课堂中，对于运动技术的教学更多的是采用枯燥的练习的方式来进行。这种简单的教学方法只会让学生厌烦体育课程，远不能体验到运动的满足感，也体验不到提高技术和掌握知识的乐趣，教学容易出现因内容空泛而产生的"游戏化"和"活动化"倾向，很多时候只是让学生参加活动。

（3）传统的体育课堂教学是教师讲解、范，学生模仿跟随练习的过程，基本上是教师和学生之间的单向传递。这些情况都不能适应当今体育教学的需要，根本达不到体育教育的目标。符合现代体育教学需求的教学应该是一种将教师的教与学生的学相结合的模式，打破传统体育教学单一是教师向学生灌输知识或技能的模式，由此能够使体育教学课程的氛围更好，学生更乐于接受体育学习，进而从体育教学的过程中获得更多的启发。

（二）我国高校体育教育在未来的发展策略

1.注重对民族传统体育项目的引入

我国民族传统体育应成为高校体育教育的重要组成部分，因其不仅表现出民族智慧、精神和性格，对弘扬民族文化也有不可磨灭的作用。同时，民族传统体育对于培养大学生科学文化素质、思想道德素质、身心素质以及培养个性也有重要意义。

（1）民族传统体育与素质教育

在素质教育中实施和加强民族传统体育，是基于个体和社会发展的需要，结合项目本身各种有利条件通过运用活动过程中的特定途径，引导学生积极主动、最大限度地开发自身潜能，提高自身价值和整体素质，从而弘扬民族文化陶冶高尚情操，促进人的身心全面发展和完善。的面体

（2）民族传统体育教育与科学文化素质

民族传统体育对于加强素质教育，特别是科学文化素质教育有着重要的功能和价值。它蕴含着深刻的东方哲理和价值观念以及丰富的美学、医学、民俗、宗教、文学、历史与军事等方面的理论知识，通过学习，有利于学生开阔视野，提高体育文化素养，促进体育意识与习惯的形成，对实现全民健身战略和体育强国有着积极的导向作用。

（3）民族传统体育教育与思想道德素质

民族传统体育教育不仅使学生掌握相关科学文化知识，更给学生提供一种思想、一种意识、一种精神。民族文化的内涵是广阔的，传统伦理所要求的"仁、义、礼、智、信"等亦贯穿于体育活动的过程当中，作为道德文化规范和具体体现，对人产生潜移默化的影响。因而，开展民族传统体育教育能够帮助学生树立正确的伦理道德观念、提高各种涵养和品性，使之全面、系统地领会中华民族精神，并不断内化为自身的意识和行为。这与学校教育中强调"德育为先"是实现教育总目标的必要条件相一致。

（4）民族传统体育教育与专业、身心素质

民族传统体育是以人为本的，围绕如何提高人体身心健康水平为基准，通过体育活动来锻炼心、智，启迪灵性，进行人格修养，使身体修养和道德修养和谐统一发展，进而形成理想人格。因此，通过学习能够使学生掌握丰富的专业知

识、专项技能，深刻理解和领悟中国传统文化的内涵，有利于他们抒发情感，培养情操，在素质教育中占有重要的地位。

（5）民族传统体育教育与个性的培养

个性教育，其根本目的就在于使学生的个性得到全面充分、健康和谐的发展，民族传统体育对人个性的发展和形成有着极强的影响力，在培养人身心方面起着重要的导向作用，尤其是在人的个性心理发展方面，有利于培养人在复杂的环境中良好的心理适应能力。同时也有利于学生发现个性中的缺点，采取行之有效的方法改进自己的不足，做到扬长避短，形成正确的人生观，确立正确的社会角色定位，以展示民族体育之风范，最终达到个性的形成。

2. 高校体育教育"地方化"

我国幅员辽阔，不同地区的人由于受到不同地理环境和人文环境的影响会形成不同的意识，当然这也包括不同地区的人对体育教学的理解和认识的深度的不同。经济相对落后、人口素质基础低，导致了大众对体育生活价值的认识起点低。因此，鉴于这种实际情况的体现，为了发展高校体育教育，使之成为可持续发展的教学内容，就需要高校体育教育更应该着重突出地方性。

首先我国教育经费投入比例的失调，在严重不足的教育投入中，用于体育教育的经费微乎其微，因此用地方经济扶持高校体育教育有重要意义。

其次让学生认识到锻炼无处不在、运动就在身边，无论教育环境、教学手段如何，追求健康始终是体育教育唯一的最终目的，只有正确认识这个目的，体育教育才有助于个体的发展、群体的参与。

最后，我们应采取分析的态度，从国情出发、从实际出发，学习引进和传播国外的新思想、新理论，使高校体育教育的视野更加开阔。更新观念，为体育教育改革提供借鉴、注入活力，真正体现体育教育的地方化特色。

3. 丰富高校体育教育功能

高校体育教育具有多样化的功能，这些功能是保证高校体育教育富有重要意义的关键因素。而如何才能发挥出这些功能，并为学生的全面发展服务就成了专家学者们研究的内容。在人们印象当中，体育教学的最大功能就是强健身心，但实际上它的功能远远不止这些，而尽最大化地开发出高校体育教育的功能就成为未来高校体育教育的发展趋势之一，这也适应了当代大学生的培养目标。这里主要对高校体育教育中的美育功能以及其在不同体育形式间的助推功能进行分析。

（1）高校体育教育中的美育功能

美育在现代所提倡的素质教育中有着不可替代的作用，这是指导人们如何发现美、感受美和欣赏美的教育内容，美育的目标是养成人格美，即培养成丰富的具有完美个性的人，大的中心任务是使受教育者掌握美的规律，养成感觉美、鉴赏美、创造美的能力。体育运动中充满了许多种类的美在体育教育中，贯彻美育原则可以使死板的记忆化为主动想象，可以把枯燥乏味的技术动作等化为生动美好的艺术形象，把师生之间单方面的灌输关系变成平等的相互交流的关系。这种将美育功能融入体育教学中的教育行为不同于一般的教育，它对于美育的最大的功效主要表现为：

①对美的教育更加直接和明显。体育教育的美育功能主要现在以下几个方面。是通过欣赏或亲自力行参与其中，感受到身体运动带来的美的塑造。在体育运动中不仅人体各种潜在的生理机能得以充分展现，并且还能促使人们的体格变得更加强壮与健美，从而最终使人成为"健、力、美"的有机结合体。

②体育的审美教育。通过这种教育，引导受教育者自觉参与体育活动过程，并在这个活动中遵循美的规律塑造出自己完美、和谐、健康的形体并造就人的优良品质、塑造人的心灵。

③培养美的情操、美的灵魂。体育教育在塑造人格美方面的教育功效更为直接和显著。学生在参加体育教学及其相关活动时得以亲身感受体育运动带给他们身心双重方面的健康效益。其中对于心理方面的调试作用可使他们获得良好的心情，再加上体育运动中的一些项目需要团队配合进行等原因，这一切都可以培养学生美的情操，感悟美的灵魂。

由此，高校体育教育的美育有更深层次的意义，以体育美育为途径追求德育、智育的目的。

（2）基础体育、高校体育及终身体育的互动作用

基础体育是以身体练习为主要手段，通过合理、科学的体育教育和锻炼手段，达到增强体质与健康的目的。基础体育的范围包括学校体育与社会体育。高校体育实际上也是学校体育的一种，只是它的级别更高，内容更丰富，目的性更强。高校体育的最大意义在于培养学生的终身体育意识和掌握正确的运动方法，可谓是起到了承上启下的重要作用，同时也是学生对于体育学科学与用的关键衔接点。但是即便如此，也不能单纯的就认为高校体育是基础体育的继续，两者之间实际上还是有所差别的，只不过是基础体育的发展为高校体育教育提供了高起点，推动了高校体育的改革。

终身体育教育与高校体育存在互动作用，因此，高校体育应该以终身体育作为体育教育的终极目标，以培养学生的体育意识为己任，如此才能发挥出高校体育在终身体育教育中的"桥梁"作用。这种"桥梁"作用的具体表现如下。

①高校体育是最高级别的学校体育，是学生身体教育的最后一站，是学校到

社会的转折点和学与用的衔接点。在高校体育中加强学生终身体育意识和技能的培养有利于学生获得终身体育带给他们的健康效益，并且通过意识行为的传播，成为根植于社会之中的社会体育辐射源，成为大众健身的示范者和践行者。

②大学生处于身心发育较为成熟的时期，是接受教育、完善自我、实现个体社会化的最佳阶段。由于文化层次较高，理性及自主能力较强，在此期间，结合学生自身的兴趣、爱好及身体状况和专业特点，学习自我锻炼身体的知识发展自我身体锻炼的能力、培养终身体育锻炼的习惯，必能收到事半功倍的效果。

4.多元化高校体育教学方式

多元化的高校体育教学方式应秉承求真务实的态度，一切从实际出发，因地制宜、因人而异地开展体育教学活动。保证体育教学除了传授最基本的体育知识与技能外，还能对学生产生激励作用，满足学生不同兴趣、爱好的需要，使不同层次的学生都能提高，都能体验到运动的乐趣和产生成就感。多元化教学方式可以摆正以学生为主体，教师为主导的位置关系，将传统的教师一味灌输知识向学生对学习内容有所选择转变，切实将过去的"要我学"转变为"我要学"，从"学会"到"会单一的知识传授者变成了知识引导者和启发者，这样可以让学生在教学中投入更多的智力与体力，使身心得到有效的锻炼。由于对所学的项目具有较强的兴趣，学生上体育课，感到的是一种快乐，能在娱乐中学习。高校体育教育方式向多元化发展在培养学生技术技能方面成效明显，同时在潜意识中培养了学生的品德，自觉的行为规范，并促进其个性的发展。

第六节　高校体育教育理念及发展

体育教育理念的更新与发展是体育教育教学事业发展与完善的重要前提，当前我国高校体育教育的进一步深化改革与完善必须是建立在科学体育教育教学理念的指导基础上的，只有这样才能从根本上牢牢把握住现代先进体育教育的未来发展趋势与改革方向，才能真正促进我国高校体育教育的进一步科学化发展。本章主要就当前我国高校体育教育的三大理念进行详细阐述，并结合我国国情和国外体育教育理念对我国的启示进行深入分析，以此为当前我国高校体育教育理念的改革与创新提供理论指导。

一、我国高校体育教育的理念

（一）"健康第一"理念

1."健康第一"教育理念概述

（1）"健康第一"教育理念的基本内涵

"健康第一"这一理念在我国的提出是在20世纪50年代，据悉，中华人民共和国成立初期，国家体育发展面临的首要问题是国民体质较差、青少年儿童健康教育较为落后。在1950年，毛泽东为了改变学生负担太重、健康水平日益下降的基本现状，首次提出"健康第一"思想。

20世纪90年代，为了进一步促进我国体育教育改革，"健康第一"的理念和思想被再次提出并引起重视，这一时期的"健康第一"理念与20世纪50年代的"健康第"理念本质不同，它是在我国素质教育改革下的一种教育诉求，是一种新的具有创新意义教育理念。

"健康第一"教育理念强调体育教学中的教学首要目标是要促进学生的身心健康发展，其次才是体育技能的提高，其在"学校教学忽视体育教育"和"体育教学以竞技体育为主要内容"的传统学校教育教学中是一种新的教育思想和观念的突破。

（2）"健康第一"教育理念的依据

①"健康第一"教育理念符合世界发展潮流。1948年，世界卫生组织提出健康现代健康新理念，之后，世界各地开始广泛开展健康教育。为适应世界健康发展新趋势，我国提出"健康第一"教育指导思想。1990年6月，教育部和卫生部首次联合颁发《学校卫生工作条例》，依法将健康教育纳入到学校体育教学，积极开展各种健身活动，关注学生的健康发展。学校体育教育教学的重点发生了根本性的变化，已经从"单纯的技能传授、重视学生体育技能发展"向"促进学生身心健康发展和社会能力的提高"方面转变，2005年党中央国务院公布的《关于深化教育改革全面推进素质教育的决定》，进一步明确了在现代我国体育教育教学中坚持"健康第一"指导思想的重要地位与作用，在全世界都强调素质教育的大背景下，"健康第一"成为我国体育教育教学的重要改革指导思想。

②"健康第一"教育理念适应当代社会发展需求。当前社会，科技不断进步、经济发展迅速、生活节奏日益加快，人类的体力劳动越来越少了，又由于家用电器的普遍使用，人们用于家务劳动的时间也大大缩短。长时间伏案工作所造成的"运动不足""肌肉饥饿"严重影响了人们的健康。由于很多人不能适应快速发展的社会节奏，因此导致现代社会人们心理疾病、心理障碍多发，如身心紧

张与焦虑等，20世纪90年代开始，疾病死亡大都由心脏病、脑血管疾病与恶性肿瘤等文明病导致，疾病死亡原因也发生了本质的变化，人们的生活方式发生急剧转变是导致疾病死亡高发的一个重要原因。对于整个社会来说，快节奏的生活方式是难以改变的，人们必须自觉接受并尽快适应快节奏的社会生活，与之同步发展。这种情况下，人们也充分认识到健康的重要性，在教育领域，学生的健康问题与国民健康问题更是引起了极大的关注。

21世纪的人才是全面发展的人才，社会的快速发展与激烈竞争要求现代人才不仅要有正确的政治思想，具备扎实的科学知识和能力，还必须具备强健的体魄。要想在这个充满竞争的社会中立于不败之地，必须首先拥有一个健康的体魄。实践表明，学生积极参与体育健身活动，不仅强化了体魄，增强了抵抗力，还有利于学生良好心理素质和智力的发展，这对学生的个人发展、国家与社会的可持续发展都十分有益。

2. "健康第一"教育理念在我国高校体育教育中的实际应用

体育是一种身体文化现象，人的生理与心理是从事一切活动的基本要素。"健康第"的出发点是每个人的全面发展，是学校体育发展的一种全新理念。"健康第一"教育理念的提出对于现阶段社会发展对综合素质人才的要求和学生日后的健康、全面、可持续发展具有非常重要的指导和帮助作用，体育教育促进健康的本质功能得到了充分的体现。

当前，"健康第一"体育教育理念在我国高校体育教育中的应用主要是，在"健康第一"教育理念的指导下，不断促进我国高校体育教学各要素的发展与完善，使之充分体现"健康第一"教育思想内涵，并在具体的教学过程中得以落实。

（1）体育教学目标的明确

"健康第一"的教育理念为促进我国高校体育目标多样性、多层次的建构提出了新的要求。当前，"育人"是学校体育教学工作的最根本目标，技术教育和体制教育并不能完全作为学校体育实践的重心，应该把重心从单纯地追求学生的外在技能水平向追求学生的全面协调发展转移。这些都体现出了我国在学校体育改革中更加注重学校体育目标的人文倾向。

"健康第一"教育理念的科学贯彻落实，要求我国高校体育教育应重视学生健康知识与素养的全方面培养与提高，应将体育教育、卫生教育、美育等有机结合起来，"人的全面发展"是以健康的体魄为基础的，人类发展的基本标志之一就是健康、长寿。具体来说，学校应加强学生的营养指导，让学生了解有关营养、卫生保健的知识，并形成完善的体系，紧密结合学生生长发育与生活实际开展健康教育，使学生学会自我保护，预防疾病发生。此外，还要把学生青春期教育和心理健康教育作为健康教育的重要内容应用来抓好，并寓美育于体育之中，提高学生对体育的兴趣，提高其运动质量。

（2）体育课程体系的调整

课程体系改革是当前体育教学改革一个非常重要的方面。通过课程体系方面的改革，能够使教学内容更加丰富多样，还能够更好地满足学生的发展和社会的发展需求。

在"健康第一"教育理念影响下，传统体育教学中的教学课时少、课程内容安排不合理、课程体系不健全的情况等得到了有效的改善。学校在设置相应的体育教学课程时，开始考虑学生身心各方面发展的需求，并且在课程中逐渐将学生作为课程中的主体。学校在进行教学内容和课程体系设计时，更加注重学生的个性和性别特点，并且开始根据学生的身体素质水平来提供丰富多彩的、供学生进行选择的体育教学内容各种体育教学内容在促进学生的身心健康发展方面越来越贴近、效果更加明显。

（3）体育教学方法的优化

体育教学方法是促进体育教学过程顺利开展的重要因素，在"健康第一"思想的影响下，通过多种形式的改革，体育教学方法日益丰富化和多样化，对于培养学生自觉的健康意识和健康行为发挥着重要的作用。

当前，促进体育教学方法的优化是"健康第一"教育理念的一个重要要求，要求体育教学方法在体育教学中的科学应用必须能够实现体育教学对学生参与体育积极性和主动性的调动，使学生从主观上重视体育对健康的促进作用，使学生在体育教学过程中得到全面、健康的发展。

（4）教学评价体系的完善

在"健康第一"思想的影响下，体育教学的评价应以学生的体质增强、身心健康发展为重要评价指标。当前，新的体育教学评价体系不仅注重对学生进行全面的评价，还注重对教师教学方面的评价。在对学生进行的全面评价中，一方面，教师开始重视对多方面的教学效果进行量化分析，并且将定性评价和定量评价相结合，大大提高了体育教学评价的科学性，对于学生认识自身的不足以及获得学习的动力起到了良好的促进作用。另一方面，教师对学生的评价内容日益多元化，关注学生的多方面成长与发展，具体的评价内容开始不仅仅局限于主动其对技术技能的掌握情况，而是更加注重对其创新能力、学习态度、意志品质等方面进行综合的评价，真正关注学生全面的健康与发展。

（二）"以人为本"理念

1. "以人为本"教育理念概述

（1）"以人为本"教育理念的内涵

"以人为本"教育理念源于西方人本主义思想，西方人本主义思想最早可以追溯到古希腊时期，其正式形成是在意大利文艺复兴时期。19世纪初，哲学家费尔巴哈首次提出了"人本主义"口号，此后，西方产生了多个人本主义学派。我国"以人为本"教育理念是在充分吸收了西方人本主义教育思想后、建立在马克思主义关于人的全面发展的理论基础上，结合中国实际和时代特点，形成的完整而科学的教育价值取向。

"以人文本"是我国现代体育教学的一个重要教育理念与指导思想，它重点强调了教育中"人"的发展。"以人为本"教育理念指出，教育的出发点、中心以及最终归宿都是"人"，教育是以人为基础和根本的，教育的目的是人的发展。

（2）"以人为本"教育理念的核心

①肯定人的重要地位和作用。充分肯定人性的，信任人的潜能、智慧，向往和追求健康体魄及身心和谐统一。

②肯定学生在体育教学中的主体地位与作用，对学生的人格、权利给予尊重，加以维护。

③客观尊重个体之间的差异性。具体到体育教学中，应充分了解和尊重学生之间的差异，因材施教，重视学生的个性发展。

④鼓励学生主观能动性的充分发挥，所有学生都能积极主动地学习体育知识和技能。

⑤保证所有学生都可以学有所得，学有所成，学以致用。

（3）"以人为本"教育理念的教学要求

"以人为本"教育理念的教学要求具体如下。

第一，"以人为本"教育理念要求所有的教育都必须贯彻以人为本的原则，这是现代教育发展的基本要求。用金钱标准是无法衡量现代人的自我价值和自我尊严的，教育实际上也是人的自我实现、自我理解以及自我确认的过程。

第二，"以人为本"教育理念要求在教育过程中将人的自由、幸福、和谐全面发展以及终极价值实现重视起来。体育教学应该对学生的个性发展给予一定程度的重视，使学生在体育训练中张扬个性，自由展现自我。体育教学在带给学生身心愉悦与快乐的同时，也应使学生的人性通过体育的方式得到最自然地流露，使学生在体育学习中自由宣泄和释放自己的情感。通过体育教学应促进学生的身体、心理、个性、品质的健康发展，使学生成为更完善、更优秀的个体。

第三，"以人为本"教育理念要求体育教育突破机器的教育模式，真正转变为人的教育。作为教育的对象，学生首先是一个"人"，其拥有人权和自我价值，这是教育的起点。现代体育教学应重视以社会需求为基础加强对全面发展的新型人才的培养。在整个体育教学活动过程中，要充分尊重和重视学生的人性、人权以及价值。

第四，"以人为本"教育理念要求体育教育应体现人文关怀。人作为体育教育的对象，是有理性、有情感的，思考的方向由情感决定，而思考的结果是由理性决定的。体育教育中只有先以情感人，才能以理服人。无论采取何种先进的教育方法和手段，都要注重面对面教育；不管采用多么发达的现代传媒手段，人和人之间面对面的融合和交流都是不可替代的；不管制度多么完善，人文关怀的巨大作用始终不容忽视。因此，体育教育教学必须要有人情味，要时时刻刻以"人"为中心，以学生为中心和教学主体。

2."以人为本"教育理念在我国高校体育教育中的实际应用

21世纪，将"以人为本"的基本发展理念融入体育教育，是人类社会协调和可持续发展的基本要求和重要内容。新时期，"以人为本"是我国高校体育教育的主导思想。

当前，"以人为本"教育理念在我国高校体育教育中的科学应用具体体现在以下几个方面。知横，

（1）体育教学目标的进一步明确

"以人为本"教育理念强调体育教学中社会本位目标与学生本位目标的统一。

首先，社会本位要求将体育教学的价值主体确定为社会，旨在满足社会发展的需要。

其次，学生本位要求在体育教学中以学生为价值主体，对学生个体的需要加以把握，以学生的兴趣、需要为出发点组织教学，使学生获得自由的全面的发展。

"以人为本"教育理念要求有机统一社会本位目标与学生本位目标。具体来说，在体育教学中，不仅要注重社会价值目标，还要强调对学生学习动机和兴趣的培养，促进学生良好体育态度和习惯的形成；不仅要将学生学习期间应达成的短期目标重视起来，还应对终身锻炼的长远目标予以考虑。只有充分结合这两个本位目标，才能使体育教学目标真正实现，才能实现学生发展的长远功效与近期功效的有机结合，才能促进学生和社会的协调、可持续发展。

（2）体育课程内容的进一步丰富

"以人为本"教育理念指导下，现代体育教学内容越来越重视学生体育学习与参与兴趣的提高、越来越重视与学生日常生活的密切联系、越来越关注学生的多元化的体育发展需求。在体育教学实践中，体育课程教学内容的选择日益丰富，教师在对传统体育教学大纲所规定的技能方面的教材予以考虑的同时，注重将对学生体育兴趣进行全面的培养、对学生的人格发展有积极影响的教学内容的引入。

具体来说，当前教学内容的不断丰富和完善表现出以下教学内容的增多：具有娱乐性和趣味性的体育教学内容；具有创新性，有利于培养学生创新精神的教学内容；更方便普及的健身性的体育教学内容。

（3）体育教学形式的进一步多样化

"以人为本"强调体育教育教学的以学生为本，由于学生之间存在着客观差异，要做到以每个学生为本，关注和促进每个学生的成长与发展，就必须采取多样化的体育教学形式来满足不同学生的体育参与和学习需求，使每一个学生都能从情感上行动上乐于进行体育学习，为了实现和达到这一教学目的和效果，就需要教师在体育教学中采取灵活多样的教学形式（如群体训练、小组合作、个人自觉练习等）来组织教学，使体育教学形式更加灵活、体育教学过程更加有趣，使学生不会将体育学习看作是很难的一件事情，同时，学生还能在体育参与过程中充分展示自我，充分激发学生的体育学习与参与的积极性与主动性，并切实促进学生的进步与提高。

（4）师生关系的进一步和谐化

"以人为本"强调学生在体育教学中的主体地位，体育教学的基本立足点是关爱学生生命，教师应尊重学生、关爱学生，在体育教学过程中，注重良好的师生关系的建立，这有助于体育教学过程的顺利进行。

首先，教师应尊重学生的人格和权益。对学生的独立性、个体性应予以尊重。

其次，教师应正视学生之间的差异性，在体育教学中既要关注优秀学生的学习，更要重视基础差、喜欢捣乱的学生的体育学习，不能对这部分学生失去信心而放任不管。对于基础差、喜欢捣乱的学生，教师要严格管理，同时也要宽容，如果只是为了严格而严格的话，学生就会产生畏惧或者抵抗心理，这不利于纠正学生的缺点，而严而有度、严而有方、严而有情的严格才更能帮助学生进步。教师在管理"后进生"的过程中，要付出情感，多下功夫，减轻这部分学生的思想负担，使其感受到教师的用心，并树立学习和参与体育的自信。

再次，教师应善于鼓励学生。教育鼓励是师生关系的润滑剂，鼓励可对民主、和谐的教学氛围进行营造，可促进融洽的师生关系的形成。在体育课堂教学中，教师要善于采用鼓励性的话语来激励学生，安抚学生。使学生在轻松自由的空间里和氛围中，能够积极与老师、同学沟通与交流，从而获取更多的体育知识，获得更多的成功体验，并在这种体验中更加积极地配合教师完成学习任务。

（5）体育教学评价的进一步完善

"以人为本"的体育教育理念在体育教学评价方面，要求评价更加关注作为教学对象的学生的发展，而非只关注体育教学任务是否完成。

在现代体育教学评价中，评价应关注作为学生的"人"的发展，不同学生有不同的学习能力，所以一些能力高的学生轻而易举就能够获得高分，而能力相对较差的学生付出很大的努力也难以取得理想成绩。因此，体育教学评价应是全方面的，全面评价需遵循"以人为本"原则，要将学生的全面发展充分重视起来，力求通过全面评价充分了解学生对体育学科的态度、参与体育锻炼的情况以及对体育技能的掌握和运用情况，教学评价内容应涉及学生的平时表现、素质达标、技术技能运用等多个方面。教师要针对不同的学生采用不同的评价方法激励每个学生都能有所进步与成长。

（三）"终身体育"理念

1. "终身体育"教育理念概述

（1）"终身体育"教育理念的内涵

终身体育，具体是指在人的一生中都要进行身体锻炼和接受体育教育与指导，终身体育强调在个体生命整个过程中不同时期的体育，即体育健身贯穿于生命的全过程。

"终身教育"理念是社会发展到一定阶段的产物和现象。社会发展，知识更新换代越来越快，从而要求人们对知识的学习要不断跟进。在这种社会条件下，相应地必然会产生终身教学的理念。必须充分认识到，"终身教育"理念的形成和社会发展有关，但却是多因素共同作用的结果。具体分析，其形成有外部社会客观因素的作用，当然也有教育内部的一些主观因素的影响。外部因素提出了终身教育的要求，内部因素为终身教育形成提供了理论和基础，二者结合，最终才能形成现在"终身教育"理念。

"终身体育"是终身教育的重要组成部分，它包含两方面的内容。首先，个体在正确认识与理解终身体育锻炼后产生内在需求，形成强烈的锻炼意识，该意识会激发个体自觉进行体育锻炼的动机，从而使其形成终身体育思想，只有先树立一定的意识，才会形成内在动机，并慢慢养成良好的体育运动习惯；其次，人的生命过程会经历不同的阶段和时期，不管在哪个时期，都应该坚持进行身体锻炼，养成终身体育锻炼的良好习惯，养成健康的体育习惯是终身体育健康发展的根本源泉。

（2）"终身体育"教育理念的特征

①体育锻炼时间的终身性。"终身体育"是一种先进的教育理念，它突破了传统的学校体活育目标过分强调学习和掌握运动技能的观念，打破了传统的体育教学观念把人接受体育教育的时间仅仅局限在在校学习期间。"终身体育"教育理念关注个体的整个人生的生长发育、健康成长、养生保健，强调体育参与可使人受益终身，应终身参与。

②体育锻炼群体的全民性。"终身体育"教育理念是面向整个人类的一种教育理念，不仅仅局限于学校中的学生，还包括社会大众在学生从学校毕业进入社会之后，体育教育依然应该得到重视。体育教育贯穿人的一生，终身体育锻炼具有全民性。体育教育是一个系统工程，现代社会，生存发展是时代的主流，要生存就必须会学习、运动锻炼和保健，人们要想更好地生活，就要把体育与生活紧密联系在一起，积极参与体育锻炼并促进身心健康发展，因此，关于"终身体育"，每一个社会成员都应该重视和积极参与其中，故"终身体育"覆盖社会各个群体，因此，这是指接受终身体育的所有人，在对象上包括儿童、青少年、成人和老年人等；在范围上包括学校体育、家庭体育、社会体育等。

（3）"终身体育"与学校体育的关系

终身体育与学校体育既有相同点，又有区别，具体分析如下。

第一，终身体育与学校体育的相同点。

共同的体育目标——是育人。健康的身体是工作、学习、生活的基本保障，是人们参与现代化建设的前提条件。终身体育有机融合了身体锻炼、工作及生活，提倡终身坚持体育锻炼。学校体育主要是对德智体全面发展的人才进行培养，促进学生身体素质、心理素质及智力和社会适应能力的全面发展。

共同的体育手段——身体锻炼。终身体育强调个体应养成终身参与体育锻炼的习惯，在人生的每一个阶段都积极参与体育健身锻炼。体育教学以学生的身体练习为主要教学手段，旨在通过学生的各种体育活动参与促进学生的体能、技能、心理、智能的发展。

共同的体育任务——掌握知识和技术，提高运动能力。掌握体育知识与技术是个体参与体育锻炼的重要基础，也是学校体育的重要教学目标与任务，学校体育教学是终身体育教育的一个重要阶段，离开这个阶段的体育教育，终身体育就不可能实现发展，学校体育教育应与终身体育教育充分结合起来。

第二，终身体育与学校体育的区别。

体育参与时限不同——终身体育贯穿人的一生，学校体育只负责学生在校期间的体育教育。

体育教育对象不同——终身体育以全社会所有成员为教育对象，学校体育以在校学生为教育对象。

终身体育的建立与形成与学校体育教学的发展有着极为密切的关系。终身体育作用于个人，由相互联系、相互影响的学校体育、社区体育、家庭体育构成，并要求学校、家庭、社区均应开展体育活动，为个体提供参加体育活动的机会。终身体育贯穿于人的一生，对社会而言，终身体育是全体国民的体育，终身体育与学校体育二者的统一是终身体育追求的最高目标。

2. "终身体育"教育理念在我国高校体育教育中的实际应用

"终身体育"教育理念的形成能有效促进我国体育教学的发展。树立终身体育教育教学理念是我国高校体育教学目标改革的指导思想，也是我国高校体育教学发展的落脚点。终身体育能否实现，在很大程度上取决于这种观念是否树立和能力是否形成。

（1）学生"终身体育"思想的培养

人们参与运动并坚持长期从事体育锻炼，首先应对"终身体育"教育理念有一个正确的认识，在此基础上，才能建立和培养"终身体育"教育理念。

就当前整个社会发展背景来讲，现代社会生活节奏越来越快、竞争越来越激烈，每个人都面临着来自各方面的压力。而人的健康生存与发展是以健康的身体为基础和前提的，如果身体状况不理想，很难应对学习、生活和工作中的问题，即便可以勉强应对，也不会过上高质量的生活。

终身体育锻炼可以增强个体适应、抗击压力的能力。只有充分认识到这一点，个体才会主动去参与体育锻炼，这种科学的体育认知与体育情感共同决定着体育行为。

在体育教学中，对于学生来说，要想树立终身体育的观念，教师必须正确引导学生科学认识和理解体育的价值，端正学习体育的态度，积极学会体育锻炼的技能，掌握体育锻炼效果评价的方法，形成终身体育能力，为终身体育锻炼奠定基础。

（2）"终身体育"教学内容的设置

在高校体育教学中，不能只追求学生某一特定的运动技能和运动的熟练程度，而是重视学生学会能自我分析自身的身体锻炼和综合的运动实践能力，加强对学生终身体育意识与运动能力的培养，并以此为核心来对体育课程进行多功能和综合性的开发。

具体来说，就是要求学校体育课堂教育的延伸与拓展，使学校体育向终身体育延伸。一方面，在设置体育课程目标时，要客观评估学生体能、身体素质及其对体育知识和技能的掌握情况。在实施目标教学前，教师应充分了解与分析学生的现状，以体育课程终身体育教学目标为导向组织体育教学。另一方面，在选用体育课程内容时，应重视对休闲体育项目、时尚体育项目的引进，开展能够激发学生体育兴趣和潜能，调动学生体育积极性和创造性的新兴项目，如健美操、瑜伽、体育舞蹈、网球、跆拳道等。使学生在轻松愉悦的氛围中掌握体育技能，切实提高学生的实际运动能力。

（3）"终身体育"教学方法的运用会

现代体育教学中，贯彻落实"终身体育"的关键在于学生体育学习兴趣的持续培养与提高，在体育教学中，教师应采取科学有效的富有创新的教学方法展开教学工作。在教学过程中注重采用多元化的教法，争取每节课都取得良好的成效，能够以不同学龄段学生的情况为依据有针对性地选择相应的教学方法，以不断活跃课堂气氛，使学生在欢乐气氛中形成体育兴趣，同时，有效避免教学中的一些因素对学生的阻碍，使学生在体育锻炼中感受快乐，树立自信，增强体育意识，全面提高学生的认知能力、技能水平，使学生获得良好的情感体验，进而主动参与体育锻炼。

（4）学生需求与社会需求的统一

"终身体育"教育理念是体育教育教学的一个重要指导思想，对于充分发挥体育的教育作用，促进学生的身心健康发展、社会适应能力的提高，满足当代社会对人才发展的需求具有重要作用。社会劳动力由不同年龄段的人构成，有使身体保持在最佳的状态，才能更好地适应现代社会发展的需要，所以应在不同的人生阶段选择不同的锻炼方式和内容。无论是何年龄段、何种职业，都面临着对它的选择，以保证自己有更加充沛的精力，身体更加健康，以便更好地适应现代社会的发展以及满足未来生活的需要，而这种伴随人生一起发展的体育，就是终身体育。

学校是培养社会所需人才的重要场所，而无论何种人才，都必须首先拥有一个健康的身体，因此，高校体育教育应该重视把国家需要、社会需要与学生个体需要有机结合起来；把追求体育本校的健身价值与人文价值有机结合起来；把传授体育知识技能与终身体育教育有机结合起来，全面提高大学生的体育素养，促进大学生的终身体育能力的提高，以符合社会发展对人才的基本体质、体能要求。

在这里需要特别指出的一点是，学生的终身体育发展为社会对人才的需求奠定了基本人才素质基础，但学校体育教育是多方面的，不能单纯为社会需求发展服务，还应充分考虑"以人为本""健康第一"。此外，"终身体育"教育建立在"学会认知、学会做事、学会共同生活和学会生存"四个支柱之上，其实施不是某个单一教育环境所能进行的，需要学会整体参与，必须加强社会各种教育部门之间的紧密联系才能保证终身体育的真正贯彻和落实。

二、我国高校体育教育理念的改革与创新

（一）现代体育教育理念改革发展的突破点

1. 正视多元体育教学理念的存在与发展

人类社会的发展过程中，随着人的认知不断深入与发展，许多新的观点和理念不断提出，在包括体育在内的教育领域，教育理念与观点的发展也是如此。在体育教学的发展过程中，有多种体育教学理念出现过，不同的体育教学理念之间既有相同之处，又有相互对立和矛盾的地方，但正是因为有这些争论与矛盾的存在，才使得体育教学理念能够不断发展，不断突破，并更具活力。

不同的体育教育教学理念提出的教育背景不同，具有不同的侧重点，关注不同的体育教育问题，在不同体育教学理念同时存在的情况下，这些思想的代表者会相互指出对方的弱点和不足，并展示自己的优点与可取之处，这样这些理论之间就会相互借鉴与吸收对方的优点，并对自己的弱点和不足进行改善，对于体育教育教学实践的全面完善均具有重要指导作用。

现阶段，我国体育教育理念的改革与突破应建立在充分借鉴多元体育教育理念的基础之上，同时将不科学的没有实际意义的理论淘汰掉，更加突出具有现实意义的思想理论的重要性，使这部分理论进一步发展壮大，以不断丰富当前适合我国高校体育教育国情的体育教育理念体系的完善。

2. 结合体育教育理念的特点、规律和趋势来推动其改革与发展

一般来说，当一个教育现象和问题出现之后，会引起相关学者的关注与研究，并据此提出一些观点与看法，最终形成一种新的观念，从这一思想发展规律可以充分认定，体育教学理念具有一定的滞后性，因此要对社会的需求及时加以预测，及早对高校体育教育教学理念进行改善。

现阶段，我国经济发展迅速，人们生活条件在不断改善，因此逐渐拥有了更高层次的需求。随着社会的不断进步与发展，人越来越受到重视，教育对人的关注也成为一种必然。

随着我国高校体育教育教学改革的日益深入，越来越多的人逐渐认识到不能

再单纯地将教育结果、知识传授看作是教育的一切，不再单纯对社会和集体进行高度关注，而开始将关注焦点转移到"人"身上，我们要提倡一种能够服务于人的全面发展的有价值的教育理念，而且该思想应该关注社会上每个个体的发展。

现阶段，我国教学改革的重要方向之一，就是对人性化教育、人本化教育与教育的意义与价值方面的改革。"人本"教育理念不会将人分成不同的等级，不会歧视任何一个人，不会在培养人的过程中将人当成工具，它对每个人都是尊重的，强调人的全面发展和自我实现，它对学生的自我体验是高度重视的。体育的过程是培养学生的社会性活动的过程，在这一过程中，人既是教育的出发点也是最终的归宿点。如果教育缺少了对人的社会性的培养，则其就失去了其所具有的独立存在的价值和本质特征。

3. 根据体育教育理念的发展影响因素来促进其改革与发展

体育教学理念在不同的时期会表现出不同的特点，这与人的认知与社会客观发展环境有关。确切地说，理念是一定历史时期的产物，不同的历史因素必然会对其产生、发展及变化造成影响。

体育的发展受到各方面因素的影响，在体育文化现象发展基础之上的体育理念也受到这些因素的影响。首先，体育受制于政治因素的影响，在一定时期，由于社会政治的需要，政治制约着体育的发展。以竞技体育运动的发展为例其作为塑造和再现民族形象的重要手段，能在很大程度上体现一个民族的威望，乃至一个国家的国际地位。其次，体育文化与社会经济的发展也具有密切的关系，并受社会经济发展的影响，体育最初是只有贵族才能接受和参与的教育形式和活动形式相比之下，穷人为生计奔波，没有机会也没有金钱去接受体育教育和观赏体育活动。而在现代，经济比较落后的国家的运动员只能在简陋的条件下进行训练，其训练效果是不可能与经济发达国家的运动员相比的。最后，科学技术的发展也对体育的发展产生极为重要的影响。从某种意义上说，现代体育尤其是竞技体育运动的发展，已经逐渐演变成为一场"科技战争"。体育运动发展过程中的每一次纪录的产生，都包含诸多的科技要素。

在政治、经济、科技对体育产生重要影响的大背景下，必须要及时防止体育教学理念受到上述这些因素的不良影响，同时将这些影响因素中的有利因素充分利用起来，使其推动体育教学理念的发展。体育教学理念的发展会受到社会因素的影响，所以我们要不断对新的社会需求进行探索与分析，并据此来加强对教学思想的改善，同时进一步引导社会的健康发展。例如，利用政策对一些有意义的体育教学法规进行颁布，学贯彻落实体育教学理念。

此外，除了上述几个影响因素以外，理论发展因素也会影响体育教学理念的发展，针对这一点，必须要对体育学科理论不断进行研究，使体育理论不断丰富和完善，从而推进体育教学理念的发展。同时，还应对相关学科和国外体育理论的发展予以关注，将有益的思想积极引进高校体育教育中来，以不断促进我国体育教育理念与教育事业的发展。

（二）现代体育教育理念改革发展的方向

1. 层次性和延续性方向发展

新时期，各种体育教育理念与体育教学思想不断涌现，这些不同的教育理念与教学思想在不同程度上都推动了体育教学的发展，如为体育教学的改革指明了方向，使体育教学改革步伐不断加快，促进了体育教学质量的提高。

就体育教育教学实践来说，教学对象是体育教育发展改革应该重点关注的对象，而不同年龄段的学生，他们之间在很多方面都存在着显著的差异，所以从教学指导思想在教学实践中的运用可以看出，体育教学理念缺乏系统性、连贯性，具体表现在各年龄阶段体育教学重点倾向性相似，教材的处理、教法的选用和组织安排不符合学生的身心特点及地区特点等，这些都对高校体育教育改革进程造成了一定程度的制约作用。

新时期的体育教育改革应该重视学生的长期、可持续发展，在教育理念上，要重视教育的层次性与各阶段的延续性，通过体育教学的科学组织与实施，结合不同年龄段学生的特点为依据对相应的体育教学指导思想进行构建，使之具有鲜明的层次性，以科学把握教学改革目标和教学改革方向，进一步优化教学改革进程控制，不断促进高校体育教育育人的效果。

2. 人文教育和科学发展观方向发展

在我国素质教育改革的推动下，我国高校体育教学理念从唯"生物体育观"转向了"三维体育观"（由生物、心理、社会因素构成），这就使得体育在健身、竞技、娱乐、文化和社会等方面的功能得到了进一步的拓展，使我国体育教学在传授"三基"、增强学生体质的同时朝着多元化的目标和功能方向发展。

在充分借鉴和引进西方体育强国的休闲体育思想、快乐体育思想、终身体育思想等的基础上，我国体育教学理念得到了进一步发展。此外，在2008年奥运会成功举办后，人文奥运理念已深入人心，在一定程度上，奥林匹克运动也对我国学校体育的发展产生了重大的影响，未来学校体育会向着以人为本的方向迈进和发展，会更加重视学生的需要和全面发展，以"人文体育观"为核心的教学思想将会在体育教学中发挥更大的价值。

现代体育教育教学的发展离不开对人的关注，其重要的一点在于关注人的全面、可持续发展。结合我国素质教育与国外人本体育，新时期的高校体育教育理念应将重点放在"重视学生综合素质教育"和"培养优质人才和促进人才的科学发展"两个方面。一方面，在现代学校体育教学改革发展形势下，体育教育只有改变以往的"知识型"人才的培养，转而走向"创造型"人才的培养的道路，树立全面育人的教育观念和意识，着重培养和提高学校学生的综合素质和能力，才能够最终实现素质教育的目标。另一方面，应不断强调教育的育人作用，通过体育教育促进现代人才的培养与科学、持续发展。使学生在校期间能接受正确的体育观念的教育，使学生得到锻炼身体能力的培养，使他们对体育运动对人体短期、长期的各种影响有一个深刻的认识，在观念上使学生把参与体育作为一种自觉的行为，作为成为现代社会人才的一种基本素质进行培养与提高。

3.教育理念的综合化方向发展

21世纪以来，我国学校教育发展迅速，高校体育教育也要适应新时代的发展潮流，不断革新观念，以科学的、合理的、人性化的教育观念促进学校体育的发展，让学生在健康第一思想的指导下，获得身心的全面健康发展。

当前，素质教育是一种发展中的新的教育理念，它具有非常丰富的内涵。现阶段，我国素质教育还处于发展探索阶段，人们试图通过不同的途径，采用不同的教育理念去对体育教学实践进行指导，以使体育素质教育获得新的发展。

随着素质教育的不断推进，迫切需要从其他相关理论中对"合理内核"加以汲取和吸收，以不断丰富和完善素质教育理论体系。体育是教育的重要组成部分，其服务于人的全面教育，所以在学校体育教学中，应顺应素质教育的潮流，确立"健康第"终身体育"与素质教育相结合的体育教学理念，在体育教学中，要始终将"健康第一"，"终身体育"的指导地位放在首位，这两个教育理念的作用和价值是不可轻易动摇的。只有充分认识到这一点，才能进一步深化素质教育改革。合总结来讲，素质教育离不开"健康第一""终身体育"，前者是后者的发展基础，后者是前者的发展要求。

（三）现代体育教育理念的科学创新策略

思想对个体的行为具有重要影响。传统体育要想在学校体育教学中获得根本上的进步必须要转变教学思想与教学理念。实践表明，只有在思想理念上做出创新，才能推动传统体育教学的改革，转变教学中不利于体育运动发展的一切困难与阻力因素。随着我国素质教育深入发展创新我国高校体育教育的理性思考是学生及时掌握运动技巧和运动技能的重要途径，也是培养学生积极向上的人生观、价值观的重要策略。

现阶段，实现体育教育理念的科学创新，应从以下几方面着手进行。

1.更新传统体育教学理念

我国体育教育具有悠久的历史，在漫长的发展过程中，教育理念的发展几经变化与发展，在不同的时期都对体育教学的发展起到了重要的作用。在传统体育教学发展和改革的过程中，生物体育观是其基础。在新的历史时期我国在人文体育观念的影响下，在教学改革中出现了"学习领域目标""课程目标"等一些新的概念。在教学过程中，对教学目标也进行了多方面的层次和类别划分，确立了"身体健康""运动技能""心理健康"和"社会适应"等立体化的多维健康的教育教学目标。

近代以来，我国的复杂社会背景下，我国教育与意识形态和政治之间具有较为密切的关系，在商业化不断发展、实用主义逐渐盛行的社会背景下，我国大学进行了人文教育与科学教育两种观点之间的论战，在很长一段时间内，科学主义主导下，高校体育教育明显地表现和呈现出科学至上的特点，并且政治化和意识形态化也较为严重。科学主义膨胀造成人文精神的萎缩，造成在教学过程中，教育的人文性严重缺失。

随着我国体育教育教学的不断发展，在我国改革开放社会经济转型的时期，素质教育被提上日程，人文精神逐渐在回归。在开展大学管理、教学等方面的活动时，僵化的行政观念模式正在逐步松动，并且处处体现着人文关怀的印记。在教学过程中，体育课堂从教师示范、学生学习与练习的循环中解脱出来，并将其他所需要达到的目标穿插其中，从而让教学环境变得更加生动，学生的体育学习和参与兴趣积极性不断提高。

21世纪，我国学校体育正在等待一个尊重个性、回归人性的时代的来临。在这样的时代环境下，学生学习体育知识不再承受痛苦和沉重的负担，而是为了展现自我、弘扬个性、满足自身享受快乐的需要。

新时期，我们对体育教育理念也应有所转变，应以终身体育观为出发点，对体育教育的认识从低级走向高级，由封闭走向开放，由单一走向多元，由局部走向整体。在创新教育理念的指导下，应充分强调教育理念的创新性和时代性，从提高创新素质、塑造创新人格、培养创新人才出发，对体育教育规律及特征理性的认识与判断，使体育教育理念与思想更具系统性、指导性、时代性和创新性。

2.融合多元体育教学理念

在体育教育的发展过程中，诸多体育教育教学理念被先后提出，这些体育教育理念并非都是先进的教育理念，有些教育理念只在特定的历史时期对体育教育起到重要的推动作用。全球化背景下，各种思想文化处在不断的发展和融合之中，教育思想也呈现出这一发展趋势，随着我国改革开放的深化进行，我国的学校体育教学思想呈现出多元化的发展趋势。

随着社会和时代的变革，不同教育理念对体育教育的指导作用也会表现出不同的促进或者阻碍作用，对此应科学分析、批判继承与发展。

从我国教育理念的发展来看，例如，我国早期的军国民体育思想，在内忧外患的特殊时期对我国体育教育发展起到一定推动作用，其中有关磨炼学生意志的训练模式，应该继承，而那些苛刻的不符合人性化思想的东西我们应该摒弃；自然主义体育教育理念中那些顺应自然规律的教育理念，有利于人性发展的观点值得我们继承，而可能造成放羊式教学的内容，应坚决摒弃；运动技能教学思想中有利于知识技能传授，促进学生体质增强的东西，要努力学习，但同时要注意体育课不等于技能训练课，不能一味强调技能学习与训练。

从国外教育理念的发展来看，以科学主义教育思想与人本主义教育思想发展为例，科学主义教育思想对经济社会的发展具有重要的促进作用，符合社会发展的主流势，随着教育价值多元性逐渐被人们深刻地认识，人本主义教育思想逐渐呈现出与科学主义教育思想相融合的趋势，现代人本主义教育思想得以确立，其关注学生的健康全面发展，值得在新时期的高校体育教育改革与发展过程中进行思考与科学教育实践指导。

从国内外教育理念的不同来看，受多方面因素的影响，国外与我国体育教学思想之间存在着较大的差异性，因此，比较与融合中外不同的体育教学思想，指出二者之间的差异性非常有必要。通过对比，我们既要吸收外国体育教学思想中优秀的部分，又要摒弃其糟粕；既要总结我国体育教学优秀的思想，也要放弃不合时代的内容，同时还要比较中外文化背景差异性，比较中外体育教学思想的共性与差异性，从共性中寻找结合点，从差异性中寻觅不同的功能，把中外体育教学思想有效地整合起来，进一步完善我国体育教育理念的内容，从而促进我国高校体育教学的不断发展。

3. 体育知识（技能）教育与文化（人文）教育的整合

体育知识（技能）教育是以体育知识（技能）为本或为中心的体育教育；体育文化（人文）教育是一种由内容到层次都很丰厚的体育教育。

现代体育教育理念关注学生的全面、科学、可持续发展，关注高校体育教育教学的全面、科学、可持续发展。在具体的高校体育教育实践中，不仅要向学生传授体育知识（技能），更要传承体育文化（人文）的精髓，使学生在学习和参与体育过程中，产生对体育与体育文化的认同，提升体育与体育文化的自觉、自信，把体育融入日常生活，成为一种"新常态"，并进一步实现"终身体育"。

第二章　高校体育课程概述

对于普通高校而言，体育课程是高校必不可少的一门公共必修学科。对于体育课程的开展，要求大学生在操场等室外活动场所进行身体上的练习，在大学体育教师的指导下进行体育运动练习。

开展体育课程的目的在于满足现代化教育改革的需要，在锻炼学生的身体素质的同时，培养学生的思想道德文化素养，塑造健全的人格，实现当代大学生身心健康的全面发展。实际上，体育教学工作是学校体育工作的基础和核心环节。

体育课程的设置，旨在实现身体得到有效锻炼的基础上，推进思想品德教育、文化科学教育、生活与体育技能的发展，以求培养一批满足社会主义现代化建设的综合性人才。

第一节　高校体育课程目标

根据教育部教体艺〔2002〕13号文件《全国普通高等学校体育课程教学指导纲要》，高校体育课程目标分为基本目标和发展目标。

一、基本目标

体育课程的基本目标立足于当代大学生的现实需要，能够达到大多数学生得到体育锻炼的目的，大致分为5个领域目标。

（1）运动参与目标：积极参与各种体育活动，培养体育运动的兴趣和爱好，能够自主地进行身体锻炼活动并养成习惯，能够大体上树立终身体育的运动观念，对体育活动具有一定的体育鉴赏力。

（2）运动技能目标：掌握两项以上体育运动技能和方法，并熟练运用；对于体育运动，有计划、有组织地进行安排；对于常见的运动受伤事件，能够冷静地处理和应对。

（3）身体健康目标：对自身的体质健康指标能够大致地了解和掌握；掌握能够有效提高身体素质、全面发展体能的知识与方法；饮食结构均衡，能够进行荤素搭配，健康的饮食习惯；强壮的体魄；良好的行为习惯和健康的生活和工作方式。

（4）心理健康目标：根据自己的实际身体素质情况，制订科学合理的体育锻炼计划；懂得体育锻炼就可以调整心理状况，从而克服心理障碍，形成积极开朗的性格与生活态度；善于通过合理的锻炼方式调整和改变自身的心态；从锻炼中感受快乐与胜利的感觉。

（5）社会适应目标：拥有良好的体育道德和协作精神；对于竞争和合作的关系，能够客观辩证地看待。

二、发展目标

对于体育课程的发展目标，主要面向学有余力和在体育方面有所特长的学生，也是大多数学生的努力达成目标，分为5个领域目标。

（1）运动参与目标：拥有良好的运动意识，培养体育运动习惯；能够结合自身的实际状况制定合适的运动计划和运动目标；具有较高的体育文化素养和观赏水平。

（2）运动技能目标：积极进取，努力提高自身的运动技能，争取在某一体育运动项目上达到或相当于国家等级运动员水平；对富有挑战性的野外活动和运动竞赛拥有较高的参与兴趣。

（3）身体健康目标：争取拥有一个良好的运动环境，在此基础上不断地锻炼身体，遵循运动规律，注重循序渐进，进行科学、有计划、有组织的锻炼活动提高自身的体魄。

（4）心理健康目标：不惧困难，能够勇敢面对富有挑战性的内容，对自己充满自信和信心。

（5）社会适应目标：培养良好的饮食习惯和生活习惯，对于社区性的体育赛事，积极主动地参与。

第二节　高校体育课程设置与课程结构

《全国普通高等学校体育课程教学指导纲要》对高校体育课程的设置与课程结构有明确规定。

一、高校体育课程设置

对于普通高等学校的一、二年级的学生，必须开设体育课程（4个学期共计144学时）。学生修满规定的体育课程学分，达到基本要求是学生毕业、获得学位的必要条件之一。

对于普通高等学校对三年级以上学生（包括研究生），开设体育选修课。

二、高校体育课程结构

为实现国家体育课程目标，体育课教学应当与课外、学校内的体育教学活动有机融合，同时又与社会的实际需求紧密结合。要将有目的、有规划、有组织的课外运动、校内外（社会、野外）活动、体育培训等内容作为学校体育必修课，以建立一个班内外、校内外有机联系的教学结构。

在结合学校教育的大纲要求的基础上，遵循体育课程的自身规律，对于体育课程的设置安排，可以考虑面向不同院系的学生，打破原有的班级，重新组合上课。

体育课程的内容丰富多样，体育项目五花八门，需要结合学生的不同需求，针对他们的能力水平和兴趣爱好，开设各种各样的体育课程项目，从而调动学生的参与积极性。

开展体育课程的过程中，必须注重理论与实践相结合，在运动实践教学的过程中，讲授相关的体育理论知识。借助多种现代化手段教学方式，合理平衡理论与实践活动之间的课程安排，帮助学生在进行体育运动的过程中辅之以科学的理论予以指导，在提高学生认知力和拓宽学生视野的同时，更熟练地掌握体育运动技巧。

要高度重视学生的主体地位，有效发挥体育教师的辅助指导作用，开展形式多样的教学模式，增加体育教学的趣味性，开展一系列的"探究式教学"活动，提高学生的参与度，给予学生充足的自由时间和空间。

此外，不能限制学生的"自由权"，即自主地选择任课教师和体育课程，发挥学生的主动性，调动学生的体育学习兴趣和爱好，营造一个活泼、和谐、团结友爱的学习氛围。

应把校运动队及部分确有运动特长的学生专项运动训练纳入体育课程之中。对部分身体异常和病、残、弱者以及个别高龄等特殊群体的学生，开设以康复、保健为主的体育课程。

第三节 大学生体质健康与评价

一、《国家学生体质健康标准》概述

（一）实施《国家学生体质健康标准》的意义

1.是贯彻落实"健康第一"指导思想的一项重要举措

学校体育在学校教育中，直接肩负着"增强全体学生体质"和促进全体学生健康的使命。《国家学生体质健康标准》（以下简称《标准》）的贯彻实施，对于广大师生健康意识的强化、学生体质健康水平的提高必将发挥积极的促进作用。

2.满足社会发展的需要

随着社会的发展、科技的日新月异，人们的物质文化生活和精神文化生活得到了极大丰富和满足。但这种高速发展是以破坏生态和环境代价，使得人类赖以生存的环境资源日益减少，非传染性疾病急剧增加处于亚健康状态的人群数量剧增。社会上疾病发生的类型，也足以反映出，人们的生活习惯和生活方式存在的问题。

为了解决这些社会问题，适应社会的发展和人们对健康的迫切需要以及对高生活质量的不断追求，必须从学生抓起。

因此，《标准》的制定与实施不仅是个人健康、社会发展的需要，还是全面提高国民素质，振兴中华民族的需要。

（二）《国家学生体质健康标准》的实施办法

1.教育部、国家体育总局的领导

教育部、国家体育总局领导《标准》的实施工作，由各级教育行政部门管理，体育行政部门指导，由学校负责组织实施。

2.校长的领导

在校长领导下，《标准》应由教务处（科）、体育教研部（体育组）、校医院（医务室）、学生工作部、辅导员（班主任）协同配合，共同组织实施。由体育教研室（体育组）汇总各测试项目的成绩，并按照《标准》的要求评定成绩、确定等级，记入《国家学生体质健康标准登记卡》，在毕业时放入学生档案。

3.达标者

达到《标准》良好等级及以上者，方可评为三好学生、获取奖学金；达到优秀成绩者，方可获奖学分；

对测试成绩不及格者，在本学年度准予补考一次，补考仍不及格，则学年评定成绩不及格；

对于毕业时，成绩达到《标准》的分为及格的学生，准予毕业；

对于毕业时，成绩未达到《标准》的分为不及格者的学生，高等学校按肄业处理。

（三）奖励与降低分数的办法

1.可累计加分

属下列情况之一者，进行学分奖励，不同项目可累计加分：

（1）学生在早操、课间操和课外体育锻炼的过程中认真锻炼，且出勤率不低于98%。

（2）获等级运动员称号者，参加校运动会及以上体育比赛获名次者。

（3）组织各项体育活动的学生体育干部，工作认真负责者。

2.缺勤

学生无故在体育课、早操、课间操、课外体育锻炼中缺勤，一年累计超过应出勤次数十分之一（或因病、事假缺勤，一学年累计超过三分之一者，其《标准》成绩应计为不及格，该学年《标准》成绩最高记为59分。

3.例外情况

学生因病或残疾等不可抗力，可向学校提交申请，免于执行《标准》的，经医生证明，体育教研室（体育组）核准后，可以免于执行《标准》，所填表格存入学生档案。

二、《国家学生体质健康标准》的测试项目

（一）测试项目

大学生测试项目为六项，将该六项划分为必测项目同选测项目两大分类。

1. 必测项目的三项

身高、体重、肺活量。

2. 选测项目的三项

（1）从50米跑、立定跳远中任选一项。

（2）女生从台阶测试、800米跑中任选一项，男生从台阶测试、1000米跑中选测一项。

（3）女生从坐位体前屈、仰卧起坐和握力中任选一项，男生从坐位体前屈、握力中任选一项。

（二）评价指标

大学生的评价指标有五项，将该五项划分为必评指标与选评指标两大分类。

1. 必评指标的两项

身高标准体重、肺活量体重指数。

2. 选评指标有三项

（1）分别从800米跑（女）、1000米跑（男）、台阶测试中任选一项。

（2）从立定跳远、50米跑中选评一项。

（3）从坐位体前屈、仰卧起坐（女）、握力体重指数中任选一项。

评价、评分指标和得分如表2-1所示。

表2-1 评价评分指标和得分

评价指标	评分指标	得分
身高标准体重	必评	15
台阶测试、100米跑（男）、800米跑（女）	选评一项	20
肺活量体重指数	必评	15
50米跑、立定跳远	选评一项	30
坐位体前屈、仰卧起坐（女）、握力体重指数	选评一项	20

三、《国家学生体质健康标准》测试的操作方法

（一）身高

1. 测量仪器

身高的测量仪器是：身高测量计。

2. 测试方法

受试者持立正姿势，赤足站在调整好的身高计的底板上，上肢自然下垂，足跟并拢，足尖分开（约呈60°角），足跟、胯骨部及两肩胛区与立柱相接触，躯干自然挺直，头部保持正直，双目平视，耳屏上缘与两眼眶下缘最低点呈水平

位。测试人员站在受试者右侧，将水平压板轻轻沿立柱下滑，轻压于受试者头顶。测试人员读数时双目应与压板水平面等高进行读数。以cm为单位，精确到小数点后一位。测试误差不要超过0.5cm。

3. 注意事项

（1）坚持标准的站姿，姿势要求正确，读数时眼睛与压板保持在同一水平线上。

（2）头部要放松。

（3）测试之前，最好不要进行剧烈运动。

（二）体重

1. 测量仪器

体重的测量仪器有：杠杆秤或电子体重计。

2. 测试方法

测试时，将杠杆秤放在平坦地面上，调整0点至刻度尺水平位。男性受试者身着短裤；女性受试者身着短裤、短袖衫（或背心），赤足站于秤台中央，测试人员放置适当砝码并移动游标刻度尺至平衡。读数以为kg单位，精确到小数点后一位。电子体重计读显示数值即可。测试误差不超过0.1kg。

3. 注意事项

（1）测量体重前，受试者不要进行剧烈体育活动和体力劳动。

（2）受试者上、下杠杆秤时要轻，且要站在秤台中央。

（3）每次使用杠杆秤时均需要校正。测试人员都一定要每次对砝码重量进行校对之后再进行读数，避免差错。

（三）台阶实验

1. 测量仪器

台阶实验的测量仪器主要包括：台阶（男生台高40cm、女性台高35cm）、节拍器（录音机及磁带）、秒表、台阶实验仪。

2. 测量方法

受试者按节拍器的节奏，站在台阶前方做上、下台阶（频率30次/min）动作。即从预备姿势开始，听到第一响声时，一只脚踏在台阶上；第二响声时，踏台腿伸直，另一只脚跟上台并立；第三响声时，先踏台的脚下地；第四响声时，另一只脚也下地还原成预备姿势。用每两秒上、下一次的速度（按节拍器的节奏来做）连续做3min。做完后，立刻坐在椅子上测量运动结束后的1～1.5min、2～2.5min、3～3.5min的3次脉搏数。填入相应的方格内。如果受试者在运动中坚持不下去或跟不上下台阶的频率3次者，要立即停止运动，并以秒为单位记录运动持续的时间。同样测试3次脉搏数，也填入相应的方格内。在使用电子台阶指数测定仪测试时，则在连续完成3min台阶运动，受试者静坐在椅子上，立即带上指脉仪（中指），使手心向上，放在桌正上，持续3min即显示台阶运动指数，将此结果填入表内。

3. 注意事项

（1）在测试肺活量之前，要求禁止剧烈运动。

（2）心脏病患者免试

（3）受试人员需要"踩点"，测试时要求有节奏，以免发生意外事故。

（4）在测试的过程中，姿势要求准确，双腿不可弯曲。

（5）当被试人员明显不能继续坚持的时候，要立即停止测试。

以实际上、下台阶的持续时间进行计算。用下列公式求得评定指数，计算结果包含有小数点，对小数点后的1位进行四舍五入取整数进行评分。

评定指数=踏台上、下运动的持续时间（秒）×100÷2÷（3次测定脉搏的和）

（四）肺活量

1. 测量仪器

电子肺活量计或桶式肺活量计。

2. 测试方法

各种肺活量计在每次使用前一定要进行测试检验，仪器误差不能超过3%。

使用电子肺活量计时，首先将肺活量计接上电源，接通电源开关，使得电子肺活量计通电并进入工作状态。测试时先将口嘴装在叉式管的进气端，受试者手握叉式管，保持管压软管必须在叉式管上方位置（双脚口水或杂物堵住气道），与肺活量计面对面站立，头部稍稍向后仰，尽力深吸气，直至再不能吸气为止；然后将嘴对准口嘴，以中等速度和力度深呼气直到不能呼出为止，此时液晶显示器上显示的数字即为肺活量毫升值。在两次的测试结果中，选取最大值作为测试结果。记录不保留小数，以ml为单位。使用桶式肺活量计时，注意待浮筒停稳后，再进行读数。

3. 注意事项

（1）测试方法和工作要领应在测试前了解，在了解之后可做必要练习。

（2）受试者应充分地吸气和呼气，呼气不要过猛，并防止从嘴与口嘴接触部位漏气，防止用鼻呼气。呼气时允许弯腰，但呼气开始后一定不要再吸气。为防止因呼吸不充分、漏气或再吸影响测试结果，测试人员应注意观察。

（五）50米跑

1.场地器材

50米的跑道器材主要包括：50米跑道若干条，跑道线要清晰，地面平坦，地质不限。发令旗一面，口哨一个，秒表若干块（实行"一道一表"原则），使用前需要校正。

2.测试方法

受试者（两人或两人以上）进行测试的时候，应站立起跑，受试者听到"跑"的口令后开始起跑。发令员在发出口令同时要摆动发令旗。计时员视旗动开表计时。受试者躯干部到达终点的垂直面停表。记录以秒为单位。如10秒11读成10秒2，并记录之。

3.注意事项

（1）着鞋要求规范，禁止穿高跟鞋、拖鞋等进行测试。

（2）在发出指令前，若有人抢跑，需召回。

（3）有风的情况下，一般顺着风向进行测验。

（六）立定跳远

1.场地器材

立定跳远的场地器材主要有：沙坑、丈量尺。沙坑应与地面平齐，也可在土质松软的平地上进行。起跳线距沙坑近端不要少于30cm。起跳地面要平坦，不要有坑凹。

2.测试方法

受试者双脚自然开立站立于起跳线后，脚尖不要踩线，然后双脚原地同时起跳，不要有垫步连跳动作。丈量起跳线后缘至最近着地点后缘的垂直距离。每人试跳3次，记录其中最好一次成绩。以cm为单位，不计小数。

3.注意事项

（1）若犯规，此次成绩无效。

（2）3次成绩均无效的情况，则跳至有成绩为止。

（3）着鞋要求规范，禁止穿高跟鞋、拖鞋等进行测试。

（七）坐位体前屈

1.测量仪器

坐位体前屈的测量仪器：测试计。

2.测试方法.

受试者上体垂直坐，双腿并拢伸直，双脚平蹬测试纵板，双脚尖分开约10~15cm，上体前屈，双臂向前伸直，用两手指尖缓缓地向前推动游标，直到不能前推为止，保持这一姿势3s。测试3次，取最大值，以cm为单位，数值精确到小数点后1位。

3.注意事项

（1）在进行测试之前，需要进行热身运动，以免拉伤。

（2）在测试进行的过程中，尽可能地保持动作稳定。

（3）要求受试者双臂发力均匀，膝关节不能弯曲。

（八）握力

1.测量仪器

握力的测量仪器包括：电子握力计或合格的弹簧式握力计。

2.测试方法

将握力计指针调至0位，受试者双脚开立，身体直立，双臂自然下垂。以最大的力量、用有力的手紧握握力计。记下握力计指针的刻度（或握力器所显示的数字）。测试2次，取最大值，不记小数。

3.注意事项

（1）维持手臂自然下垂姿势，持握力计要手心向内。

（2）用力时不可以摆臂或接触衣服和身体。

（3）受试者在分不出右力手的情况下，可两手各测2次，取最大值。

（九）1000米跑（男）、800米跑（女）

1.场地器材

场地器材主要包括：必须丈量准确的地面，地质不限，地面须平坦。发令旗一面，秒表若干块，使用前需要校正。

2.测试方法

受试者（两人或两人以上）一组进行测试，站立式起跑。受试者在听到"跑"的口令后起跑。计时员看到旗动开表计时，当受测者的躯干部到达终点线垂直面时停表。记录以秒为单位。如4分10秒11读成4分10秒，并将其记录。

3.注意事项

（1）受试者测试时最好穿运动鞋或平底布鞋，赤足亦可。但不要穿钉鞋、皮鞋和塑料鞋。

（2）在测试过程中如果发现有抢跑者，要当即召回重跑。

（3）如遇风时一律顺风跑。

（十）仰卧起坐

1.场地器材

仰卧起坐的场地器材主要有：垫子若干块（或代用品），并铺放平坦。

2. 测试方法

对于测试的方法，学生需要平躺在坐垫上，面部朝上，双脚不宜过于收拢，略微分开，膝关节大致呈直角弯曲。这是需要另外一名伙伴进行协助工作，用双臂环抱受试人员的双腿，使其固定。

在进行仰卧起坐时，要求学生双肘过膝才算完成一次，同时平躺时要求双肩触碰垫子。计时1min，喊"开始"时同时计时，在1min之内完成的个数即为学生的该项体育成绩。

3. 注意事项

（1）如发现受测者借用肘部撑垫或臀部起落的力量起坐时，该次不计数。

（2）观测人员在测试过程中，应向受测者报数。

（3）受测者双脚必须放于垫上。

四、《国家学生体质健康标准》测试成绩评价

《标准》的落实，能够直观地反映出学生所应具备的身体健康素质和水平，一定程度上能够激发学生的运动兴趣和爱好，提高学生进行运动和锻炼身体的主动性和自觉性。对于学生的生长和发育状况、塑造良好的形体姿态，促进学生身心健康的全面发展方面，也起到一定程度上的促进作用。《标准》的切实推行，结合了我国学生生长的实际情况，立足于我国的国情和社会水平，科学地、有针对性地、全面地推进学生体质测试工作。

《标准》中所要测评的体育项目，关系到学生的健康，包括心肺循环系统的功能、肌肉的力量和耐力以及柔韧性等，这是现代化教育对当代大学生的内在要求。

测试评分标准如下表2-2、表2-3、表2-4、表2-5所示。

表2-2 大学男生评分标准（一）

分值项目	优秀				良好			
	成绩	分值	成绩	分值	成绩	分值	成绩	分值
台阶实验	59以上	20	58 ~ 54	17	53 ~ 50	16	49 ~ 46	15
1000米跑	3′ 39以下	20	3′ 40 ~ 3′ 46	17	3′ 37 ~ 4′ 00	16	4′ 01 ~ 4′ 18	15
肺活量指数	75以上	15	74 ~ 70	13	69 ~ 64	12	63 ~ 57	11
50米跑/s	6.8以下	30	6.9 ~ 7.0	26	7.1 ~ 7.3	25	7.4 ~ 7.7	23
立定跳远/cm	255以上	30	254 ~ 250	26	249 ~ 239	25	238 ~ 227	23
坐位体前屈/cm	18.1以上	20	18 ~ 16	17	15.9 ~ 12.3	16	12.2 ~ 8.9	15
握力指数	75以上	20	74 ~ 70	17	69 ~ 63	16	62 ~ 56	15

表2-3 大学男生评分标准（二）

分值项目	及格				不及格	
	成绩	分值	成绩	分值	成绩	分值
台阶实验	45～43	13	42～40	12	39以下	10
1000米跑	4′19～4′29	13	4′30～5′04	12	5′05以下	10
肺活量指数	56～54	10	53～54	9	43以下	8
50米跑/s	7.8～8.0	20	8.1～8.4	18	8.5以上	15
立定跳远/cm	226～220	20	219～195	18	194以下	15
坐位体前屈/cm	8.8～6.7	13	6.6～0.1	12	0.0以下	10
握力指数	55～51	13	50～41	12	40以下	10

表2-4 大学女生评分标准（一）

分值项目	优秀				良好			
	成绩	分值	成绩	分值	成绩	分值	成绩	分值
台阶实验	56以上	20	55～52	17	51～48	16	47～44	15
1000米跑	3′37以下	20	3′38～3′45	17	3′46～4′00	16	4′01～4′19	15
肺活量指数	61以上	15	60～57	13	56～21	12	50～46	11
50米跑/s	8.3以下	30	8.4～8.7	26	8.8～9.1	25	9.2～9.6	23
立定跳远/cm	196以上	30	195～187	26	186～178	25	177～166	23
坐位体前屈/cm	18.1以上	20	18.0～16.2	17	16.1～13.0	16	12.9～9.0	15
握力指数	57以上	20	56～52	17	51～46	16	45～40	15
仰卧起坐/（次·min⁻¹）	44以上	20	43～41	17	40～35	16	34～28	15

表2-5 大学女生评分标准（二）

分值项目	及格				不及格			
	成绩	分值	成绩	分值	成绩	分值	成绩	分值
台阶实验	43～42	13	41～25	12	24以下	10		
1000米跑	4′20～4′30	13	4′31～5′03	12	5′04以下	10		
肺活量指数	45～42	10	41～32	9	31以下	8		
50米跑/s	9.7～9.8	20	9.9～11.0	18	11.1以上	15		
立定跳远/cm	165～161	20	161～139	18	138以下	15		
坐位体前屈/cm	8.9～7.8	13	7.7～3.0	12	2.9以下	10		
握力指数	39～36	13	35～29	12	28以下	10		
仰卧起坐次/（次·min⁻¹）	27～24	13	23～20	12	19以下	10		

第三章　高校体育教学内容

第一节　高校体育教学内容的发展

一、高校体育教学内容的发展现状

从当前的形势来看，我国高校体育教学内容的发展现状主要从以下几个方面得到体现。

第一，从当前的形势来看，体育教学内容的数量正在不断精简，而难度在不断增加，体育运动的技术含量越来越高，这就要求有专门训练的高素质的体育教师来传授。

第二，体育教学内容中的娱乐因素逐渐减少，相较于此，学生在体育课中的实际练习和"炼"的因素则有一定程度的增加。

第三，发展至今，竞技体育的发展速度非常快，竞技体育事业成为各个国家和地区发展体育的重点，相比之下，正规化的、科学化的竞技体育运动，尤其是学校竞技体育运动正逐渐取代以往传统的体育教学内容，成为新型的体育教学内容。

第四，体育教学内容所需要的运动器材越发正规。由此可以看出，高校对学生开展体育课的安全问题的重视程度越来越高。

二、高校体育教学内容的改革

（一）高校体育教学内容改革中存在的问题

目前来看，在我国体育教学内容改革与发展的过程中存在着以下几个较为明显的问题，需要引起一定的重视。

1.体育教学内容繁多且较杂乱

当前我国的体育教学内容繁多并且较为杂乱，看似重视学生的全面发展，但实际上，这些教学内容在规定的授课时数内很难教完。即便教完，也只是一些综合性的表面知识，并不会让学生对所学的运动项目有一定深刻的认识更不利于学生对运动项目技能的掌握。

2.体育文化知识含量少，缺少以健康为主题的教学内容

高校中的体育理论知识包含的内容有很多，比如，较为主要的有奥运知识、体育道德风尚、体育人文精神、体育文化欣赏等。但是实际情况则是，各大高校中适应大学生的理论知识体系并没有形成，更没有纳入体育教学内容中，且与此相关的部分教学内容针对性和实用性不是很强，这就使学生体育文化的学习与认识在很大程度上受到制约。

3.体育教学内容过于陈旧和单一

长期以来，我国学校体育教学一直在强调体育教学内容体系的完整性，从而忽略了一些前沿性和现代性的内容，显得运动知识和技能过于陈旧，没有与时俱进，让学生产生枯燥乏味的感觉。

此外，尽管当前的体育教学中各种健身和娱乐的体育教学内容不断涌现，但受到一些教学思想的限制，教学内容的改变性和开放性始终得不到体现，体育教师在教学实践中很难重新对教学内容进行选择，进而使得学生喜欢的、渴望参加的内容好似永远也不可能成为学校课堂的教学内容。

（二）高校体育教学内容改革的思路

针对当前高校体育教学内容的发展情况和改革中出现的问题，为了更好地促进高校体育教学内容的完善，需要对此进行进一步的改革，其中，可采纳的基本思路主要有以下几个方面。

1.遵循以人为本的思想，满足体育教学主体的需求

首先要将指导思想确定下来，然后再对教学目标及目标的内涵进行准确的定位。同时，还要与高校教学的实际情况有机结合起来，以学生的主体需要为出发点，有针对性地对体育教学内容进行选择。当前，高校体育主体的需要已经发生了较大的变化，因此，体育教学的内容也应该适应这种变化，有针对性地增加健美、舞蹈、韵律体操、轮滑等一些趣味性强的项目，这样不仅能够使教学内容得到进一步丰富，还能够更好地调动学生参与学习的积极性，满足学生的需求。

2.要对隐性体育教学内容引起重视

作为体育教学内容的一个重要组成部分，隐性体育教学内容也包含着很多具体的方面，其中，较为主要的有道德修养、体育精神、思想作风等无形的内容。对学生的纪律观念、集体观念、社会道德水平和意志品质进行积极有效的培养能够对学生产生潜移默化的影响，这对于学生体育文化素养和体育道德水平的提高有着积极的促进作用，同时，这对于学生更好地适应激烈竞争社会也有所助益。

3. 增加健康教育的内容

教学内容充分地健康化，充分提取、利用教材中的健康教育因素，实现体育与健康教育的结合。在选择教材内容时，为了能够有效完成增强学生体质的重要任务，高校体育需要在体育教学内容中增加有关健康教育的相关内容，具体来说，就是要增加那些学生乐于参加，并且对学生身心健康有利的体育项目，而将难度大、重复多且单调枯燥、学生不感兴趣的项目删除。要以学生身心发展的特点以及知识和能力的水平为主要依据，来对教学内容进行有针对性的安排，从而使教学内容的实用性和趣味性得到有效提高，将学生的学习兴趣有效激发出来。

第二节　高校体育教学方法的建设

作为实现体育教学目标、开展体育教学活动的主要途径和手段，体育教学方法的体系建设与体育教学目标实现的程度有着直接的关系，体育教学方法的科学与创新性对体育教学的质量也有着决定性的影响。鉴于体育教学方法的重要作用，本章特对现代体育教学方法体系的建设与发展进行探讨与研究，重点探讨的内容有体育教学方法的基本知识、常见体育教学方法及科学选用、体育教学方法体系的构建及其创新发展。

一、体育教学方法的概念

教学方法是师生为实现课堂教学目标和完成教学任务而采用的教学活动的总称，它是一种行为或操作体系，包含着教师的教和学生的学两个层面的具体方法。体育教学方法就是实施体育活动所有的手段和方式的总和。

我们可以从以下几个方面来理解体育教学方法的概念。

（1）体育教学方法是"教"与"学"的统一

体育教学方法体现了教与学的统一，只有通过师生间的双边互动，才可以将体育教学方法的价值与作用更好地发挥出来。我们可以将体育教学活动简单地理解为两个方面的内容，即"教师的教"和"学生的学"，体育教学活动中，教师和学生都是以主体的角色发挥作用的。教师在体育教学中选用具体的教学方法和手段都是以学生为主要对象的，教师和学生之间的关系极为密切。只有在师生的双边互动中，体育教学任务和目标才能得以顺利实现。因此，教和学两方面的内容贯穿于体育教学方法实施的整个过程中。

（2）体育教学方法是师生动作和行为的总和

体育教学方法的贯彻与实施是在师生互动中实现的，体育教学方法也是师生行为动作总和的体系。体育教学方法与其他科目教学方法的主要不同之处在于，体育教学方法不仅对教学语言要素较为重视，而且对动作要素有更加突出的强调。体育教学过程中，学生掌握各种动作都离不开教师的讲解、示范以及纠正，只有在此基础上，学生重复进行练习，能对相应的技术动作进行准确且熟练的掌握。所以说，体育教学方法是教师和学生双方动作和行为的总和。

（3）体育教学方法和教学目标不可分割

所有的体育教学方法都具目标性，如果没有明确的目标，那么体育教学方法的存在就毫无意义，因而其作用也就无法发挥。体育教学方法与体育教学目标之间具有密切的联系，教学方法的选择与实施主要就是为实现体育教学目标和任务而服务的。体育教学方法和体育教学目标之间具有不可分割性，如果强行将两者割裂，那么体育教学方法失去了明确的方向，在具体的运用中就会表现出一定的盲目性。反过来，如果体育教学目标与任务没有体育教学方法的贯彻实施，也将无法顺利实现与完成。

（4）体育教学方法的功能具有多样性

现代体育教学不仅注重学生动作和技术的掌握，以及各方面身体素质的增强，它更加注重学生的全面发展。因此，体育教学方法的功能也具有了多样性的特点，多功能的体育教学方法不仅能够在一定程度上促进学生运动能力的增强，还能够促进学生思想道德品质、心理素质等方面的发展，这对于学生的全面发展具有积极的意义。

二、现代体育教学方法体系的构建

（一）新体育教学方法体系构建的理论依据

"目标统领教材"是体育课程改革的突出特点，即以不同的教学目标为依据来对不同的体育教学内容进行选择。学校向学生传授的各种思想、知识、技巧、技能、言语、观点、信念、行为、习惯等的总和就是教学内容。本质上来说，学生的学习过程就是将这些丰富的教学内容内化为自我发展成果的过程，这一过程体现了由外到内的转变，其不会自动完成，必须通过对教学方法的运用才能实现这一转变。

选择体育教学方法要因地、因时、因人而异，即以不同地区的实际情况、学生的身心发展特点等为依据来对体育教学方法进行确定，这是体育新课程标准的基本要求。以往的体育教学大纲虽然对教学目标、各年级教学内容比重及考核标准做出了明确的规定，但却将地区间、城乡间、学校间的差异忽视了，而且也没有将学生的体育基础、兴趣、爱好等因素考虑在内，从而在具体的教学过程中只重视采用教师的讲解与示范等单一的教学方法，学生"看体育"的负面效果因此而形成。

体育课程标准对课程目标、领域目标、内容标准做出了相应的规定，但没有限制具体内容、比重、成绩评定等。新课标以学习内容性质的不同为依据对5个学习领域进行了划分，不同领域都有相应的教学任务和教学内容。虽然有些领域中的内容并不具体，但能够在其他领域中对相关内容进行渗透和贯穿，形成"目标—内容"，即目标指导内容选择，内容选择达成目标的关系。与此同时，新课标还对6级学习水平进行了划分，并对相应的水平目标进行了设置，而且主要是以学生的身心发展特征为依据来划分的，从而将体育教学特殊的规律充分体现了出来。

此外，新课标不对具体的学习内容进行规定，而是将达到目标的内容或活动建议提了出来，这样，学校选择的余地也很大，可以本校实际为依据来对教学内容进行合理选择，从而促进学习目标更好的实现。由此可见，新课程标准的5个领域，不仅是学校选择体育教学内容的主要依据，同时也是体育教学自身规律的体现，也可以有效地指导体育教学方法的选择，促进"目标—内容—方法"教学范畴体系的形成。这样，不同地区、学校就拥有了选择符合本地区特点或本校特点的教学内容与方法的广阔空间。

（二）基于新课标的体育教学方法体系的构建

学生学习方式的转变是体育新课程改革的基本特色，具体就是改变学生单纯接受式的学习方式，对发挥学生主体的学习方式进行建立，并对研究性学习进行积极的提倡。这一转变对于教师来说，要对不同学生的情况进行了解，从而向学生提供不同的学习空间，同时还要对不同年龄学生的教学方法进行考虑。新的课程标准必须要有新的方法体系与之相配套。体育教学需要以体育教学自身的规律为依据，并结合具体的教学内容去开展教学活动，以促进学习目标的顺利实现，因此应以体育教学规律及为实现目标而选用的教学内容为依据，按课程标准划分的五个学习领域来对新的体育学习方法体系进行构建。

体育课程改革对五个学习领域目标作了重点强调，并在此基础上以学生不同的身心发展阶段为依据对六个不同的水平目标作了划分。在体育教学实践中，每节课都要以不同的目标要求为依据来对教学内容进行选择，而每节课教学内容都要能够使五个领域的不同目标顺利实现。所以，各个领域目标都有不同的水平目标与之相对应，教师应当以不同的水平目标为依据来对所需要的教学方法进行合理选择与科学运用。

三、体育教学方法的发展

（一）体育教学方法创新发展的原因

1.科技进步促进了体育教学方法的创新

随着科学技术的迅速发展，人们的生活水平不断提高，生活质量得到了很大程度的优化。而且，科技的进步在体育教学领域也发挥了积极的影响，具体表现在其对体育教学方法产生的深远影响上。随着计算机技术的快速发展，其在体育教学中的普及性也在逐步提高，这就促进了体育教学中动作示范标准程度与科学程度的提高。而且，科技的进步使得资料的搜集、整合更加便捷，学生在学习空间和时间方面受到的限制逐渐降低，实时的信息沟通逐步实现。通过运用计算机进行动作示范，可以从不同的侧面，以不同的速度，对不同部位的动作进行细致的分析和研究，使传统的讲解示范等方法更好地发挥自身的作用。

2.体育教学内容的变革促进了教学方法的变革

为了与时代的发展相适应，满足学生不断增长的体育需求，体育教学的内容也在不断改革与发展，这也直接促进了体育教学方法的变革。例如，随着定向运动和野外生存运动被引入到体育教学之中，使得体育教学活动的野外组织和教学方法得到了更加深入的开发。

3.体育教学理论的发展促进了教学方法的改善

体育教学理论的发展对于体育教学方法的创新与进步具有积极的影响。在新的体育教学理论的科学指导下，体育教学方法的发展和创新速度逐步提高。传统体育教学过程中，对于体育运动技能的分析还不是很深入，并且针对同一运动项目的教学所采用的教学方法较为固定，甚至不同运动项目的教学中都采用同样的教学方法。可以说，不管面对什么样的教学内容和教学目标，都是以"以不变应万变"的态度来选用教学方法。然而随着有关专家对体育运动项目研究的不断深入，适合不同运动项目的体育教学方法也创造性地应运而生。

（二）体育教学方法的创新发展趋势

现代体育教学方法经过多年的改革与发展，已经形成了具有自身特色的教法体系。随着经济社会的不断发展，其仍处于不断的创新与发展中，并呈现出以下几方面的趋势。

1.现代化趋势

现代教学方法的现代化发展过程中，体育教学的现代化十分明显。体育教学现代化的重要表现之一是教学设备的现代化，通过对先进技术手段的运用，使体育教师能够更好地对教学活动进行开展，使学生可以更好地参与体育学习。而且，通过运用先进的现代化设备，教师可以对学生的身体素质有一个更加全面的了解，从而有针对性地对运动训练的负荷量进行安排。在教学管理方面，现代科技的运用可以为学生的学习和生活提供更加便捷的服务。随着现代社会的不断发展，体育教学的各项技术将得到一定程度的创新与发展，其教学方法也必然呈现出现代化的创新性发展趋势。

2. 心理学化趋势

在心理学中，学习是一个较为复杂的心理过程。在体育教学中，学生学习是一项既涉及知识记忆同时还涉及动作技术记忆的复杂形式。随着心理学研究的不断深入，学习过程的各个要素与阶段开始被人们逐步认识，并且在具体的教学实践过程中，心理学的相关理论得到了一定的运用，并发挥了积极的作用。在体育教学方法的发展过程中，很多心理学的研究成果都得到了不同程度的应用，这对于促进体育教学质量的提高具有积极的影响。另外，体育教学方法的运用还肩负着提高学生的意志品质，发展学生的健康心理等培养目标，通过对相应的心理学知识进行采用，能够使体育教学方法在这些方面的目标得到顺利实现。

3. 个性化与民主化趋势

现代体育教学方法正在逐渐向个性化、民主化的趋势发展。在传统体育教学过程中，强调教师的主体地位，在教学过程中只重视教师的教，教师组织教学活动也没有对学生个体之间的差异性进行充分考虑。随着体育教学的深入改革与发展，社会越来越重视学生个性的发展，因此，体育教学方法的发展也必然呈现个性化的创新趋势。个性化的教学方法改革和创新不仅有利于学生的全面发展，而且有利于社会的进步。

体育教学方法的民主化发展也是大势所趋。随着体育教学过程中民主意识的崛起，民主化体育教学方法将得到进一步的重视与更加广泛的采用。

第三节　高校体育教学模式的建设

随着我国体育事业的发展，体育教学各环节的研究显得越来越重要。作为高校体育教学的重要组成部分，体育教学模式对于高校体育教学的开展及深化研究有着非常重要的意义。对体育教学模式的研究与创新，能够更好地促进高校体育教学的发展。本章主要对体育教学模式的基本理论、现代创新体育教学模式的构建与应用以及高校体育教学模式的发展与改革进行研究。

一、体育教学模式的概念

直到20世纪80年代，我国开始对如何界定体育教学模式展开专门性讨论。但至今，体育教学模式的概念尚未达成统一，其规范化程度也有待进一步提高。在对体育教学模式进行的相关研究中，很多学者对于体育教学模式的概念给出了自己的看法和见解，其中比较有代表性的主要有以下几种。

（1）李杰凯认为，体育教学模式"是蕴含特定的教学思想，针对特定的教学目标，在特定教学环境下实现其特定功能的有效教学活动与框架，是以简洁形式表达的体育教学思想理论和教学组织策略，是联系体育理论与体育教学实践的纽带。

（2）杨楠认为，体育教学模式是"体现某种教学思想或规律的体育活动的策略和方式，它包括相对稳定的教学群体和教材、相对独特的教学过程和相应的教学方法体系"。

（3）毛振明认为，体育教学模式是"按照一定的体育教学理论或教学思想设计，具有相应结构和功能的体育教学理论或教学活动模型"。

（4）樊临虎认为，"体育教学模式是指在一定的教学思想或理论指导下，设计和组织体育教学而在实践中建立起来的各种类型体育教学活动的范型，它以简化的形式稳定地表现出来。"

综上所述，我们可以将体育教学模式定义为：在特定的体育教学思想指导下，实施的以完成体育教学单元目标的稳定性较好的教学程序。

二、现代创新体育教学模式的构建与应用

（一）新型体育教学模式构建的参考依据

新型体育教学模式的构建主要把握以下几个参考依据。

（1）参考体育教材性质

体育教学以教材为基本工具，体育教师教学、学生学习都要借助教材这一基本教学工具。体育教材也是体育教师与学生共同完成体育教学目标的内容载体。通常把体育教材分为概括性教材与分析性教材两大类，这主要是以体育教材内容的性质为依据划分的，具体分析如下。

①概括性教材：这一类教材中没有较难学习的运动技术需要学生掌握，对概括性教材进行讲解的主要目的是使学生对体育项目有简单的了解、培养学生体育学习的兴趣促进学生的身心健康。学生在学习该类教材时主要注重体验乐趣，获

取快乐，所以要构建并选用快乐式教学模式、情景式教学模式以及成功教学模式进行教学。

②分析性教材：这一类教材中的运动技术具有一定的难度，对这类教材进行讲解的主要目的是提高学生的自主学习能力与创新能力，促进学生体育知识与技能的增长，学生在学习该类教材时注重培养学习与创造力，所以要选择构建主动性体育教学模式、发现式教学模式以及领会式体育教学模式等进行教学。

（2）参考体育教学目标

体育教学模式构建与运用的关键是教学目标，体育教学模式需要体育教学思想与目标为其提供活力、指明方向。体育教学思想与目标也是区分教学模式的一个标准。体育教学目标在新课程改革之后有所变化，主要涵盖了以下四个方面。

①提高学生运动参与能力与积极性的目标。

②促进学生身心健康的目标。

③促进学生正确掌握运动技能的目标。

④提高学生社会适应能力的目标。

上述体育教学目标要求在体育教学中要构建与选用情景体育教学模式、探究体育教学模式以及成功式教学模式等进行教学。

（3）参考体育教学对象

体育教学活动离不开学生这一教学主体，体育教学活动中，学生也是其中非常重要的一个组成部分，所以要针对不同学生的具体情况与特点来对教学模式进行构建。学生的学习阶段按年龄大致可以分为小学、中学、大学三个时期。不同学习时期，学生的身体与心理情况是有明显不同的，所以体育教学模式的构建要考虑到不同学习阶段的学生的具体情况。

学生在大学时期，主要是接受专项体育运动教学训练，因此适合这一时期的体育教学模式有技能性体育教学模式，同时也要发挥体能性体育教学模式的辅助作用所以对这两种教学模式的构建极其重要。

（4）参考体育教学条件

体育教学模式不同，其相应的教学条件也会有差异。不同地区或学校的体育教学条件具有明显的复杂性与差异性。以城市和农村地区为例，两个地区的经济水平差距很大，因此体育教学场所、设施与器材也有差距。针对这一情况，体育教师要实事求是，从实际出发，构建恰当的体育教学模式来完成教学目标与任务。农村学校的教学水平与条件有限因此不适合构建并选用要求外部教学条件良好的小群体教学模式。

（二）新型体育教学模式的构建原则

（1）坚持教学目标、内容、形式、结构与功能的统一原则

从本质上讲，新型体育教学模式的建构是处理好高校体育教学活动中形式与内容、结构与功能的关键问题。所以，体育教师应该对各类体育教学课堂结构和形式的功能与作用进行全面分析，并以教学目标和条件为根据对教学模式做出比较合理的选择。

（2）坚持统一性与多样性的统一原则

①体育教学模式构建的统一性是指在构建和创造体育教学模式时，要继承我国体育教学思想和成功经验。

②新型体育教学模式构建的多样性是指在开发和构建体育教学模式时应尽量实现多样化，避免单一化与程式化的不足。

（3）坚持借鉴与创新的统一原则

体育教学模式要坚持创新与借鉴的统一性。这里所说的借鉴具体是指借鉴两方面的内容，一方面要借鉴国外的先进教学模式理论；另一方面是要借鉴国内的先进教学模式理论与成功教学经验。

随着全球化趋势的加强，学校体育教学也必然会受到教育全球化的影响，不对国外先进教学模式理论加以借鉴或借鉴之后缺乏创新都是故步自封的落后表现。因此要有机结合创新与借鉴，这样才能运用成功的经验，吸取失败的教训，不走或少走弯路。具体来说，统一借鉴与创新，就是要以正确的体育教学思想为指导，革新原有的落后的体育教学模式，借鉴前人和他人的成功经验和理论，结合教学中的客观实际，提高体育教学的效率。

（三）新型体育教学模式的构建步骤

概括地讲，新型体育教学模式的构建步骤主要如下。

（1）明确指导思想。选择用什么教学思想作为构建模式的依据，使教学模式更突出主题思想，并具有理论基础。

（2）确定构建模式的目的。在明确指导思想的基础上，确立建构体育教学模式所达到的目的。

（3）寻找典型经验。在完成第一步的基础上，通过调查研究，寻找恰当的典型经验或原型作为教学案例，案例要符合模式构建思想与目的。

（4）抓住基本特征。运用模式方法分析教学案例，对教学案例的基本特征与教学的基本过程进行概括。

（5）确定关键词语。确定表述这一体育教学模式的关键词。

（6）简要定性表述。对这一体育教学模式进行简要的定性表述。

（7）对照模式实施。对照这一体育教学模式具体实践教学，进行实践检验。

（8）总结评价反馈。通过体育教学实践验证，对实践检验的结果进行归纳总结，通过初步实践调整修正模式，并反复实践以不断完善。

（四）两种新型体育教学模式的构建与运用

（1）合作式体育教学模式的构建与运用

体育教学活动中，合作教学模式的运用有利于学生合作意识与能力的提高，有利于学生交往、实践及协调能力的增强，也有利于学生个性发展和终身体育意识的形成。

①合作体育教学模式的构建程序

首先，要以体育教学大纲规定的教学时间与教学内容为主要依据，对上课时间进行合理的分配与安排。通常，在体育教学活动中，体育理论知识教学占总教学时间的25%；学生体育能力培养占总教学时间的30%；体育技战术教学占总教学时间的45%。其次，体育课堂教学之前，教师要做好课堂教学计划，即教案。制订教学计划时教师要加强与学生的合作，与学生一起探讨教学方法的选用。

②合作教学模式在体育教学中运用的注意事项

第一，更新教学观念。

合作教学模式在体育教学活动中的运用要求对传统的体育教学观念进行更新，对学生的重要性进行重新认识，重视学生的主体地位，引导学生充分发挥主观能动性，尊重学生的人格，教师在教学中加强与学生的合作交流，以学生的具体情况为依据进行教学。

第二，注重学生主体意识的培养。

首先，体育教师在体育教学活动中要想方设法来激发学生的思维与学习热情，然后引导学生积极发现与探索新问题、新情况，在引导过程中，注重学生自主意识和独立能力的培养

其次，教师要注重自身的引导作用，通过提问、质疑等手段，引导学生把注意力集中到课堂教学中。

最后，教师主导性的发挥要以实现体育教学目标为出发点，倘若没有从教学目标出发，就谈不上学生主体性的培养了。

（2）启发式体育教学模式的构建与运用

"启发式体育教学模式指的是在体育教学活动中，教师以体育教学目标、教学规律以及学生的认知水平和年龄特点为主要依据，通过采取各种教学手段来引导学生独立思考、积极主动地获取知识、解决学习问题的过程。"解决教学中出现的问题、提高体育教学的质量以及促进学生体育学习积极性的发展是体育教学

模式的实质。

①启发式体育教学模式的构建

第一，对问题情境进行创设。

体育教师在对问题情境进行创设时，要具体以体育教材的重点和学生的客观实际为依据。在创设问题情境的过程中，体育教师不仅仅要解决学生在学习中出现的问题，更要采取一定的方法与措施来引起学生的好奇心，使其主动提出疑惑，并积极思考解决疑惑，这样有利于学生学习热情的充分调动，有利于提高学生逻辑思考与客观分析及解决问题的能力。

第二，采用直观教学手段。

体育教师在对学生进行启发的过程中，要尽量采用直观的教学方法手段，减少抽象概念的使用。直观手段具体是指多媒体、录像、图片等直观教具的使用，直观教学方法有利于学生学习兴趣的激发与提高，有利于学生以最为简单的方式清晰地掌握学习内容。

第三，采用多样化的练习手段。

体育教师在引导学生进行练习的过程中，要以体育教学任务、目的和要求为主要依据，并要善于采取一些有助于启发教学的练习方式作为辅助学习的手段。除此之外，体育教师还可以以教材内容为依据对多样化的练习手段加以运用，以此来促进学生学习兴趣的提高，同时也能够提高学生的学习效果。

②启发式教学模式在体育教学中运用的注意事项

第一，对教材重点与难点有所明确。

体育教材重点是学生要掌握的关键内容，教材难点是学生不容易掌握的教材内容。教师运用启发式教学模式进行教学时要以教材重点为中心，通过口头叙述、动作示范等各种教学方式来引起学生对教材重点内容的思考。体育教师也可以针对重点动作做一些生动、逼真的模仿，这样学生也能比较容易地掌握教学内容。除此之外，教师也要把学生的身心特点、认知能力和学习基础重视起来，遵循因材施教的教学原则，使每个学生的学习效率都能得到保障。

第二，对多元评价体系进行科学构建。

评价学生的学习过程或结果主要是为了总结学生的学习效果，对学生学习体育达到一种督促与激励的效果。合理的评价有利于提高学生学习的积极性和主动性。评价的实施步骤具体为：评价标准的确定—评价情境的创设—评价手段的选用—评价结果的利用。评价讲究合理，不要求过于死板地对标准答案有严格的限制，根据具体情况保留一定的评价空间。教师在对学生的学习技能做出评价的同时，也要引导学生进行自我评价或学生之间的互相评价。

第四章　现代高校体育教学训练方法实践

第一节　体育训练的原理与方法

运动训练原理是科学、合理的运动训练的基础；运动训练方法是在运动训练中，提高竞技水平、完成训练任务的途径和办法。

一、运动训练的基本原理

（一）运动训练的运动学基础

运动学基础主要指的是运动技能的基础。所谓的运动技能，是指人体在运动中掌握和有效地完成专门动作的能力，也就是在准确的时间和空间里大脑精确支配肌肉收缩的能力。提高运动技能依靠人们对人体机能客观规律的深刻认识和自觉运用。

人在参加运动的过程中，其动力是由骨骼肌不断地运动来提供的。骨骼肌在神经系统支配下，收缩牵动骨骼，维持人体处于某种姿势，或产生人体局部运动，最终促进机体完成运动所需的各种动作。而人体内脏器官的活动也离不开相应的平滑肌和心肌的作用。

①运动过程中人体机能的变化

比赛前后身体机能变化的基本过程，在运动训练的过程中，多重刺激源作用于运动员机体，引起各器官系统的机能发生一系列变化。依据机能表现形式，大致可分为赛前状态、进入工作状态、稳定状态、运动性疲劳和恢复过程五个阶段。

赛前状态：运动员在训练前，某些器官、系统产生的一系列条件反射性变化称为赛前状态，赛前状态可出现在比赛前数天、数小时或数分钟。

进入工作状态：在训练活动开始后，虽然经过了一定的准备活动适应，但是人体并不能立刻达到最高的水平，而是要经过一个逐步提高和适应的过程，这一过程被称为进入工作状态，其实质就是人体机能的动员。

稳定状态：当机体逐渐适应比赛时，则进入稳定状态，这时，人体的机能活动在一段时间内保持在一个较高的变动范围。

运动性疲劳：机体在运动过程中会产生一定的运动能力暂时下降的现象，一般称之为运动性疲劳。该现象是由运动训练负荷引起的一种正常的生理现象。适度的疲劳可以刺激机能水平不断提高，但发展到一定程度时就会出现过度疲劳，可能会造成机体损伤以致损害健康。

恢复过程：恢复是指人体在运动之后，人体的各项生理功能恢复、能源物质补充、代谢物排出等一系列变化。运动时体内代谢过程加强，不间断地代谢以满足运动时能源的补充需要，在运动中及运动停止后能源物质都在不断进行补充和恢复，只不过运动中的能量消耗大于补充，运动后的体内能量消耗慢而小于补充。

一次训练中身体机能变化的基本过程，人在运动的过程中，运动训练负荷作为一种刺激，必然会引起各器官系统机能发生一系列应激性反应。在运动训练前后，这些反应可表现为耐受、疲劳、恢复和消退等不同阶段。

耐受阶段：在运动训练开始阶段，人体的各项机能会在一定的水平上维持一段时间，并不会马上表现出衰减或降低，这一阶段称为"耐受阶段"。在这段时间内，由于机体已经从上次训练课中得到不同程度的恢复，会表现出比较稳定的工作能力，能高质量地完成各项训练任务。训练的主要任务正是在这个阶段完成的。

疲劳阶段：在经过一定时间的运动训练负荷的刺激，人体会产生一定的疲劳状况，机能能力和效率都会逐渐下降。达到何种程度的疲劳深度，正是训练安排所要达到的目的。只有机体达到一定程度的疲劳，机体在恢复期才能发生结构与机能的重建，运动能力才能不断得到提高。

恢复阶段：训练结束后，即进入了恢复阶段，机体开始补充所消耗的能源物质、修复和重建所受到的损伤并恢复紊乱的内环境。机体在恢复阶段恢复的速率，主要受两方面影响：一方面，身体的耐受阶段持续时间的长短，耐受阶段持续时间越长，则疲劳程度越深，恢复需要的时间就越长；另一方面，运动结束后能量的补充是否及时，能量补充越及时到位，则恢复的速度越快。

消退阶段：超量恢复不会一直持续，它会随着时间的进行而逐渐消失，而如果不及时在超量恢复的基础上施加新的刺激，已经形成的训练效果则可能会逐渐消退。

运动效果保持的时间和消退速率主要取决于超量恢复的程度，所出现的超量恢复现象越明显，保持的时间相对越长。因此，在安排运动训练的内容时，不仅应重视训练负荷安排的合理性，而且必须重视运动训练后的恢复，并在出现超量恢复后及时安排下一次训练。

②运动训练对人体运动系统的影响

经常参加运动训练对人体运动系统有着重要的影响，其影响主要表现在以下几个方面：

其一，运动训练对肌肉的影响。参加运动训练能够充分地发展骨骼肌，使其肌纤维增粗，肌肉的体积增大，肌肉力量增加。该项运动能够使肌纤维中线粒体数目增多，肌肉中脂肪减少，从而减少肌肉收缩时的摩擦，即肌内膜、肌束膜、肌腱和韧带中的细胞增殖、增厚、坚实、粗壮；肌肉内化学成分发生变化，如肌糖原、肌球蛋白、肌动蛋白和水分等含量都有增加，从而使ATP加速分解，与氧的结合能力增强，有利于肌肉收缩，表现出更大的力量；可使肌肉中毛细血管增多，改善骨骼肌的供血功能。因此，经常参加运动训练的人的肌肉会显得发达、结实、健壮、匀称有力，收缩力强，运动持续时间更长。

其二，运动训练对骨骼的影响。青少年新陈代谢旺盛，在这一时期进行合理的运动训练，对骨的生长和发育有着良好的作用。经常参加运动训练，可使骨表面的隆起更为显著，骨密质增厚，管状骨增粗。这一系列骨形态结构的改变，使骨的抗压、抗弯、抗折断和抗扭转等机械性能得到提高。

骨的这种良好变化，与肌肉的牵拉作用有密切关系。肌肉力量的增加与骨量的增加有着显著相关性，且骨量增加部位与肌肉训练部位有关。当肌肉力量增大，肌肉收缩对骨骼产生的应力刺激可有效提高成骨细胞的活性，在日后可有效延缓中老年骨量的流失。

其三，运动训练对关节的影响。定期适量的运动训练可以使骨关节面的密度增加，骨密质增厚，从而越发能够承受更大的运动训练负荷。由于运动训练项目不同，它对关节柔韧性所起到的作用也就不同。如乒乓球、羽毛球、篮球等项目，对于参与者的急转、急停能力的要求极高，这就需要参与者拥有良好的关节柔韧性。同时，关节的稳固性和灵活性又是一对矛盾，因为肌肉力量大，韧带、肌腱、关节囊就会增厚，这对关节稳固性和防止关节损伤有很大好处，但这样又势必会影响关节的灵活性。所以，在进行运动训练时，运动者要处理好关节的这对矛盾。

（二）运动训练的生理学基础

①物质代谢

食物中包含多种营养素，人体从食物中摄取各种营养物质，经血液循环输送到人体各器官，通过相应的代谢为人体提供能量。糖类、脂肪和蛋白质等营养物质经被人体吸收后，人体的组织、细胞一方面通过合成、代谢构建和更新自身储存的能源物质，另一方面通过分解代谢（氧化分解）以产生能量。

②能量代谢

在进行不同项目的训练时，运动者应根据自身的年龄、身体条件以及个人需要来选择适合的能量系统作为主导作用的运动项目，同时还要注意所选择的运动手段和项目的科学化。运动者除了选择有氧氧化系统的项目外，还可以适当选择乳酸能系统供能的项目，发展身体的无氧耐力。

在人体运动过程中，人体运动形式的不同，则其不同的能量代谢系统提供能量的能力和速率也会不同。总的来说，人体在运动过程中，各供能系统之间的关系与运动训练负荷的强度和持续时间密切相关。在0～180秒最大运动时，各供能代谢系统的基本活动主要表现为如下特点：在1～3秒的全力运动中，基本上是由ATP提供能量的；在完成10秒以内的全力运动时，磷酸原系统起主要供能作用；30～90秒最大运动时以糖酵解供能为主；约为2～3分钟的运动，糖类有氧氧化提供能量的比例增大；而3分钟以上的运动，则基本上是有氧氧化供能。

大量的运动实践表明，随着人体运动时间的延长，供能物质由以糖类有氧氧化为主逐渐过渡到以脂肪氧化为主。总之，人体在运动中，并不是由一个供能系统完成供能的，在有一个主要的供能系统基础上，其他的供能系统也会参与其中，共同完成人体运动所需要的能量供应。每个供能系统都有其独特的特点和供能能力，供能系统不同，所需要的能源物质也不同，运动中的输出功率和供能时间也会有明显的差异。

③运动与呼吸

运动员在运动训练的过程中，机体与外界环境之间的气体交换称为呼吸。呼吸系统包括呼吸道和肺，而呼吸道是一系列呼吸器官的总称，这些器官包括鼻、咽喉、气管、支气管等。人体的呼吸过程由外呼吸、内呼吸和气体运输三个环节构成。

呼吸系统是氧运输系统的重要组成部分，其主要机能是实现机体与外界环境的气体交换，以使血液中的氧分压、二氧化碳分压、酸碱度维持在正常生命活动所允许的范围之内。人体通过肺实现与外界气体的交换，通过血液实现气体的输送和排出。人体在运动时，机体代谢旺盛，所需氧量及二氧化碳排出量明显增加，呼吸系统功能加强，所以运动训练（特别是耐力训练）必将使呼吸系统的形态、机能产生适应性变化。

呼吸肌主要是膈肌和肋间外肌。当膈肌收缩时，腹部随之起伏，肋间外肌收缩时，胸壁随之起伏。因此，以膈肌运动为主的呼吸形式称腹式呼吸，以肋间外肌运动为主的呼吸运动称胸式呼吸。成人的呼吸一般都是混合式的。呼吸形式与年龄、生理状态、运动专项等因素有关。在进行运动训练时，要根据动作的特点灵活转变呼吸方式。

④运动与心率

心率是运动生理学中最常用而又简单易测的一项生理指标。在运动实践中常用心率来反映运动强度和运动训练对人体的影响，并用于运动员的自我监督或医务监督中。成年人静息时心率在60～100次/分，平均为75次/分，但随着年龄、性别、体能水平、训练水平和生理状况的不同而有所不同。

一般来说，人的心率会随着年龄的增长而有所减慢，至青春期时接近成年人的频率。在成年人中，女性心率比男性快3～5次/分。有良好训练经历或体能较好者心率较慢，尤其是优秀耐力运动员静息时心率常在50次/分以下。在运动的过程中，人的心率会逐渐加快。随着运动强度的增加，心率也会相应地增快，因此，心率也是判断运动训练负荷的一项简易的指标，能够在一定的程度上反映运动员的体能水平以及运动训练的水平。

二、运动训练负荷的科学安排

（一）运动训练负荷的基本知识

1.运动训练负荷原理

运动训练中的最终训练目的是促进运动员身体素质水平、运动水平的提高，要想实现这一最终目的，就要在运动训练过程中使运动员不断承受和适应训练负荷，促进其机体的运动能力和对外界（运动训练负荷）的适应能力的不断提高，这就是运动训练负荷原理。

运动训练过程中，运动员会承受一定的外部刺激，运动员机体在生理与心理方面承受的总刺激便是运动训练负荷，机体承受刺激时表现出来的内部应答反应程度可以反映运动训练负荷。

运动训练负荷有着自身的特点，它具有目的性和选择性，即一定的功能特点；运动训练负荷还具有渐进性、极限性和应激性，随着运动训练负荷水平的提高，训练适应水平也会相应地得到提高。运动训练负荷与运动成绩之间密切相关，这主要从对应性和延缓传导性上体现出来。

运动训练负荷种类繁多，每种负荷都有自己独特的含义，因此必须准确掌握各种运动训练负荷的概念和特性，对运动训练负荷进行科学调控，调控时需注意运动训练负荷的综合性、实战性和动态性，并需结合具体个体进行，注重运动训练负荷的定量与等级。

2. 运动训练负荷的系统构成

运动训练负荷具有系统性，它由众多局部结构构成。按性质可将运动训练负荷分为训练负荷、比赛负荷、教学负荷与健身负荷；按产生机制可将运动训练负荷分为内部负荷、外部负荷和百分负荷；按负荷刺激机体的特征可将运动训练负荷分为负荷强度、负荷量和总负荷。

3. 运动训练负荷刺激及机体机能的变化

运动训练负荷刺激主要是指运动训练负荷对机体的刺激，人体活动时所表现出来的力量、耐力、速度、柔韧和灵敏素质等不是根本原因（本质），而是运动的结果（表象）。在运动训练中，机体对训练负荷刺激所做出的反应表现在两个方面，即生理反应和心理反应，通常所说的运动训练负荷指的是生理负荷，就是指机体在生理方面所承受的运动训练刺激。

运动训练的过程也可以看作是一个不断对人体施加运动训练负荷刺激的过程。在这一过程中，人体各器官系统将发生一系列反应。这些反应特征主要表现为耐受、疲劳、恢复、超量恢复和消退等机能变化。

在运动训练过程中，机体的负荷刺激变化主要会经历以下几个阶段：

①耐受阶段

耐受是运动训练初级阶段机体对运动训练负荷的刺激反应，是机体接受运动训练负荷刺激后身体机能变化和反应的第一个阶段。运动训练负荷强度和运动员训练水平会影响这种耐受能力的强弱和保持时间的长短。这一阶段，应以体能训练为主。

②疲劳阶段

在承受一定时间的运动训练负荷刺激之后，机体机能和工作效率会逐渐降低，即出现疲劳现象。具体来说，运动员训练到何种疲劳程度以及耐受多长时间以后疲劳取决于训练课的目的。实践表明，训练过程中，运动员只有达到一定程度的疲劳，才能提高运动能力，才能在恢复期获得预期的超量恢复效果，从而促进机体机能的增强。

③恢复阶段

训练结束后，在补充和恢复阶段，机体主要是补充训练过程中所消耗的能源物质，修复所受到的损伤并恢复紊乱的内环境，使机体各器官系统的机能恢复到运动前水平，以完成机体结构与机能的重建。机体疲劳的程度决定了恢复所需时间的长短。

④超量恢复阶段

超量恢复，又称"超量代偿"，是关于运动时和运动后休息期间能量物质消耗和恢复过程的超量恢复学说，由苏联学者雅姆波斯卡娅提出。超量恢复指的是在运动结束后，运动过程中所消耗的能源物质以及降低的身体机能不仅可以得以恢复，而且会超过原有水平。通常来说，运动训练负荷量越大，强度越大，疲劳程度越深，超量恢复越明显，但切忌过度训练。

⑤消退阶段

一次训练结束后，如果不及时在已获得的超量恢复的基础上继续施加新的刺激，那么已经产生的训练效果在保持一段时间后就会逐渐消退，机体机能又下降到原有水平。因此，要想保持长久的运动训练效果，就要求运动员必须在上一次训练出现超量恢复的基础上对下次运动训练做出及时的安排。

（二）运动训练负荷的科学安排与调控

1.运动训练负荷的定性与定量

①运动训练负荷的定性

第一，训练负荷的专项性。

训练负荷的专项性指训练负荷要与运动员的训练水平和比赛要求相符。运动训练过程中，训练负荷的练习分为运动专项练习与运动非专项练习。其中，运动专项练习是提高运动员专项运动技战术水平的直接因素，只有加强运动专项训练，才能为运动员运动实战水平的提高奠定良好的基础。

第二，训练动作的复杂程度。

训练动作的复杂程度是专项运动训练中客观存在的内容，是运动训练中运动训练负荷定性的一个重要方面。运动训练实践中，动作复杂程度决定着训练负荷的大小。区分训练动作的复杂程度是控制运动训练负荷的依据和需要。

需要提出的是，由于运动训练中运动员的许多技能动作并不能预定，必须根据场上对手的表现临时做出选择性反应，因此，目前对此要做出量化评定具有较大的难度。

第三，训练负荷的生理改善。

确定运动员运动训练时机体工作的供能系统是为训练负荷定性的内容之一。研究表明，系统的运动训练中，ATP-CP和糖类酵解供能约占80%，糖类酵解和有氧代谢约占20%。因此，运动员应结合运动专项的训练要求和特点，选择采用无氧代谢，或是有氧代谢，或二者的协调配合来进行训练，也就是以实际情况为依据合理安排训练。

②运动训练负荷的定量

a. 内部负荷指标

内部负荷指标指由于运动员在训练过程中进行各种身体、技战术训练，训练的负荷使运动员有机体内发生一系列生理和生化变化，内部负荷的指标能比较科学、准确地反映机体在负荷时产生的各种变化，有利于教练员根据这种变化去掌握和控制训练过程，安排训练负荷。

运动训练中，使用内部负荷的指标来测量负荷的方法比较广泛。血压、心率、血乳酸、尿蛋白、氧债、血红蛋白、最大吸氧量等是常用的指标。

b. 外部负荷指标

外部负荷指标又称"负荷的外部指标"或"外部负荷"，包括负荷量和负荷强度两个指标。在运动训练中，负荷量的各个指标测定的方法比较简单。例如，统计一次训练课、一个小周期、一个阶段或一年的训练负荷量，只要记录每次训练的时间、次（组）数、移动的总距离和总重量，而后通过累计计算运动员单位时间内负荷量的大小即可。机体对负荷强度刺激所引起的反应比较强烈，能较快地提高机体各器官系统的机能水平，所产生的适应性影响较深刻，消退较快。在运动训练中，测量负荷强度的各个指标比较复杂，所以难度也比较大。

目前，对运动员外部负荷指标进行测量，一般通过记录技战术训练的时间、训练次数、训练难度、训练的激烈对抗程度等方法。

2. 不同负荷的判别

运动训练期间，当运动员的运动训练内容、训练手段的特点相对稳定时，机体机能表现出来的动态变化就能够被明显地观察到。因此，可根据训练实践中运动员机体机能活动性的动态变化来对训练负荷的大小进行判别。

一般地，运动训练负荷的大、中、小可以客观地按照机体恢复的时间进行判别。研究表明，训练负荷的大、中、小与有机体内环境的稳定性的变化紧密相关，并且能具体反映到恢复过程的时间上。通常，小负荷与中等负荷后，机体恢复过程的时间通常是几十分钟或几个小时；大负荷后，一般需要较长的时间（可长达数天）才能实现机体的恢复。

在运动训练中，应结合实际情况来对运动员的训练负荷大小进行判定，具体可以根据生理学和生物学的指标来判别，也可以采用其他相对间接且客观的指标进行判别。不管使用哪种方法，都要保证准确地判定训练负荷。

3. 运动训练负荷的特点与注意事项

①科学安排运动训练负荷的特点

科学安排与调控运动训练负荷就是以更科学、更合理的方法安排运动训练负荷，从而实现运动训练水平和运动成绩不断提高的目的。对训练负荷的科学安排需要遵循负荷、应激与恢复原理，竞技状态的形成与科学调控原理，周期性与节奏性原理，以及竞技能力的训练适应原理等。简单地说，科学调控运动训练负荷就是在训练过程中，教练员根据训练的任务及运动员的个体情况，按照人体机能的训练适应规律，以大负荷为核心，坚持长期、系统和有节奏地安排运动训练负荷。

从概念内容来看，科学安排与调控运动训练负荷具有以下特点：

第一，持续增加运动训练负荷，即在运动员的运动寿命范围内，运动训练负荷应该不断地增加。

第二，运动训练负荷应该力求在运动员机体可接受的范围内达到最大负荷水平。

第三，全年负荷，即要求运动员长年不断地进行训练，系统、连贯地承受负荷，以不断提高训练水平。

第四，负荷的周期性和节奏性，也就是说负荷的安排要有一定的大、中、小节奏，并在全年训练中具有一定的周期性安排的特点，也就是按照"加大—适应—再加大—再适应"的节奏进行安排。

第五，负荷的渐进性和跳跃性，它是指在运动员长期训练中，负荷应按照逐渐提高与跳跃式发展相结合的方式进行安排。

②科学安排与调控负荷的注意事项

第一，不同训练阶段采取不同的调控方法。

根据负荷因素的基本特征，在训练初期，为了使运动员尽快进入运动状态，通常以增加负荷量的方法来尽快实现运动员机体的适应。在专项训练阶段，以提高负荷强度刺激的方法来加深运动员的机体适应过程。

第二，选择合理的负荷的内容和手段。

教练员应按照不同运动项目、训练内容、训练手段的负荷特征和不同训练任务选择好相对应的训练内容、手段和方法。对运动员而言，其参与的具体竞技运动项目不同、训练目的不同，所安排的训练负荷应有所区别。

第三，对负荷方案进行最佳综合设计。

在运动训练过程中，教练员要根据各对应性负荷结构的特征及相互间的关系，进行负荷方案的最佳综合设计。特别是要注意负荷量、负荷强度与总负荷，内部负荷与外部负荷，生理、心理与智力性负荷，以及训练负荷与比赛负荷的综合设计。

第四，按照运动员个体特点确定运动训练负荷。

教练员要通过科学的训练诊断，对运动员的个体特点加以了解，对符合他们个体特点的个体负荷模型进行科学确立。

第五，注意负荷安排的长期性、系统性。

在进行运动训练时，要根据连续负荷中疲劳的正常积累与过度疲劳之间的关系，对多年、年度、周及每一次课的训练过程的负荷进行对应的安排，使不同训练阶段的运动训练负荷能够连贯起来，促进运动员运动水平的逐步提高。

第六，重视运动训练负荷的节奏性。

教练员要把大负荷训练与减量训练结合起来，使之形成最佳的负荷节奏，进而促使运动员取得最佳的运动成绩。

第七，合理增加运动训练负荷。

根据训练任务和训练对象，逐步、有节奏地加大运动训练负荷，直至最大限度。但在竞走运动训练过程中，运动训练负荷的安排不宜过大，应以提高单位训练时间里最大的效益为准则。运动训练负荷的增加应当在运动员适应了原有负荷的基础上进行，只有这样才能取得较好的训练效果。

第八，注意处理好负荷量、负荷强度与总负荷的关系。

教练员要按照运动项目特点、训练和比赛任务、个体特点等因素，以总负荷的要求为基础，确定好负荷量和负荷强度的最佳组合。突出强度是高水平竞走运动员负荷安排的重要特征。但注意应从实际情况出发，负荷强度和负荷量应合理搭配。

第九，重视恢复。

训练水平的提高离不开对训练负荷的合理安排，没有恢复，也就没有新的负荷安排。在运动疲劳之后，人体的恢复时间有所不同，恢复时间过长或过短都不利于提高身体素质和技战术水平。注意掌握运动员训练后不同恢复阶段的时间、个体负荷的极限能力、承受极限负荷后的恢复时间，以及各训练过程的负荷性质及适宜的间隙时间和恢复方式，并根据这些要点来对大负荷训练进行安排。训练之后，还应注重采用多种手段来帮助运动员消除疲劳。

第十，做好运动训练负荷监测和诊断工作。

教练员应在运动训练过程中根据运动训练负荷的构成因素及运动训练负荷的可监控性特点，正确地确定各运动项目的各训练内容、手段和训练方法，以及不同运动员个体的运动训练负荷监控指标体系，对科学的运动训练负荷监控、诊断系统和诊断模型进行建立。

第二节　体育训练的过程监控与管理

为了客观地控制运动训练过程，必须对运动员经过相当长时间的训练之后（阶段状况），在训练课和小周期负荷量影响下（平时状况），以及在一些具体练习负荷量的影响下（当时状况），机能状况的变化进行监控与管理，以便了解运动员在经过相当长时间训练的影响之下身体状况的变化，并据此研究下一个大周期或是训练时期的战略措施。

一、运动训练过程监控的理论体系

近年来，虽然我国的体育运动训练在科学性上不断有所增强，但从世界整体运动训练过程来看，我国运动训练还停留在较低的水平上。针对这一问题，专家学者们从不同层面探讨了其解决方法，并提出不断加强对运动员运动训练讨程的科学监控这一观点，然而要进行运动过程的科学监控，不仅需要形成制度化、规范化和系统化的监控方式，还需要建立运动训练过程的理论体系，这两方面就我国的情况而言，显然是还没有实现的。本节即从运动训练过程的理论体系入手，对其进行分析。

（一）运动训练过程监控的内涵

1. 运动训练过程概念的界定

为了增强运动训练过程概念的可操作性，学者们一般都从狭义和广义两个层面对运动训练过程的概念进行界定。其中，狭义的运动训练过程就是指运动员在教练员的指导下进行运动训练的一个持续的过程，或这种过程的积累。广义的运动训练过程则指运动员从事运动训练期间，参加的训练活动以及训练活动以外的持续的时间，这一持续时间可以是一天、一周，也可以是一个月或一年。

2. 运动训练过程监控的内涵

运动训练过程监控是监控的一个下位概念，它同它的上位概念——监控一样，可以应用的范围较广，而对它概念的界定及其内涵外延研究得较少。在我国的训练学理论界，很少有学者对运动训练过程监控的概念进行系统性的研究，其中值得一提的是国家体育总局体育科学研究所研究员洪平博士，他对训练过程监控这一问题进行了较为深入的研究，并对运动训练过程监控的概念进行了阐释。在他看来，"训练监控"其实是教练员对运动员予以训练控制的一种方法，是教练员为了保证训练实施效果与预定目标的一致性，而运用监控手段测量运动员的训练效果与目标的偏离情况，并对其进行及时调整，使运动训练恢复到预定的轨道上来的一种方法。其实施过程如图4-1所示。一方面，教练员制定训练计划，实施运动训练，对运动员施加训练刺激，并在训练的过程中通过对运动员训练效果的各项因素的监测，来测量运动员机体对运动训练刺激的反应情况，以便为下一步训练提供参考和借鉴；另一方面，运动员经由教练员的训练，在完成训练计划后，通过训练监控可以测量运动员对运动训练的反应，辅助教练员通过对运动员训练的反映与训练计划中的标准评价的对比分析来得出运动员训练的质量，为控制运动员训练的质量提供依据。

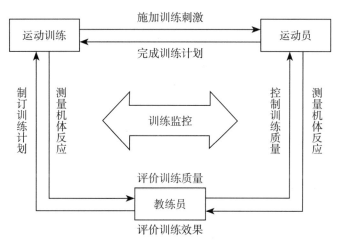

图4-1 运动训练过程监控的流程

　　洪平博士对运动训练监控的概念分析为我们探讨运动训练过程监控的内涵奠定了良好的基础，但他的分析依然存在几个问题有待商榷，如他对运动训练过程监控中的"监"进行了解释，但却忽视了"控"的内涵探讨。我们认为，运动训练过程监控是"监"和"控"的统一，也就是将以科研人员为主组织实施的运动训练结果的监测、评定，与以教练员为主实施的运动训练过程调控相统一的一个过程。在这个过程中，科学的"监"是有效的"控"的前提和基础。

　　另外，洪平博士对运动训练监控的概念分析实际上阐述的是对训练结果的监控，而忽视了对整个训练过程的监控。从运动训练的整个过程我们可以看出，虽然每个阶段对运动员训练结果的监控是十分必要且重要的，但若从发现问题、分析问题、解决问题的角度来看，仅仅对训练结果予以监控显然是不够的，它只能帮助教练员了解训练活动对运动员机体的刺激情况，只有加强对运动员整个训练过程的监控，运动员每次训练课承担负荷种类与负荷量、强度监控，每种负荷强度的比例等，我们才能在每一个环节上都做好对运动员训练情况的把握，也才能切实发挥运动训练过程监控的应有作用。

综上所述，运动训练过程监控就是为了确保运动员训练过程的科学性，以科研人员为主对运动员的训练过程予以检测和评定，并结合训练实施的情况对训练过程实施调控的一个统一体。这一概念包含了以下几方面的要点：

首先，考虑到运动训练过程是一个不断变化的动态过程，因此运动训练过程监控也是一个动态的过程，且这一过程会伴随着运动训练活动的持续而不断予以开展。

其次，运动训练过程监控的实施主体是教练员和科研人员，客体则是运动员。其中，科研人员和教练员组织、控制着整个运动训练过程监控的活动过程，负责运动训练过程监控计划的制定、监控方法的选择与设计、监控过程的实施、监测结果的分析、调控信息的确定等。而运动员则是运动训练过程监控的直接对象，承担训练负荷、竞技能力状况、机体机能的变化与疲劳恢复、伤病、营养等。

再次，运动训练过程监控是"监"的活动与"控"的活动的统一，这就意味着教练员要在对运动员训练过程中的各个因素进行监测、检查的基础上，对运动训练计划提出修改意见或建议。

最后，运动训练的主要目的就是最大限度地发挥运动员的潜能，提高其竞技能力和水平，运动训练过程监控的目的与任务就是通过对训练过程的不断监测、检查、评价，并对运动训练计划制定提出　调控信息，确保训练的质量。

（二）运动训练过程监控的类型

按照不同的分类标准，可以将运动训练过程监控分为不同的类型。

1. 按监控内容与运动成绩的关系分类

按监控内容与运动成绩的关系，可将运动训练过程监控分为决定性（或内因性）因素监控和影响性（或外因性、保障性）因素监控。

决定性（或内因性）因素监控是对决定运动成绩与运动训练效果的因素的监控，而影响性（或外因性、保障性）因素监控是对影响运动成绩和运动训练过程实施的可控因素，主要指运动营养状况、机能恢复状况、身体健康状况等因素进行监控。其中，内部因素是训练和比赛的核心因素，要想提高运动成绩，只有改进训练方法和手段，提高竞技能力才能实现。外部因素是运动员训练和比赛正常进行的保障。

2. 按监控实施间隔的时间长短分类

按监控实施间隔的时间长短可以将运动训练过程监控分为即时监控、日常监控和阶段监控。

即时监控是对运动员一次运动训练的身体变化所做的监控，日常监控是对运动员一次或几次运动训练后所发生的身体变化情况做的监控，而阶段监控是对运动员在一定时间阶段内（如一周、一个月或几个月等）由训练效果累积而获得的相对稳定的状态所做的监控。教练员只有及时和准确了解运动员的状态，才能有效监控训练的进程，并确保训练的效果。

3. 按评价类型分类

按照评价类型的不同，可以将运动训练过程监控分为终末监控和过程监控。

终末监控也就是传统的运动训练过程，它主要侧重于监控运动员在训练过程后的结果，即评价的是运动员在特定时间段内竞技能力与身体机能的变化情况。通常情况下，终末监控的时间间隔较长，有的是一周，有的是一个月，有的则是一个训练周期。

过程监控是对整个训练过程的监控，是在一定的时间序列上，对运动员每次运动训练所采用的方法、手段，所训练的内容对运动员身体机能和运动竞技水平与竞技能力产生的影响。此外，运动员每天的饮食、伤病情况也属于过程监控的范围。

假如说终末监控反映的是一段时间运动员的训练情况和训练效果的话，过程监控则展现的是这一效果产生的原因。因此，也有学者将即时监控和日常监控归入终末监控的范围，而将阶段性监控归入过程监控的范围。当然，这都是相对的，对于由4个月组成的准备期来讲，每一个月的监控相对于每次训练课来说是终末监控，而相对于4个月来说又是过程监控。

二、运动训练过程监控的组织与实施

（一）运动员选才

1. 运动员选才的概念和意义

运动员选才是根据具体运动项目的特点和要求，运用科学的方法进行测试和预测，将适合该项运动的、具有一定先天优势的运动人才挑选出来，对其进行系统的、科学的、有目的的培养，使其成为一个合格的、优秀的运动员，创造优异的运动成绩的方法。

伴随着体育事业的快速发展，现代竞技体育运动水平正在迅速逼近人类自身能力的极限。

一方面，一般的、普通的青少年是不容易成长为竞技运动的优胜者的，只有挑选那些具有一定的先天和后天条件的运动员苗子，并对其进行科学、严格的训练，才能使其登上世界竞技运动的高峰。也因为如此，乌尔默教授提出：高水平的科学训练、优化的训练环境和运动员个人的优越天赋是其成为竞技运动获胜者必备的基础。在现代体育运动训练中，挑选优秀的运动员苗子已经成为运动训练最重要的一步。

另一方面，运动选才有助于充分挖掘和利用运动员的先天运动天赋。这里的先天运动天赋就是指运动员或运动员苗子所具有的稳定的、没有经过训练便已经具备的、随着运动员生长而自然产生并发展的、表现出的运动潜能和能力的综合。在运动员选才的过程中，一般都会对备选运动员进行各方面的调查和测试，而这些调查和测试都有助于教练员发现备选对象身上的某些运动天赋，尽可能早地对其进行培养，避免贻误人才。从这一层面来说，科学的运动员选才可以及时为运动员确定未来的发展方向，并预测其最佳的年龄区间，提高运动员训练过程的科学合理性，保证训练目标的实现。

2.运动员选才的方法

（1）遗传选才法

遗传是指子代和亲代在特征性状上相似的现象，是生物体在世代间的延续。变异是指子代和亲代在特征性状上的差异现象。这种遗传和变异现象在生物界普遍存在，是生命活动的基本特征之一。组成人体运动能力的性状与其他性状一样，大都受到遗传因素的重要影响。因此，遗传选才是运动员常见的一种选才方法。

我国学者徐本力根据人体遗传学研究成果及其自身的研究成果初步确立了一组遗传选才方法，这里主要分析其中几种常见的遗传选才法。

①家族选才法

家族选才法是通过调查运动员家庭中若干代直系和旁系在某项运动上的表现情况，结合这些遗传因素对运动员的现状和未来发展趋势进行测评，决定取舍的方法。

②遗传力选才法

遗传力选才法是以那些与专项关系密切而遗传力又较大的指标作为最后确定的专项选择指标，结合备选运动员直系或旁系亲属有关性状，分析运动员在遗传家庭中的某些运动天赋来决定取舍的方法。

③皮纹选才法

皮纹选才法就是通过对备选运动员的皮肤纹样进行研究，分析他们的竞技能力各形状之间的关系，并联系这些关系对备选对象进行辅助性测评，以挑选出优秀运动员的一种方法。

（2）形态选才法

形态选才法就是通过对备选运动员的体型外观的测量，以及对他们未来发展趋势进行预测来挑选优秀运动员的方法。常见的形态选才法主要有体型测量法和体型预测法两种。

①体型测量法

体型测量法就是对备选运动员的体型进行测量，以分析其是否具有特定体育运动的身体条件的一种方法。一般包括以下几种：

第一，对身高、臂长、下肢长、坐高、手长、足长、跟腱长等的长度测量。

第二，对肩宽、手宽、足宽、髂宽、髋宽等的宽度测量。

第三，对肌纤维类型、肌肉中红白肌的比例等的充实度测量。

第四，对胸围、臂围、腿围、踝围等的围度测量。

②体型预测法

体型预测法就是根据备选运动员的体型现状，预测其未来的体型发展情况，并将其作为评价运动员是否具有从事某一运动的身体条件的方法。一般包括以下两种：

第一，用父母身高、少儿当年身高、少儿肢体发育长度判断发育程度等预测备选运动员成年后的身高的身高预测法。

第二，通过对不同年龄段的体宽指标占成人体宽的百分比预测备选运动员成年后的体宽预测法。

（3）年龄选才法

年龄选才法是通过对人体生长发育的年龄特征、少儿发育程度的鉴别以及各运动项群的适宜选才年龄对备选运动员进行鉴别，挑选出合适的运动员苗子的一种方法。这种方法的关键在于了解个体生长发育和运动素质的年龄发展规律，并掌握对少儿发育程度鉴别的方法。

（4）素质选才法

身体素质选才法是通过对备选运动员的身体素质进行测评，分析其是否具有成为某项运动员的素质基础，最后决定运动员取舍的一种选才方法。通常情况下，对备选运动员的素质进行测评，主要分析的是他们的生理素质、心理素质、运动素质等。

（5）心理选才法

心理选才法就是运用心理学的相关理论，对备选运动员的心理素质进行分析，并将其作为运动员选才评价标准，决定他们取舍的一种方法。一般情况下，对运动员的心理进行测评，主要分析的是运动员的心理能力和个性心理特征。

①运动员心理能力测评

运动员的心理能力在其竞赛的过程中会产生十分重要的作用。一般情况下，心理能力较强的运动员在竞赛过程中可能会超常发挥，而心理能力较弱的运动员则很有可能输掉比赛。因此，对运动员的心理能力进行测评也是现代运动员选才的一个重要内容。一般情况下，运动员心理能力包括一般心理能力和专项心理能力，主要包括注意力的集中和持久性、运动记忆的准确与牢固性、运动感觉的敏锐与稳定性、运动思维的迅速与实效性等。进行运动员心理能力的测评可以用心理测试量表和测试工具来测评，具体测评方法见心理测评方法类图书。

②运动员个性心理特征测评

运动员个性心理特征主要包括性格、气质、神经类型、兴趣、能力、意志品质等方面。其特征常用个性测试量表及运动员专项个性测试量表来测评。如神经类型测定方法有：感觉测定法、视听觉测定法、问答题测定法、数字划消法、排瓶法、声响记录法、安菲莫夫矫正法等。

（二）运动训练计划的制定

1.运动训练计划的概念和特点

运动训练计划就是在训练过程开始之前，为实现训练任务和目标，对训练内容、步骤及其要求所做出的理论设计和安排。当今运动训练计划要想取得切实良好的训练成果，除了制定的训练计划必须科学合理，符合运动员的身体机能发展规律和运动潜能激发特点之外，还要具有创新性、差别性、育人性的特点。

（1）创新性

一个好的运动训练计划要想取得好的效果，必然需要予以创新。从实践情况来看，在现代竞技场上，虽然各项运动表面上看来都是运动员竞技能力和运动素质的比拼与较量，但在这些表层之下还隐藏了许多其他的因素。例如，现代科技的发展，训练过程中对其他科学理论的应用等，这些都会对训练计划的实施及运动员的训练效果产生极大影响。例如，在运动员进行科学的体能训练基础上，把经过认真研究的心理训练等措施运用到训练计划的制定中，并付诸实践，这就是创新。而这些创新都会极大地提高运动计划实施的效果，培养出优秀的"精品"运动员。

（2）差别性

我们知道，不同的个体具有不同的心理素质、体能情况、运动水平，运动员虽然经过了系统性的训练，在整体上保持着较高的运动水平，但不同的运动员也会表现出不同的特点，因此，训练计划必须要因运动员个体的差异而有所区别，不可一概而论。此外，不同的运动项目在训练过程中也会有不同的要求和特点，这也要求运动训练计划必须表现出差别性。

（3）育人性

从运动训练计划的实施情况来看，传统的训练计划大多注重对运动员生理素质、战术水平、技术能力等的训练，而忽视了对运动员其他人文素养方面的训练，致使我国运动员队伍中出现一些"高技术、低素养"的问题，这一问题的产生与我国运动员队伍中的"重金牌、轻育人"有很大关系。有鉴于此，现代运动训练计划越来越强调其育人性，强调将运动员人文素养的提升融入运动训练的过程中，使运动员在提高运动技术水平的同时，人文素养也不断得到提升。

2. 制定运动训练计划的依据

（1）起始状态诊断

①起始状态诊断在运动训练中的作用

首先，运动员训练的起始状态，是运动训练状态过程的出发点。运动员当前的竞技水平如何，当前身体素质水平如何，决定其竞技能力的各个因素的发展水平如何、运动员的发育状况以及健康状况如何、运动员的文化教育水平如何、心理状态如何等一系列问题，都对运动训练过程产生着重要影响。对这些问题的科学分析和准确判断，是有效地组织运动训练过程的基本依据。因此，只有在科学诊断的基础上，才能够提供出精确的训练指标，才有可能制定出切实可行的训练计划。

其次，通过运动训练诊断，可以发现训练过程中不同环节所存在的问题，测定现实状态与目标状态的差距大小，为运动训练过程实施有效的控制提供可靠依据。并据此调整训练指标、修订训练计划，以实现运动训练过程最佳化，最终完成实现状态目标的任务。

最后，运动训练过程中的状态诊断与检查评定两个环节，在一定条件下可以互相转化。一个大的运动训练过程中的每一个阶段的检查评定，正是一个较小的运动训练过程开始时对运动员起始状态的诊断，而每一个独立的运动训练过程开始时对运动员起始状态的诊断，也都可以看作是一个更大的运动训练过程的阶段性的检查评定。多年训练过程和其中的年度训练过程，阶段训练过程和其中的周训练过程，都处于这样一种关系之中。

②运动员起始状态诊断的内容

a. 运动成绩

运动成绩，是根据特定的评定行为对运动员及其对手的竞技能力在比赛中发挥状况的综合评定，是运动员参加比赛的结果，是教练员、运动员智能、体能通过艰苦付出的价值表现形式，而且是唯一的价值表现形式。因此，对运动员运动成绩的诊断是确定运动员起始状态的一个重要依据。

从实践情况来看，不同项目的运动员在比赛中表现出来的竞技水平有着不同的衡量标准。从比赛结果的评价方法分类：田径、自行车、游泳、速度滑冰、举重以及射击、射箭等项目，可以运用标定的计量工具进行测量，通过对时间、距离、重量、环数的准确测定评价其竞技水平的高低；体操、艺术体操、技巧、跳水等项目，由裁判根据统一的标准，对所完成的动作给予评分来确定竞技水平的高低；足球、水球、冰球、曲棍球、篮球等项目，按比赛中命中特定区域的次数评定；摔跤、柔道、拳击等项目，在没有出现绝对胜利时，也按命中得分的情况评定竞技水平及胜负；乒乓球、羽毛球、排球和网球等项目，则通过比赛得分的多少反映竞技水平的高低。

b.竞技能力

竞技能力是运动员参加训练和比赛所必须具备的素质，是运动员体能、技能、智能和训练比赛能力的综合表现。组成运动员竞技能力的因素有形态、机能、素质、技术、战术、心理及智力。

对不同项目的运动员的竞技能力进行诊断时，必须考虑不同专项竞技能力的结构特点。不同项群运动员竞技能力的各决定因素的作用各有不同，因此，在诊断中首先要抓住起决定因素的主导因素，予以科学的诊断，并作为其竞技能力总体诊断的主要依据。

（2）训练目标

训练目标是为了了解和掌握训练全过程的发展进程而专门设计的理想模式。任何时候，任何情况下，目标永远是区别成功者与失败者的分水岭。如果一个人在生活中有目标，不管他目前的状况如何，他都会努力，向着这个目标前进。训练目标向训练参与者描绘出运动训练过程的目标状态，全部训练过程都是为实现这一终极目标状态服务的。这一终极目标的确定，使得训练过程的每一个环节、每次训练活动和比赛都围绕着目标状态的实现而全面地进行和展开，从而为训练计划和比赛计划的制定和实施提供了依据。此外，训练目标也是建立训练控制模型的基础，系列工程的原理表明，任何控制过程的第一步就是科学地确定控制目标，运动训练控制过程的第一步就是科学地确定训练目标。

一般情况下，训练目标是一个多层次的有序系统，一个完整的训练目标由运动成绩指标、竞技能力指标和阶段序列指标构成，这里简单介绍前两种。

①运动成绩指标

运动成绩指标包括运动员在比赛中所表现的竞技水平和比赛名次两个方面。对于可测量的体能类项群及技能类表现性项群的运动员，可以提出定量的竞技水平指标；而对于技能类对抗性项群则可以提出若干模糊的竞技水平指标。

②竞技能力指标

运动员竞技能力发展水平，是决定运动成绩的重要基础。构成运动员竞技能力的各个因素的水平及它们的组合方式与运动员的竞技水平有着直接的因果关系。建立运动员竞技水平决定因素的特征模型，可以把运动员训练的竞技水平分解为既可以分别反映运动员各种能力特征，又可以反映各特征之间紧密联系的具体指标。

3.运动训练计划的运用

根据适用时间的差异，可以将运动训练计划分为年度训练计划、阶段训练计划、周训练计划和课训练计划，因此，对运动训练计划的运用也可以从这些方面入手。

（1）年度训练计划的运用

年度训练计划的总体安排，涉及的内容较多，因此，必须从系统的观点出发，使整个安排科学合理。要提出一些定量指标，并使各方面的指标相关协调和系统连贯。（如表4-1所示）

表4-1　年度训练计划示例表

项目运动员（队）性别年龄训练年限年度主要任务

类别		运动员现实状态分析	年度训练的目标状态	
运动成绩				
技能素质				
技术				
战术				
形态				
心里				
智能				

续表

类别		运动员现实状态分析	年度训练的目标状态	
负荷	课次			
时期		准备期	比赛期	过渡期
阶段				
时间				
主要任务				
比赛安排				
负荷变化的总趋向				
主要手段 及负荷要求				
恢复措施				
检查评定的内容、时间				

注："负荷"栏的空栏内填写负荷的主要指标，如果安排双周期，则分为六格。

（2）课训练计划的运用

训练课计划的制定，要求更为具体和详细，不仅要讲究训练手段，提出负荷要求，而且还要考虑场地器材、组织形式及制定现场恢复的措施，考虑如何记录、评价训练课的进行和计划执行情况。训练课的计划运用示例如表4-2所示。

表4-2 课训练计划示例表

课的任务负荷要求

阶段	训练手段	时间	负荷量强度要求	技战术要求	组织形式	场地器材
准备活动						
基本练习						
生理活动						
恢复措施						
小结：						

（三）运动竞赛的组织

1.运动竞赛的意义

运动竞赛是体育活动的常见形式之一，是以一定的规则为依据，以争取优胜为目的的比赛活动。运动竞赛的组织可以吸引和鼓舞人们参加体育锻炼，推动群众性运动项目的普及和发展，推动体育运动水平的提高和普及。同时，运动竞赛的组织也能让观众感受到高尚体育道德作风的熏陶和激励，丰富人们的业余文化生活。此外，运动竞赛还能使不同国家、民族、地区的体育爱好者和运动员聚集在一起，加强国内外各民族人民之间的联系，促进世界各国人民之间的相互了解和友谊。

现代运动竞赛具有更加广泛的国际性和紧张激烈的竞争性。以国际体育运动竞赛中规模最大的奥林匹克运动会为例，它一般采用统一的规则和标准，并且包括多种竞赛项目，如田径、游泳、足球、篮球、排球等。此外，这些赛事的影响力也很大，全世界有很多人都在关注这些赛事。

2.组织运动竞赛活动的工作程序

运动竞赛活动的组织管理是一个非常复杂且十分具体的工作，特别是一些规模较大的运动竞赛，它们涉及诸多部门和人员，组织工作也纷繁复杂，若组织不当，很可能出现混乱的局面，如里约奥运会上的绿色泳池等。因此，一般规模较大的运动竞赛都会成立大会组织委员会（或筹备委员会）及相关下属部门予以系统组织开展。

组织委员会是在主办单位的领导下，由各方有关代表人员组成，负责组织和领导竞赛的全部工作。组织委员会下设若干工作机构，负责各项工作组织，竞赛过程的工作程序如图4-2所示。

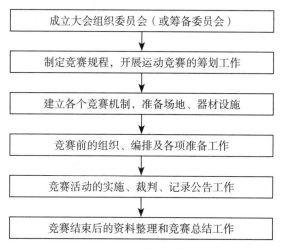

图4-2　竞赛工作流程

3.运动竞赛的组织机构设置及职能

（1）运动竞赛组织机构的设置

组织机构的建立是体育运动竞赛组织管理工作的关键环节。机构设置必须合理，各机构的工作任务要明确，只有这样才能保证竞赛活动顺利进行。一般竞赛的组织机构采用委员会制。竞赛组织委员会的建立，要与竞赛规模相适应。规模小的单项体育运动竞赛，应以完成各项任务为准，尽量简化组织机构。

规模较大的综合性运动会，可根据需要增设接待部、财务部、大型活动部、对外联络部和学术活动部等职能部门。此外，每一个单项比赛，必须设立单项竞赛委员会，直属大会组委会领导。有的竞赛活动，为提高规格，扩大影响，还可成立大会主席团，邀请层次较高的党政领导人担任大会名誉职务。

（2）各部门的职能

①组织委员会

组织委员会又称组委会，是整个竞赛组织工作的最高领导机构。组织委员会的主要职能包括以下几个方面：

第一，审议通过组织委员会人员名单。

第二，审议批准各组织机构的设置和主要负责人名单。

第三，审议批准竞赛活动的各项实施方案。

第四，审议批准大会经费使用的原则、范围及预决算方案。

第五，裁决竞赛活动过程中出现的重大问题。

②组委会办公室

组委会办公室又称秘书处，是组委会的综合职能部门。其主要任务是拟定文件、组织会议、文档管理、督促调控和上传下达。一般综合性运动会办公室由主任、联络、综合管理、文秘等人员组成，也可根据运动会的规模灵活设定。

③竞赛部

竞赛部主要任务是负责运动竞赛方案的制定与实施，是竞赛组织管理过程中处于核心地位的办事机构。在赛前准备阶段，竞赛部的职责包括：选择各项目比赛的场馆，落实承办单位，报组委会审批通过，并按规格要求布置、检查和验收场地器材的准备情况；确定各单项竞赛的仲裁委员会（或技术代表）成员和副裁判长人选；按照竞赛规程的有关规定，做好竞赛报名、注册与统计工作；编排大会竞赛总秩序册，制定活动总日程表；编印大会（运动会）秩序册等。在竞赛实施阶段，竞赛部需要检查各项准备工作，引导协助各赛区单项竞赛委员会做好报道、接待工作，在比赛正式开始后，提前做好公布记录和成绩统计的各项准备工作等。在赛后总结阶段，竞赛部要将部门的书面工作报告及其他文件、资料整理好，在组委会办公室规定的时间内交给组委会办公室归档。

④宣传部

宣传部是组委会统一领导下的职能部门，它的主要任务是做好新闻赛事的宣传教育和新闻传播。

⑤后勤部

后勤部主要任务是加强财物管理，做好生活接待，在交通、食宿、医疗卫生、通信等方面提供良好的服务。

⑥保卫部

保卫部主要任务是负责组织并实施竞赛活动的各项安全保卫工作。它是举办运动会不可缺少的机构之一。通常保卫部由主办或承办单位内部的保卫组织、公安机关和有关部门共同组成。

三、运动训练的管理理论与实施

随着社会的进步、经济的发展，人们越来越重视科学管理。近年来我国竞技体育的发展迅速，其中一个很重要的原因就是加强了对运动训练的科学管理。实践证明，运动训练管理，可以充分调动广大管理人员、教练员和运动员的积极性，有利于提高运动训练的效益。几十年来我国在运动训练管理方面积累了许多宝贵的经验，形成了一套基本适合我国国情的运动训练管理体制和积极有效的管理办法，对指导运动训练发挥了积极的指导作用。但是，随着现代运动训练的快速发展，传统的经验法在运动训练中已经不再适合，探索科学的运动训练管理方法成为当代运动训练领域的一个重要方向。

（一）运动训练管理的概念

对于运动训练管理的概念，国内体育界许多专家和学者在研究运动训练管理的过程中，都对其进行过明确的界定，下面是一些比较具有代表性的观点。

运动训练管理旨在遵循运动训练的客观规律，紧密围绕运动训练的过程，不断改进运动训练的组织方法和工作方法，为提高运动训练水平服务。

运动训练管理就是指管理者遵循运动训练的客观规律，运用有效的方法和手段，对运动训练系统进行计划、组织、控制、协调，以不断提高效率，实现运动训练目标的综合活动过程。

运动训练管理是指在运动训练过程中，为了实现运动训练的预期目标，以教练员和运动员为核心所进行的各种协调活动。

所谓运动训练管理就是运动训练系统的管理者通过一定方式调控资源，实现运动训练目标的活动。

从上述的观点来看，本书认为：运动训练管理是指体育管理者遵循运动训练的客观规律，运用有效的管理手段，为不断提高训练的功效，实现运动训练工作目标，而对运动训练系统进行计划、组织、控制、协调、创新的综合活动过程。

（二）运动训练管理系统

运动训练管理的系统主要是由管理者和被管理者两个部分组成的，以教练员和运动员的训练关系为核心的系统。在该系统中，管理者、管理对象和信息是其构成的三个基本要素。

1. 运动训练的管理者

运动训练的管理者主要包括各级行政管理干部以及教练员，运动员有时也会成为自身的管理者。

（1）教练员对运动队的管理

在整个运动训练系统中，教练员担负着培养运动员人才的主要任务。建设一支高水平的教练员队伍对于整个运动队的长远发展来说具有非常重要的意义。

（2）运动员的自我管理

运动员对自身的管理是现代运动训练中的关键因素，有助于现代运动训练的管理队伍的形成。

（3）其他管理人员

随着现代运动训练逐渐向科学化发展的加深、加强，对运动员的文化教育、科学指导、医务监督以及物质技术保障的要求逐渐提高，这就从客观上要求运动训练的内容向深度和广度扩展，要求必须依靠有关科研人员、领队、文化教员、医师及其他人员的密切配合。

2. 运动训练的管理对象

一般而言，运动训练的管理对象主要包括运动训练管理系统中所包含的人员、经费、场地、设施、仪器器材以及训练体制、机制等，决策对运动项目的管理也是一个不可忽视的重要内容。

从运动训练管理最直接、最基本的作用目标来看，运动训练管理系统是运动员（队）或教练员组成的运动训练系统，运动训练及其管理的一切效果最终要通过运动员（队）或由教练员与运动员反映出来，因此，运动员（队）或教练员是运动训练管理最主要的管理对象。

3. 信息

从哲学的角度看，事物（系统）间的一切联系或相互作用都可概括为信息。因此，在运动训练管理系统内外的各种相互作用或联系，都统称为信息。信息有内信息和外信息之分。

（1）内信息

管理者教练员与管理对象运动员之间的相互作用和联系是运动训练管理系统的内信息，它是该系统存在与运动变化的内因和根据，又可分为作用信息和反馈信息。

作用信息是运动训练管理者根据运动训练管理目标对运动训练管理对象施加的各种物质性和精神性作用，引起管理对象的运动，进而使运动训练管理系统从初始状态向目标状态转移。

反馈信息是运动训练管理对象对作用信息的反馈，是对运动训练管理效果的反映。运动训练管理者通过获得这种反馈信息，发现运动训练管理系统的实际状态与计划目标的偏差，分析偏差的原因，并寻求消除偏差的方法、手段，对管理对象进行新的训练调控，以达到消除偏差、实现目标的目的。这种作用信息与反馈信息的相互作用和反复循环构成了运动训练管理系统的管理实践活动。

（2）外信息

运动训练管理系统与环境的相互作用和联系就是运动训练管理系统的外信息。在运动训练管理中，外信息可以分为对系统的输入与输出两种信息。

输入信息主要是环境对运动训练管理系统的作用。它主要包括国内、国外的情报以及国家或高一层次运动训练管理者的指令，有时就是上级下达的运动训练管理目标。运动训练管理系统的输入信息对整个管理活动有着重要的前提意义，尤其是上级下达的运动训练管理目标，它是运动训练管理者行使管理职能（如制定运动训练管理计划）的依据，因此它就成为衡量全部管理质量与效果的标准。输入信息十分复杂，还包括社会生活各个方面对管理系统的作用，其中包括大量干扰信息及不利因素的作用。

输出信息是运动训练管理系统对环境的作用。它在一定程度上反映了整个运动训练管理的实际状况。如完成管理目标或计划目标的情况、取得的社会效益、经济效益和存在的问题等。总之，输出信息体现了整个系统的价值和社会生活中的实际功能作用，同时又是对上级指令的反馈，因此也是高层次运动训练管理系统中的内信息，是上级对运动训练管理系统进行有效管理的重要依据之一。

（三）运动训练管理的基本内容

从上述训练管理过程的系统构成可以看出，运动训练管理系统是从选拔一定的运动员苗子到产生优秀运动员，通过投入一定的人、财、物等，运用计划、组织、控制、协调、创新等基本职能，遵循科学的管理原理、原则和方法，以实现投入与产出效益最大化的过程。在这一过程中，运动训练管理所涉及的内容大体包括以下方面：

竞技运动的特点与科学管理的必要性；运动训练管理的目标、任务和措施；运动训练管理的原理、原则和方法；运动训练体制及其改革和创新；运动队伍的管理；运动员、教练员的培养；运动训练管理的效果与评价；运动项目的合理布局、立项与管理；运动项目协会的管理以及基层业余训练的组织与管理等。

近年来，运动训练实践有了飞速发展，现代训练管理理论也有了许多新的突破。运动训练管理理论体系也在不断地发展和完善，许多新的管理理论与方法在运动训练管理的实践中得到充分的应用，并逐渐构成比较完整的理论体系。

（四）运动训练管理的实施

从实践情况来看，运动训练管理大致可分为对教练员、运动员的人力资源管理，对运动训练经费的财力资源管理，对体育场馆等体育日常设施的物力资源管理三类。

1. 对教练员、运动员的人力资源管理

（1）对教练员的管理

优秀运动队的教练员是运动训练的直接组织者和管理者，他们承担着培训运动员的主要任务，对促进运动员的全面发展、提高运动员的运动技术水平、实现优秀运动队的目标起着主导作用。许多事实说明，影响一个国家运动技术水平的因素是多方面的，但教练员人数的多少和水平的高低是其中一个重要因素。有的专家指出，一个国家能培养出多少世界冠军，首先在于他们能够拥有多少个具有世界水平的教练员，美国、德国等体育先进国家的经验都证明了这一点。因此，建设一支具有高水平、高质量的教练员队伍，已成为加强运动训练管理一个至关重要的环节。具体来看，考虑到运动训练管理的动态性特征，对教练员的管理主要通过教练员的选拔、使用、培训考核等实现。

①教练员的选拔

选拔教练员是运动项目发展的关键环节，是任用教练员的必要途径。从目前国内外教练员选拔的途径来看，主要有以下几种：

第一，从专门的体育教练员学院、系毕业生中挑选。英国、法国等国基本是这样做的。在我国，目前还没有专门培养教练员的体育院校。从发展来看，从体育教练员专门学校培养选拔教练员是竞技体育发展的必然趋势。

第二，从优秀的退役运动员中挑选。这是我国过去和现在补充教练员的主要途径。这样的教练员，熟悉本专项技术，能比较快地适应教练工作。加之本人长期从事专项训练，有较好的技术基础和丰富的实践知识，能够从实际出发，因材施教，有针对性地进行训练工作。但是他们不足的是文化水平偏低，缺乏系统的专项理论和基础理论知识，难以胜任竞技体育科技化发展的要求。

第三，从体育院、系的运动训练专业，或者体育教育专业、武术专业毕业生中挑选。这已逐步成为我国优秀运动队教练员的主要来源。这样的教练，文化水平高，具有较系统的基础理论和专业理论知识，但欠缺运动训练实践经验。

第四，从基层体校或中学的教练员或体育教师中挑选。这样的教练由于长期在艰苦的条件下从事训练工作，具有高度的事业心和责任感，在某些专项训练上总结出了一套独特的方法，选准了、用好了，可以发挥重要的作用。当然他们的不足是接触高水平训练较少，对高新的②科学训练技术与手段不够熟悉。

另外，教练员的选拔还需满足以下几方面的要求：

第一，按照不同层次的教练员与运动员之间的限额比例选配教练员。根据国家体委有关规定，国家队教练员与运动员之间的限额比例为1：3～1：5（人）；省、区、市优秀运动队教练员与运动员之间的限额比例为1：4～1：6（人）；竞技体校、体育运动学校教练员与运动员之间的限额比例为1：6～1：10（人）；重点业余体校、体育中学教练员与运动员之间的限额比例为1：8～1：12（人普通业余体校教练员与运动员之间的限额比例不低于1：12（人）。

第二，按照不同层次教练员的高级、中级、初级职务之间的比例结构来选配教练员，国家队教练员高、中、初级职务之间的结构比例为6：3：1。省、区、市优秀运动队教练员的高、中、初级职务之间的结构比例为2～3：5：3～2；各类体育学校的高、中、初级职务之间的结构比例为1～2：5：4～3。此外，优秀运动队的国家级教练员人数应占教练员高级职务人数的10%～15%；各类体育学校的国家级教练人数不超过教练员高级职务人数的5%。

第三，各项目教练员班子的组合应注意"远缘杂交"，让不同流派、不同风格的教练员有机地结合在一起，产生更大的活力和效能。

第四，坚持任职条件，克服以运动成绩作为选配教练员的唯一依据的倾向，实行教练员岗位合格证上岗制度。

③教练员的使用

第一，扬长避短，各尽其才。人各有长短，用人之道，在于用其长，避其短，各尽其才。使用教练员，始终要坚持扬长避短。为此，其一，不必求全责备，因为世上既无全才，也无完人，同时在改革开放中，求全责备容易压抑开拓型人才；其二，要做到扬长避短，首先要知其长短，作为领导要熟知教练的长处与短处，合理用人；其三，要建设一支优势互补、结构合理的教练员队伍，注意组合扬长避短、默契配合的教练员班子。

第二，充分相信教练员。优秀运动队推行"主教练负责制"。主教练负责制，是加强运动训练业务管理，充分发挥教练员主导作用的一种管理制度。其实施办法是，由上级有关领导聘用运动队的主教练，明确其任期及其目标责任，赋予相应的权力，并规定必要的奖惩措施，缴纳一定的风险金。然后由主教练提名，经有关领导审核，成立以主教练为核心，由若干教练员组成的教练员小组。在主教练的主持下，由教练员小组负责运动训练的各项组织和实施工作。试行主教练负责制的优秀运动队，仍可设领队。领队的职责主要是配合主教练做好运动员的思想政治工作和有关生活管理工作，而对训练业务工作不做出任何干预。有的队为了既调动主教练积极性，又发挥领队的作用，试行"领队领导下的主教练负责制"。

第三，破除论资排辈，量才用人。年龄大，资历深的教练，是我们的宝贵财富，他们阅历长，经验丰富；然而年轻教练，一般来说接受科学技术快，思想开阔，精力充沛。因此，各有所长，均应调动他们的积极性。但对于脱颖而出的年轻教练，不能因其资历浅而不予重用，相反，应大胆培养，大胆使用，鼓励后来者居上，青出于蓝而胜于蓝。

第四，重视开发教练员的潜能。现实中，有的领导在教练员人才问题上眼光在外。忽视对本单位人才的开发利用。对优秀运动队教练人才的使用，不仅仅是看其带队比赛成绩，平时也应采取全面考核、严格审查、定期进修提高等措施，深挖现有教练员的潜在优势，破除教练员"终身制"。领导部门要对现有教练员的年龄结构、知识结构、业务水平、工作能力等做到心中有数，并在此基础上进行科学分析，制定长远规划，做到"人尽其才，物尽其用"。

④教练员的培训考核

我国竞技体育要发展，根本的任务是要培养出高水平的运动员，而高水平运动员的培养首先取决于高水平的教练员。因此，进行教练员培训十分必要。进行教练员的培训可从以下两方面入手：

第一，发挥体育院校作用，培养教练员专门人才。学校教育是培养教练员的一条重要渠道。在体育院校中开设运动训练专业，系统地学习各种体育专业知识。培养专门人才，这是教练员队伍建设的一项重大战略措施。它不仅可以保证教练员队伍后继有人，还能够比较及时地把现代最新管理科学知识带到训练教学中去，从而有效地促进我国运动技术水平的不断提高。

第二，在实践中培养提高。从我国目前教练队伍状况看，多数教练急需知识补缺和更新。虽然近年来有许多教练员通过脱产进修，在政治、业务知识和管理能力上有了很大提高，但是脱产进修的人数、时间和学习内容毕竟有限。即使在进修中学到了一定的知识，也不能一劳永逸。所以，还必须重视在实践中培养和提高教练员队伍的素质。

除了做好教练的培训之外，还需要结合教练员的运动训练情况，定期对教练员的思想素质和业务水平进行考核，以帮助管理者及时了解教练员素质和水平的变化情况，从而正确地选用和有效地培训教练员，并结合考核结果，对教练员予以相应的处理。

（2）对运动员的管理

在整个运动训练系统中，运动员是整个运动训练的主体，因此加强运动员的管理至关重要，它是运动训练管理系统中的一个核心环节。

①运动员选才

可以说，运动员选才是运动训练中具有决定性作用的首要环节。选拔运动员时要注意以下几个方面的要求：

第一，根据运动员的需求量，即根据"供求"关系确定运动员的选配。

第二，依据学校的实际情况和需要招收不同项目的体育特长生。

第三，针对不同项目区别对待。运动员的配置在必要时要向奥运会项目倾斜，同时还要充分考虑运动项目的影响力、实力、获奖效益等客观因素。

②运动员的合理流动

相关调查表明，我国各省、区、市的运动人才流动的现状表现为流动但不平衡，且阻力大。主要的阻力是目前在我国没有一个完善的政策和法规。在运动训练管理中，要想提高工作效益和成才率，就必须实现运动队伍的优化组合、合理搭配。合理的人才交流是达到这一目标的必要条件。

运动员合理流动的总原则是有利于运动员的开发、利用和培养，因此进行运动员管理也需要采取一定的方法促进运动员合理流动，具体可从以下几方面入手：

第一，代训流动法。代训流动性是一种有偿流动，即委托单位给代训单位一定代训费。第二，公开招聘和招考法。第三，借聘合同流动法。人才缺乏和人才过剩的地区双方签订借聘合同，运动员在合同期转到借聘的单位，代表该单位参赛，合同期满仍回原学校。第四，有偿转会流动法。在职业俱乐部已注册的运动员，可按照协会章程和规定，在各单位间进行有偿转会流动。第五，交流互补流动法。在各省、区、市和单位建立"运动员交流协作区"或通过其他方式进行人才的交流和互补。

③对退役运动员的管理

妥善安置退役优秀运动员，对加强优秀运动队建设，鼓励他们勇攀世界体育高峰，激励更多的青少年献身体育事业，为国争光，具有重要意义。

优秀运动员退役后的分配是目前最困难的问题。这个问题主要是受整个国家宏观社会、经济环境的影响。各省、自治区、直辖市为妥善安置退役运动员，都制定了相应的措施与条例，取得了一定的效果。

在安置原则上，退役优秀运动员的安置，首先，应贯彻从哪里来到哪里去的原则。其次，是坚持条件择优录用原则。安置中考虑退役运动员的服役长短、贡献大小、文化水平高低、思想表现、专业知识技能以及业务能力等情况，统筹兼顾、妥善安置。最后，是要自觉服从分配。对组织安置的工作不满意的，允许在规定时间内提出，组织尽可能给予关照，或自己联系接收单位。超过期限仍未落实接收单位，又不服从组织分配的，取消其分配资格，按自行离职处理。

在安置去向上，对退役运动员的安置去向有三：一是推荐报考高等学校深造。对高中毕业或具有同等学历文化程度、思想政治品德好、在国内外重大比赛中取得较突出成绩（均有具体规定和要求）的优秀运动员，可由本人申请，所在省、区、市体委推荐，经高等学校单独考试或考察，经省、区、市招办批准，可以纳入普通高等学校招生计划入校学习。二是根据条件规定，择优录为干部。对于在国内外重大比赛中获得突出成绩、具有高中文化程度、政治思想素质好、身体健康、有一定工作能力的优秀运动员，在落实接收单位和工作岗位后，可以办理转干手续，按干部分配工作。三是对不具备升学条件和录用条件的优秀运动员，则按工人分配工作。

2. 对运动训练经费的财力资源管理

（1）训练经费的管理

对训练经费的管理实际上就是要合理使用训练经费，这要求管理者需要做好以下几方面的工作：

第一，按计划、按规定用款，经费的使用应按运动训练工作计划进行，确保重点，紧紧围绕着提高运动技术水平这个中心进行安排资金。根据年度预算，按规定的开支范围和开支标准执行，杜绝无计划、不符合规定的开支。

第二，注意经费的使用效果。首先，经费安排不能平均使用，必须有所侧重。上级预算经费指标确定以后，在除去应发工资津贴、保障福利以外，其余公用经费不必面面俱到，应以满足运动队必要的比赛、训练活动，如器材经费、科学训练经费、比赛车船差旅费、必要的后勤保障经费（医疗保健、洗浴等）为主，而其他办公、行政经费等项目可做适当压缩。其次，在安排训练比赛经费方面，应根据每个特定时期竞技活动具体情况而有所倾斜地确定重点或优势项目。对科学训练和比赛，需要优先保证供给。如外汇额度使用优先保证进口这些项目的国外先进器材和设备；伙食供给内部调整。重点项目和少数尖子运动员的标准略高于其他运动员，尽力保证尖子运动员的营养品及补品药物的供给，在"保健"设备不足的情况下，优先保证重点项目和尖子运动员使用。

第三，厉行节约、精打细算，厉行节约、精打细算既是体育经费使用的一项基本要求，又是一种具体的方法与技巧。各级领导和业务主管人员应开动脑筋，调查实际，精细核算，巧妙安排各项经费的合理使用。

第四，训练经费使用的支出票证必须按财务的票证规定和缴销手续进行实质上的审查和形式上的审查。既要审查支出凭证上所反映的经费使用是否与事实相符，是否按规定和计划办事，是否符合党和国家有关的方针政策和法规制度，有无违反财经纪律现象，还要审查支出凭证的填制是否准确，手续是否完备。

第五，不断改善体育事业费中各项费用之间的比例关系。体育事业费既有维持经费，又有发展经费；既有人员经费，又有公用经费；既有消耗性的开支，又有耐用性的开支；既有公务费、业务费，又有房屋设备修理费和设备购置费等。每一种费用开支都有其应有的作用。如果它们之间的比例安排不当，就会造成积压、浪费，影响各项事业的发展。因此，在使用体育事业费时，要根据不同单位、不同时期的不同情况，适时调整各类费用之间的比例关系，使之达到协调、均衡、和谐的状态。

（2）体育活动经费管理

体育活动经费是训练活动顺利开展的基本保证。体育活动经费管理人员要遵循群体活动经费的使用规律，把每一分钱都用在运动员的身上。

体育运动训练竞赛的经费开支主要有组织编排费、裁判劳务费、添置器材、奖品费等。缺少任何一项都有可能影响到体育竞赛的顺利进行。

组织编排费是负责编排的教练员组织制定竞赛规程、召集有关人员开会布置工作、培训裁判、编排竞赛日程、准备裁判器材、安排裁判和比赛队、准备奖品等各种竞赛事项所得的报酬。

裁判劳务费标准要根据各校的具体实际来制定，并且教练员和运动员要有所区别，在一定的情况下，可以加以适当的经济补贴。

添置器材的费用一般在年度体育器材预算中已经体现了，如出现事先无法预料的事情，需要临时添置，要动用机动费用。

体育竞赛奖品费主要是以鼓励运动员为主，经济奖励为辅；集体荣誉为先，个人荣誉在后。因此，在奖励分配上，要重集体轻个人，加重集体名次的奖励，个人名次以发给荣誉证书为主，也可以发给少量奖金。

（3）体育教研经费管理

充足的体育教研经费是保障体育学科发展的重要条件，其主要包括以下内容：

外出考察观摩学习费用。对学校体育运动训练而言，在体育课程教学改革过程中，对上级下发的文件的理解每个学校都会存在着差异，要想充分理解就必须要通观全局，找到适合本校的改革方案，进一步改进本校的体育课程教学，外出考察观摩学习便是一个非常好的方法。因此，每年的体育经费预算中就需要列入外出考察的费用。

出席各级体育科研研讨（报告）会议费用。体育教练员进行体育科学研究要发表论文，论文的发表就可能被邀请参加各级体育科研论文报告会，在每年的年度经费预算中这也是不可缺少的一部分。

邀请有关专家做科研成果鉴定费用。在体育科研项目中，为了鉴定科研成果，必须邀请有关专家来做评估和调研。年度经费预算中也应该列入此项。

（4）体育竞赛经费管理

以学校体育运动训练的经费管理为例，体育竞赛费用主要指的是学校体育代表队进行校外大型比赛的经费开支，可以执行专款专用的模式，也可把经费细化，这些竞赛大多会关系到整个学校的荣誉问题，因此管理要到位。

运动员训练补助：在学校中，运动员的训练不同于学生体育协会的活动，他们是为学校争得荣誉，训练需要消耗体力，要有营养补充，这笔费用在非训练学生中是不需要的。这些补助的依据是通过运动员的等级、贡献的大小、技术水平的高度等要素决定的。

教练员训练课酬：教练员训练课酬不同于其他公共课，因为竞赛需要教练员全身心投入，而且还要根据每个成员的情况随时调整训练计划。不光要抓运动员的训练，抓文化学习，还要抓思想作风、抓生活、抓招生（体育特长生），外出比赛还需要联系交通车，比赛回来要解决运动员的洗澡、吃饭、住宿问题，还要随时掌握竞争对手的情况等，这些需要耗费很大的精力。为了让教练员能集中精力搞好训练和竞赛，学校应该有倾斜政策。

运动员比赛服装：运动员的比赛服装要求每年大赛前添置一套，配置两短一长一双鞋，也可根据本校情况需要增加配置。经费按照市场价格决定，服装要求符合竞赛规则、实用、美观、耐久。

训练竞赛器材：训练竞赛需要配备专门的体育器材，要贴近实战要求，宜高不宜低，因为它的质量和档次直接影响到比赛。

校外竞赛费用：校代表队进行校外竞赛时，根据距离远近，花费也不一样，在近距离时需要交通车，远距离需要交通费，甚至需要住宿费、餐务费等。这些都需要在年度预算中列支。

外出招体育特长生经费：有时为了学校体育教育发展会外出招体育特长生，

这是一笔不小的经费。它需要长期的礼尚往来、情报沟通。除了一般的工作关系外，还需要有感情交流，才能招到满意的体育尖子。一般包括差旅费、交际费、电话费等各种费用。

比赛奖励：校代表队在正式比赛中取得好成绩，理应进行奖励。奖励可以鼓舞运动员的士气，也可以利用重奖作为招生的有利条件，吸引高水平队员来校就读。

奖励要分级别、分名次。不同级别的比赛及获取不同的名次有不同的奖励。一般情况下，省一级比赛取得前六名就应有奖励。奖励也是学校代表队可持续发展的措施之一。

3. 对体育场馆等体育日常设施的物力资源管理

（1）对体育场馆的管理

体育场馆开展运动训练所必需的硬件设施，为了保障体育教学工作的顺利进行，体育场馆的有效管理是至关重要的。体育场馆的管理有以下几个方面的要求：

体育场地周围和体育馆内的环境尽量保持优雅舒适，使运动员在训练时心情愉快，这是体育场馆有效管理的方法之一；建立制度化、常规化的管理制度，推行体育场馆管理责任制；体育场馆的安全关系到人的生命安全，所以要特别重视体育场馆的安全管理，把安全工作放到重要的议事日程，建立一个科学、完善的安全管理体系，包括安全操作、维护保证体系；由于体育场馆人流数量大，人流主要有观众、运动员或表演人员、工作人员、来宾（贵宾）。人流组织的核心是避免相互干扰，使各流线、人流畅通。因此，应设专用观众人口、通道或楼梯，工作人员、运动员、贵宾专用通道和人口，以便将观众人流与其他人流隔开，保证人流在正常和非正常情况下得到安全迅速的疏散；加强对管理人员的安全培训，强调预防为主。通过对体育场馆管理人员的培训，使管理人员认识到安全的重要性，认识并熟悉安全管理制度，提高其贯彻以预防为主的自觉性和处理安全事故的能力；做好体育场馆的卫生管理。体育场馆卫生管理工作要求针对本场馆的实际，划分卫生区域，建立责任制，做到责任落实到人，"四清楚"（工作范围、任务、职责和标准清楚）。坚持卫生工作标准化、检查制度化，做到自查与抽查相结合、普遍检查与重点检查相结合。

（2）体育场地管理

通常情况下，体育场地的管理与体育场馆的管理相似，只不过不同的场地由于其建材的特殊性，在管理上也会呈现一定的特殊性。这里主要对几种常见的体育场地管理进行分析。

塑胶场地的管理：应按塑胶场地适应范围合理使用，一般只供场地所承担的专项训练和比赛使用。另外，要禁止各种机动车辆在上面行驶，以防滴油腐蚀胶面。禁止携带易爆、易燃和腐蚀性物品进入塑胶场地，严禁在场地吸烟和吐痰。跑道上的各种线和标志要保持清晰醒目，模糊后要及时喷一层塑胶液，重新描画标志线。

水泥混凝土场地的管理：场地上的沙、石、泥土和污物要及时清扫，保持整洁。雨季应及时清除积水，冬季应及时清除冰雪。在不同季节及时填充或铲除填缝料，保持接缝完好，表面平顺。

草坪场地的管理：使用草坪场地的时间要根据季节和草的生长情况来安排，具体使用时间应根据当地气候等方面的条件决定。另外，草坪场地的维护管理人员要禁止机动车辆进入草坪。田径运动的掷标枪、铁饼和推铅球等项目，只能在比赛时使用草坪场地，训练时尽量不使用或少使用。一切使用单位和使用者都必须严格遵守草坪场地的使用规定，爱护草坪和场内的一切设施，并且注意场内卫生。

木质场地的管理：按场地使用规范予以使用，要求进场人员必须穿软底鞋，禁止穿皮鞋、高跟鞋和带钉鞋入内。此外，要做好涂地板蜡、涂地板油、涂防滑油，还有对防滑膜地板和海绵垫（包）、地毯覆盖地面的维护。

（3）设施与器材管理

体育器材要分门别类放置，使用频率不同的分开放，不同材质的分开放，形状不同的分开放。标枪、横竿、铅球、篮球、排球、足球等要上架，服装、小件器材要入柜，羽毛球拍、网球拍等要悬挂整齐。

体育器材室内应该随时保持整洁的状态，卫生工作要每天一小扫，每周一中扫，每月一大扫。卫生工作要做到每个角落。

器材管理人员在外借器材过程中，首先要当面点数检验器材，做到如数、完整、完好；最后回收器材时，也要当面检验，然后一次性地放回原来的位置，严禁随意堆放。

在购置器材设备时，要对生产厂家和选购的器材进行深入的了解和考察，严把质量关。

进入器材室或器材库的器材，应根据发货单进行验收，然后登记入库，通常采取填写器材登记表的形式登记器材设备。登记表应包括器材设备的名称、数量、单价、规格、生产厂家、入库时间和备注等。

制定体育器材使用的方法和制度，对正确使用器材，规定体育器材使用的借用手续、使用方法、归还方法和非正常损坏的赔偿办法等，以此减少不必要的消耗和损坏，以延长使用寿命。

体育器材的维护管理要科学地安排保养时间和保养内容，并把责任落实到具体的工作人员。要以文字形式提出具体的器材保养要求，如果是进口器材，则应及时将外文部分翻译成中文。要制定每日、周、月、季、半年、一年的维护计划。

第三节　体育训练分层次教学

在我国高校体育课程教学中，相关人员不断探究和尝试运用多种创新型的教学方法和模式，来达到提高体育教学效率的目的，然而目前我国对于教学方法的研究还不是十分深入，在应用的过程中存在着操作过于简单和理论性不强等一系列问题，对体育学科的教学难以产生积极作用。近几年，高校体育教学工作者不断尝试多种新型教学方法，在这些方法中分层教学法拥有着独特的优势，得到了广泛应用。由于学生在身体素质、兴趣爱好以及个性特点等方面都存在着较大差异，所以必须针对每位学生的特点，积极采取分层教学的方法来提升体育教学效率。

一、分层教学方法的概述

（一）分层教学法的内涵

分层教学，是一种新流入我国的创新型教学方法，其应用过程首先是分析学生不同的接受能力、潜力以及知识水平等因素，据此将学生分成不同的小组。虽然每个小组整体的水平不一样，但是在同一个小组内，学生的水平比较接近，这样学生可以相互帮助，得到共同进步。将分层教学的方法应用到高校体育教学之中，是根据每位学生的运动水平和身体素质等因素，将学生分成不同的小组，每个教学小组的教学目标不尽相同，这样能够真正达到因材施教的目标。不仅如此，通过分组学习还可以有效地增强学生的团队合作意识和责任感。最后，由体育教师采取不同的方法对不同组的学生进行评价，以便对其进行更好的体育教学。

（二）分层教学法的本质

众所周知，分层教学方法的引入能够有效弥补传统教学手段对于学生个体独特性不重视的缺点，因此，将分层教学模式应用到高校日常体育教学中显得十分重要。人们在日常的体育学习过程中，由于每个人的先天性差异以及受后天环境影响，难免会造成不同学生的体育素质存在明显的差别。然而分层教学模式主要就是结合学生的个体差异性所实施的一种新的教学模式，它针对学生的个体差异性，来编制科学有效的教学计划，从而达到深入挖掘学生体育潜能的目的。

二、分层教学法的具体实施策略

（一）考虑当前大学生的实际情况

在对学生实施分层教学之前，必须要对分层进行科学合理的设计。实施分层教学要充分考虑到所有学生的实际情况及课堂中从事的运动项目特点，然后有针对性地在课堂教学中实施分层教学。只有这样才能有效地调动学生的学习积极性，才能真正达到培养学生终身体育意识的目的。具体到分层教学设计实践中，必须要同过去传统的个别教学或者分组教学区别开，而主要是要将技术水平接近的一批学生安排在同一层次小组。在分层设计之前最好是能对所有学生进行一个有关身体素质、学习态度及专项素质等几个方面的测试。其中的身体素质测试可以主要测试学生的速度素质或力量素质，比如可测试学生的50米跑等。对于专项素质的测试可以通过某些特定项目来测试，或者通过查阅学生的电子档案来了解他们在大学之前是否已经掌握了一些体育专项技术。对于大学生学习态度的测试主要是在体育课上完成，主要的测试途径就是通过仔细观察，通过耐心谈话来完成。体育教师根据多方的测试之后，就可以根据测试的结果按照一定的标准将所有的学生进行分层。通常可以将学生分为三个层次：一般来说可以将身体素质较差，很少去主动进行体育锻炼，但是对体育学习的态度还是非常认真的，对体育课有一定兴趣的学生定位为第一个层次；其次就是可以将身体素质比较好，非常喜欢上体育课，但并没有能掌握一项专项的运动技术的一类学生定位为第二层；再就是可以将身体素质比较好，对体育课有着非常浓厚的兴趣，能掌握一项或者多·项特长，并且还能密切配合体育教师的课堂教学的一类学生定位为第三层。这样在教学前就对学生进行分层，可以有效避免伤害学生自尊心和自信心的情况，还可以有效避免重复教学。

（二）科学制定层次化的高校体育教学目标

高校体育教学的目标不是要将学生锻造成体能过人的超人，而是将在校大学生培养成有着健康体育意识的人才，帮助学生不但能慢慢积累体育知识，而且还能时刻注意自身体能素质的提高。从这个教育目标出发，在对学生完成分层后，就必须要根据不同层次学生的知识结构和学习特点来合理制定层次化的教学目标。当然这个目标并不是说对不同层次的学生体育教育的标准不同了，而是在共同的体育教学目标下要体现出不同层次学生的教育目标的差异性。这样有差异的教学目标可以帮助不同层次的学生都能实现学习目标，体会到成功的乐趣。

（三）分层设计高校体育教学内容

根据不同的标准和要求对全体大学生进行分层之后，我们要承认各个层次的学生的起点是不同的，所以在安排教学内容的时候就要有所区别，需要在确保全体学生整体体育技能提高的前提下体现出一定的差异性。具体来说，对于第三层的学生可以不必严格按照教材的要求进行授课，可以采用比赛或竞赛的形式授课来帮助他们不断提高自身的技能水平。对于第一层，甚至第二层的学生的教学内容安排就最好是能以教材大纲为准，不要刻意去不切实际地拔高。这样一来，一方面照顾到了体能素质差的一类学生对基础知识的掌握，另外一方面也照顾到了体能素质较好的一类学生的体育技能的进一步提高和体育潜力的进一步开发。

（四）尊重大学生之间存在的差异

根据分层结果选用不同的教学方法，从而发挥每一个学生的主体作用。不同学生之间存在差异是客观存在的，所以教师必须承认这一点。对于不同层次的学生的教学必须要选择适合本层次学生的实际情况的教学方法，这样可以很好地培养学生的自信心，培养学生的创造精神，培养学生健康的竞争意识及师生之间的交往能力。但是，不管采用何种教学方法都必须要充分发挥每个大学生在课堂教学中的主体作用，让学生都能参与到实际的课堂教学中来，体验到成功的快乐。这样就可以最终充分发挥出学生学习的积极性、创造性及主动性。

（五）开展分层考核评价，培养大学生对体育学习的热情

在对不同层次的学生安排了不同的教学内容，设计了不同的教学目标，实施了不同的教学方法之后，就面临着如何对学生的学习成绩进行考核评价的问题。对于大学生的体育成绩的考核评价必须也要采用相应的分层考核评价模式，对于不同层次的学生准备不同的考核内容、制定不同的考核标准及考核要求。比如对层级低的学生重点考核基础知识的掌握情况，而对层级高的学生就必须要提高考核标准，重点考核其技能的掌握情况及创新性。这样的评价考核才可以照顾到每个层次的学生的学习实际，学生也不会因为考核不达标而受到打击，从而可以很好地培养大学生对体育学习的热情。

第四节　体育训练体验式教学

在高校，体育作为教学重要部分，随着教学改革深入开展，体验式教学模式作为重要的教学方法，其在体育教学课堂的引入，大大提高了教学效果，为此，基于有效的工作实践，对体验式教学模式进行了深入讨论，在明确其含义和意义后，重点阐述了体验式教学模式的应用对策，具体分析如下。

一、体验式学习的含义

（一）体验式学习的含义

所谓体验式学习就是让学生亲身参与到其中，感受体育运动带来的乐趣，在体验过程中学生能够通过对周围事物的观察、了解，真正地融入其中。教师在体验式学习中起着引导的作用，通过各种方式引导学生做好课前体验学习，从而激发学生参与体育运动的热情。

（二）体验式学习特点

体验式学习主要有三个方面的特点，第一，体验式学习强调学生学习的自主能动性，教师在体验式教学中起着引导性作用，通过这种方式能够让学生从内心感受体育运动的乐趣，自愿参与到学习体育学习当中；第二，体验式学习具有娱乐性特点，将学习和娱乐融为一体，将兴趣作为引导学生参与体育运动的基础，在教学过程中，教师会根据体育教学特点，通过有效的教学模式来激发学生的学习兴趣，用兴趣引导学生参与体育学习；第三，体验式学习更注重学生的心理活动，通过教学活动引导学生做好心理准备，在教学过程中也会关注学生心理变化，这种方式有利于培养学生积极乐观的心态。

二、体验式学习在高校体育教学中的具体运用

（一）科学制定学习目标，注重培养学生的独立意识

体验式培训教学并非绝对的"放飞自我"，而是让学生在户外活动中感受体育精神和掌握体育技能。这就要求教师除要拥有过硬的知识储备外，还应掌握策划活动并将需要教授的知识巧妙地融入其中的能力，让学生在活动中思考、提问、参与、学习和成长。要做到这一点，就要求教师能明确自己每一阶段、每一个课程的教学目标，并做出合理的规划安排。例如，当讲授到野外生存相关课程

时，教师可以优先让学生在课堂上自己发言，阐释他们能想到的注意事项，将他们的想法整理分类，并做好准备去野外进行尝试。在这一过程中，教师起到的就是引导者的作用，发挥学生的自主意识。在实际的野外生存过程中，学生的准备如果有纰漏，教师可以进行补救，并在休息的时候适时地进行总结和相关知识的详解以加深其印象；如果学生是通过自己的准备顺利完成了任务，在最后总结时就应表示赞赏并着重表扬表现突出的学生。体验式培训理念的最终目标是培养学生的解决问题的能力，这也是它和传统教育的重要区别。因此在教师传授课程前，不妨先向同学提出课程相关的问题，并由学生自行查阅研究解决，这一过程中教师的作用被隐藏起来，学生的自主学习能力被有效地释放和培养起来；在实际教学中，教师则需对学生依旧无法理解的知识进行简单阐释，并让其在接下来的体验活动中进行实践应用，解决活动中遇到的问题，这样既能加深学生对知识的认识，又能大大提高学生学以致用的能力，从而帮助学生真正掌握知识。

（二）开展体验式体育教学，让学生在体验中提高技能

在体育教学活动中，体验式学习包括精神层面的和身体层面的，想要提高学生对体育运动的兴趣，就需要在理论学习中运用体验式学习情境模式，通过情景模式开展体育教学活动。情景学习主要是在教学过程中创设学习情境模式，例如可以利用多媒体开展情境教学，教师可以在体育教学前播放一些相关的体育视频，如篮球技能教学中，教师可以播放NBA体育节目，让学生观察明星在球赛中使用的技能，然后让学生切身感受，教师再对动作进行指导，让学生能够有所感、有所悟、有所获，这样才能提高学生心灵上的感触，增强心灵体验。想要将体验式学习贯彻到体育运动当中，就需要开展多样化的体育项目，让学生在体验中提高技能、感受乐趣。传统体育运动比较单一，就是教会学生基本的动作、要领，让学生按部就班，这样学生就会将体育运动看作是自己的任务，而不能当作一种兴趣爱好去参与。因此，在体验式教学活动中，教师要注意体育项目的多元化，不断创新体育项目，例如在传统体育运动中，乒乓球运动大多都讲究技术，教师多通过竞赛来提高学生技能，这样学生压力就会比较大，这时候教师就可以设置新型乒乓球运动，让学生十人一组开展乒乓球接力赛，十个人排成一队，然后从第一个人开始向后传球，每个人的乒乓球需要通过乒乓球拍弹够十下方能传递到下一个人，看哪一个小队最先完成任务。这个过程不仅能够锻炼学生的平衡能力，运球能力，还能锻炼团队协作能力，能够提高学生们的参与积极性，让学生在体验中感受运动带来的乐趣。

（三）创造体育情景，引导学生对学习进行反思

体验式教学作为一种新型的教学模式其主要特点是注重学生的参与性与师

生之间的互动性，高校采用体验式教学模式进行体育教学时，要摒弃传统的教学观念，不可以再继续使用传统的教学场景和教学方法，这就要求体育教师使用多元化的教学方式，调动学生的学习积极性，使学生对体验式教学模式有一个全新的认识。在体育教学过程中，让学生加入到体验中是一个非常重要的教学方法，通过具体的情景设定，让学生参与到体育教学的特定情景中获得一种身临其境的真实体验，从而调动学生的学习积极性增加学生的参与度，从而使体验式教学发挥其最大教育价值。体验式教学强调学生在教学中的主体性和参与体育活动的积极性，教师只是作为引导学生参加体育活动的向导，教师的重点任务在于引导学生参与到体育活动中，调动学生的积、极性。无论什么形式的教学方式，最终目的都是帮助学生理解和掌握知识。体验式教学模式是通过教师的讲解让学生对知识有了进一步的认识后，再深入到实践中，在实践中获得思考，在实践中对学习的意义进行反思，通过反思加深知识的记忆，提高学习效果。体验式教学模式实际上是，让学生对已经亲身体验过的事物产生连续的思考，在思考的过程中将各个问题联系到一起，最后运用思维对所有感受过事物再进行反思，在特定的情景中，将所有的事物记忆。在学生进行反思的过程中，是离不开教师的引导的，由于学生的知识储备和经验有限，所以教师应该在合适的时机给予适当的引导，从而激发学生的思维。

（四）优化体育教育资源，创造良好体育体验式教学条件

体育教育资源是体育课教学开展的基础保证。合理的课程安排、优良的教学场地，充足的体育器械，专业的体育教育工作者是体育体验式教学开展的基础条件。首先要有足够的体育课时，合理安排班级课程表，保证学生锻炼的时间以及上课班级数量，不要出现同一时段上课班级过多，影响教学效果。其次是要有良好安全的教学场地以及充足的教学器材，这样才能吸引学生主动参与，才能保证学生的练习量和熟练限度：最后是专业的体育教师，只有熟练掌握各项体育技能及教学方法、懂得安全保护的专业体育工作者才能吸引学生主动参与，帮助学生形成良好的体育态度，养成良好的体育习惯，为学生的终身体育奠定良好的基础。此外，还应该转变体育教育工作者的地位。在教育的范畴内，体育并没有被视作教育的资源和手段，最多只是在充当为教育工作锦上添花的道具，而在体育的话语体系中，学校体育的价值一直没有被正确估量。体育的育人功能被忽视，体育教育在学校教育中一直处于边缘化地位，体育教育工作者的待遇也相应较低。学校体育教育的发展应定位为"以体育人"，将体育与教育统一，充分认识体育的教育功能，将体育教育纳入学校教育体系重点工作中，提高体育教育工作者的地位，合理安排体育教育工作者的工作任务，公平分配教师待遇及各项评优

评先名额，职称评定考核公平对待。从而促使体育教育工作者积极投入到体育教学工作中，提高工作热情，认真努力做好体育教学工作，将体育教育的意义价值负责任地传达到我们的学生中去，为学生的体育态度，终身体育意识奠定基础，为我们民族的未来奠定希望。

总之，体验式教学以生为本，重在通过调动学生积极性，不断提高学生学习能力，从体验式教学方法在体育教学课堂应用效果分析，体验式教学方法非常适用于高校体育教学，为此，相关教师在有效的分析与实践过程，应该进行有效尝试，以不断提高高校体育教学质量。

第五节　体育训练互动式教学

互动教学法指的是，在高校体育教学的过程中，教师按照学生的体育兴趣、体育基础能力水平、学生的潜能等，有目的地与学生按照某一个或者综合的因素进行互动，通过互动教师在不同的学生之间，能够更好地将教学内容和教学方法得以实施，每个学生在与教师、同学互动的过程和条件下，实现体育学习效果最大限度上的提升和掌握。互动教学是加强师生间交流的平台，运用这一方法能够有效地提升学生的学习效率，避免教师教学脱离学生这一现象的发生。传统的体育教学观念对于广大体育教师的束缚比较严重。在以前的体育课堂教学中，不管是在课程内容选择、课堂反馈、课外活动和教学评价等方面还是在备课、授课方面，教师都很少从学生的体能、兴趣差异及学生个性方面进行考虑，导致教师的工作重心总是放在课堂教学方法的改进上，这样就造导致了教学内容和教学方法不能满足学生的体育需求，因此，体育教师要加强互动教学法的研究，为更好地实现大学生综合素质的提升，创造良好的条件。

一、互动式教学的内涵

互动式教学是通过营造多边互动的教学环境，在教学双方有效的平等交流与探讨的过程中，实现彼此间不同观点的有机碰撞与相互交融，进而激发教学双方的主动性和探索性，达成提高教学效果的目的。同时，互动式教学有利于构建新型的师生关系，在教学过程中注重对学生主体地位的凸现，是一种充分体现"以人为本"的、具有创新理念的教学方法。互动式教学是当代教育民主化在教学方法改革方面的重要体现，在此教学情境中，师与生双方以各自不同的身份，遵循一定的规则与规范，这些规则与规范是师生双方共同接受、共同认可的。在这些规则与规范的影响与导向下，师生双方在教学过程中进行着彼此相关、相互作用的物质与精神的交换和传导的活动。在这种过程中传导的包括物与非物的、言语与非言语的、理解与解释、领悟与说明等环节和方面。具体而言，就是师生双方在教学活动过程中共同构建起的教与学的情境。教与学是教学体系的基本构成因素，其相互间的关系问题是教学的本质问题，同时也是教学领域中起主导作用的理论问题。正确处理好两者之间的关系，是推进教学发展进程、提高教学效果的重要保障。互动式教学将教学的本质定位为交往，而交往的实施要建立在师生间相互尊重、平等和谐的基础上。

二、互动式体育教学的基本特征

（一）互动过程遵循秩序化原则

在教学过程中互动的实质是师生之间、生生之间在情感、行为、思想以及个性特征等诸多方面的碰撞、融合、互补、创新、发展的过程，是建立在民主平等基础上的交流、合作、竞争以及对成功的共同体验与共享。因此，这种互动要遵循循序渐进的发展规律，并在此规律的规范与引导下，有节奏、分层次地进行。

（二）互动空间具有开放性

体育教学自身具有开放性的特征，而互动式教学是一种开放式的教学方法，有效地打破了传统教学模式的束缚，从教学理念、教学方法、教学的组织形式以及教学内容的择用等方面，向着自主、开放的方向发展，整个教学过程呈现出动态的开放。首先表现为学生根据自身发展的需求进行自主的择师、自由选项；其次，在教学过程中，学生自主组建学习小组，以利于彼此间的交流以及研讨；再次，在教学过程中，教师处于引导与辅助的地位，更加有利于对学生学习动态的掌握，便于给予及时的修正与调控；最后，在教学过程中，鼓励与支持学生个性的张扬与发展，为学生的成长提供更为广阔的发展空间。

（三）灵活多变的教学组织形式

互动式教学最为基本的教学形式是组建学习小组，进行有目的性的研究与探讨。在此过程中，教师根据教学内容的需求，创设各种教学情境，进行形式多样的情景模拟、体验交流以及认知讨论等活动，从而促进学生更为深入、透彻地理解和掌握教学内容。另外，互动式教学还可以采取组间竞技、个性化意见的交流、团队合作等教学形式，来培养与提高学生的表述能力、沟通能力、交流能力和团体合作等能力，进而强化学生对体育教学内涵的感悟，对自身发展的追求。

三、高校体育教学中互动教学法的应用策略

(一)做好学生体育需求等内容的调研

在高校体育教学工作开展之前,体育教师首先要对全班学生的体育兴趣等情况进行调查摸底,一般是通过体育课堂表现、信息反馈以及结合访谈等方法,对学生的体育差异做好调查和了解。还要对学生的家庭环境、心理、智能以及在校表现等情况进行详细了解。然后将每个学生的数据资料都分别进行分类归档和综合分析。根据分析的结果将学生划分成中下、中上两个层次的学习小组,同时让大家对每个学生在某一阶段所处的层次做到心中有数。在互动教学的过程中由于学生的个性差异比较大,教师必须发挥主导的作用,通过了解他们的能力、知识基础及心理特征针对性地开展教学。教师的教学安排要根据学生的信息反馈,对不同的对象加以区别,并及时地进行灵活的调控,从而使所有的学生都能得到帮助,并且都能在原有的基础上取得发展和进步。互动教学的基础是了解学生的各种需求,为其实施提供条件。

(二)以教学目标的设置为依据开展互动教学

随着体育教学改革的实施,在高校体育教学中需要以学生发展为理念,进行不同教学目标的设置。在素质教育理念和体育健康课程实施标准的双重引领下,对体育教材的知识结构以及学生的体育能力进行分析,然后制定出科学的体育教学目标。教学目标的设定不能实行"一刀切",对于体育基础和身体素质中下层次的学生一定要采用由浅入深、先慢后快、密台阶、低起点、循序渐进的方法,而且要在体育学习内容的训练总目标基础上,设定一系列有梯度的连贯分目标,根据他们实际情况的不同,可以分一步或多步来实现考纲的要求;对于中上的学生则可以允许他们超进度的学习,互动教学是体育教学目标设置的体现和促成。

(三)尊重学生的学习需求和体育能力

学生作为能动的个体,教学目标的划分,除了老师的指导外,还要让学生对自己的水平进行自主分析,自己选择层次,充分尊重学生的意愿,并且还要注意保护差生的自尊,同时防止优等生出现自大心理。层次划分后并不是固定不变的,明显进步后层次可以向上提升,若出现后退的学生则先进行鼓励提醒,实在跟不上就要降低层次。通过创设这些问题情境,让学生独立地对还不了解的方法、定理、规律等进行不断探索和发现,绝不是将教师现成的知识技能"填鸭式"地机械地传授给学生。问题情境的设定一定要能将学生追求成功的欲望激发出来,而且引导他们独立、主动地进行思考。体育教师在上体育课之前,要从教学方法、教学内容、教学步骤、教学要求、教学时间以及教学实验等方面进行备

课时，一定要结合各层次学生的实际情况。在课堂教学中必须改变授课的形式，在同一节课中不仅要有面向全体同学的"整合"环节，也必须有针对学困生和优生的"分层"环节，"整合"但不能死板，"分层"而不要分散。正常教学程序的预习、巩固、质疑、新授、辅导、小结必须要自然地融进，而且对于各层次间的教学矛盾也要妥善地解决，对于学生的学习要求要做到因材施教。

（四）强调体育教学方法的创新

对于学生的练习必须分课外、课内两种类型。对于课内练习需要教师设置不同的练习和掌握目标，全班学生分成不同水平的练习小组，教师做巡回指导和帮助。对于在练习过程中出现的超于练习要求和跟不上练习要求的情况，教师要做好机动的调整，避免因为练习的枯燥而影响了学生的体育学习兴趣。在教学评价运用的过程中，教师要将每个小组学生练习的整体状况和个人练习的状况相互结合在一起进行评价。要多使用鼓励性和表扬的语言对学生的体育学习做评价。通过分组练习促进学生自信心的提升，实现学生兴趣和能力的双重提升。

（五）优化体育教学环境

在高校体育教学实施的过程中，体育教学环境是实现体育教学目标、促进学生身心发展的基础条件。体育教学环境包括体育教学的自然环境、体育教学的社会环境、体育教学物质环境等等，加强体育教学环境的优化，即通过提高体育教学自然环境的绿色化，制定有利于体育教学的制度，创建安全、丰富的场地设施等。良好的体育教学环境能够激发学生的体育兴趣，促进大学生身心发展的有效度。

通过上述研究，大学生作为高校体育教学实施的主体，在互动教学法的实施过程中，需要体育教师从学生的体育兴趣等实际出发，面向学生的差异，以整体教学目标的达成为原则，在构建良好教学环境的前提下，不断培养学生学习的兴趣及自觉进取的愿望。互动教学的实施是高校体育课堂民主师生关系、和谐交往的过程。学校和体育教师要从学生发展、环境优化、民主实施、科学评价的角度出发，提升学校体育教学的互动程度，为高校人才培养的质量，予以全面的促进和达成。

第五章　现代体育运动训练的安全研究

参加体育运动训练，除了要了解运动训练的基本原理与理论、原则与方法等内容外，还要注意运动中的安全，如此才能保证运动训练活动顺利进行。需要注意的是，在运动训练中，受主客观等各方面因素的影响，完全避免运动伤害事故几乎是不可能的，我们所要做的是尽最大可能地消除运动安全隐患，将运动安全风险降到最低。

第一节　现代体育运动训练疲劳与消除

一、体育运动训练疲劳的概念

运动训练疲劳，就是指运动训练活动持续一段时间后，运动员机体不能维持原强度工作。关于运动训练疲劳的概念，许多专家与学者都提出了不同的看法和见解，但却并没有形成一个统一的结论。1983年第5届国际运动生化会议对运动疲劳做出了解释：机体不能将它的机能保持在某一特定水平，或者不能维持某一预定的运动强度。这一定义得到了国内外许多专家、学者的认可，并被许多教科书和科研论文所采用。

需要注意的是，在运动疲劳中，运动性力竭是疲劳的一种特殊形式，是疲劳发展的最后阶段。疲劳与力竭是不同的，机体运动一定时间后，工作能力下降，不能继续保持原强度的工作即为疲劳，但此时机体并未力竭。所谓的力竭，就是在疲劳基础上，降低运动强度和改变运动条件，使机体继续保持运动，直至完全不能运动。运动员从事体育运动训练，一定要了解运动疲劳与运动力竭的不同之处。

二、体育运动训练疲劳产生的原因与症状

（一）体育运动训练疲劳产生的原因

引起运动疲劳的原因是多方面的，其原因主要有以下几个方面：

1. 运动员体内能源消耗过多

大量的研究与实践发现，运动员参加运动训练导致疲劳时体内能源物质往往消耗较多，如快速运动2~3分钟至非常疲劳时，肌肉内的磷酸肌酸可降低至接近最低点；而在长时间的持续运动中，由于糖类的大量消耗，肌糖原及血糖含量均大幅度下降。能源贮备的消耗与减少，会引起各器官功能的降低。加上肌肉活动时代谢产物的堆积，水、盐代谢变化以及内环境稳定性失调等影响，机体工作能力下降而最终导致疲劳现象的出现。

2. 运动员身体素质和运动能力持续下降

运动能力与身体素质的变化导致疲劳。人体的运动能力和身体素质与身体各器官、系统功能紧密相关。身体素质就是人体各器官、系统的功能在肌肉工作中的综合反映。各器官功能下降，运动能力与身体素质便会受到影响，如在耐力性运动中心肺功能下降，承受耐力负荷的能力当然会降低，机体就会产生疲劳从而降低工作能力。

3. 运动员的精神意志素质降低

运动中人体各器官、系统的活动都是在神经系统指挥下完成的，神经系统功能的降低，神经细胞抑制过程的加强都会使疲劳加深。此时人的情绪意志状态与人体机能潜力的充分动员关系极大。其实人体在感到疲劳时，机体往往尚有很大机能潜力，能源物质远未耗尽，良好的情绪意志因素可起到动员机体潜力、推迟疲劳发生的作用。

当机体出现这些疲劳症状时要及时休息，并对运动内容进行必要的调整，才有利于疲劳的恢复。运动能力下降是暂时的，经过休息可以恢复，与过度训练和某些疾病不同。

（二）体育运动训练疲劳产生的症状

以运动性疲劳的程度为主要依据进行划分，不同程度的运动性疲劳所产生的症状不同，主要分为以下三类：

1. 轻度疲劳症状

适宜负荷的运动后所产生的疲劳感都属于正常现象，其主要的症状为呼吸变浅、心跳加快等。当出现这种现象时，就属于轻度疲劳，可以在短时间内恢复。

2. 中度疲劳症状

当负荷量增大，运动时间增长时，就会产生中度的疲劳，这种疲劳的症状表现主要分为三个方面。

自我感觉方面，主要症状为全身疲倦、嗜睡、无力等；精神方面，主要症状为精神不集中、烦躁不安、情绪低落、经常出差错；全身方面，主要症状为面色苍白、眩晕、肌肉抽搐、呼吸困难、口舌干燥、声音嘶哑、腰酸腿疼等。中度疲劳通过采用一系列手段也能很快消除，不会对身体造成影响。

3. 重度疲劳症状

重度疲劳的程度最重，其主要的症状表现主要有三个方面：

神经反应迟钝、不易兴奋、烦躁、抵触等；肌肉力量下降，收缩速度放慢，肌肉出现僵硬、肿胀和疼痛，动作慢、不协调；机体抵抗或适应阶段所获得的各种能力消失，并出现应激相关疾病，表现器官功能衰退，导致重度疲劳。

一旦出现重度疲劳，一定要及时采取科学的方法来消除疲劳，否则就会对学习和生活产生不利影响，损伤身体。

三、体育运动训练疲劳的判断

（一）主观感觉判断（RPE）

一般情况下，运动员在进行运动训练时来自肌肉疼痛、呼吸、心血管等各方面的刺激，都会传到大脑，而引起大脑感觉系统的应激。因此，运动员在运动时的自我体力感觉，也是判断疲劳的重要标志。具体的RPE测试方法如下所述。

在运动现场，放一块RPE（主观体力感觉等级表）木板，在木板上画表，内容如表5-1所示。锻炼者在运动过程中，指出自我感觉是第几号，以此来判断疲劳程度。如果用RPE的编号乘10，相应的得数就是完成这种负荷的心率。这种方法是日常运动中运用最为广泛的，但这种方法的缺点就是主观性太强，只适用于日常简单的测试，准确的疲劳判断还需要更加科学的检测。

表5-1　主观体力感觉等级表

自我感觉	RPE
非常轻松	6
	7
	8
很轻松	9
	10

自我感觉	RPE
轻松	11
	12
稍累	13
	14
累	15
	16
很累	17
	18
精疲力竭	19
	20

（二）肌力测定

运动员肌力测定的方法主要有两种，一种是背肌力与握力测定，另一种是呼吸肌耐力测定。

1. 背肌力与握力测定

可早晚各测一次，求出其数值差。如次日晨已恢复，可判断为正常肌肉疲劳。

2. 呼吸肌耐力测定

可连续测5次肺活量，每次测定间隔30秒，疲劳时肺活量逐次下降。

（三）感觉器官功能测定

运动员感觉器官功能测定的方法主要有两种，一种是皮肤空间阈测定，另一种是闪光融合频率测定。

1. 皮肤空间阈测定

受试者仰卧、横伸单臂、闭眼，测试人员持触觉计或两脚规，拉开一定距离，将其两端以同样的力轻触受试者前臂皮肤，先从感觉不到两点的距离开始，逐渐加大两脚针距离，直到受试者感到了两点的最小距离，称皮肤空间阈，又称"两点阈"，阈值较安静时增加1.5～2倍为轻度疲劳，增加2倍以上为重度疲劳。

2. 闪光融合频率测定

受试者坐姿，注视频率仪的光源（如红色），直到将红光调至明显断续闪光融合频率为止，即临界闪光融合频率。测三次，取其平均值，疲劳时闪光融合频率减少。如轻度疲劳时约减少1.0～3.9赫兹，中度疲劳时约减少4.0～7.9赫兹，重度疲劳时减少8赫兹以上。

（四）化验检查

化验检查的方法主要有两种，一种是疲劳时的血液化验，另一种是疲劳时的尿液化验。这两种方法能有效地判定运动员运动性疲劳的程度。

1. 血液化验测定

疲劳时血液化验表现为血红蛋白有下降趋势或处于较低水平。安静血乳酸值超过正常值范围，运动时的最大乳酸值和乳酸阈值下降，清晨安静血尿素值持续升高。血睾酮/皮质醇下降。血清肌酸激酶早晨安静值持续高于200国际单位/升，或完成定量负荷时的值明显升高，或运动后比原来负荷后的值突增3~4倍，IgG、IgM、IgA明显下降。

2. 尿液化验测定

疲劳时尿液化验表现为晨尿蛋白值增高。运动员在进行大运动量的训练后，晨尿胆原增高，完成定量负荷后尿隐血出现阳性或连续在晨安静时为阳性。

（五）生理学评定

心肺功能主要是通过血压、脉搏、每搏输出量、每分输出量、心电图、最大摄氧量、肺活量、呼吸肌力等方面体现的。生理学的评定方法有很多，不同的方法能够判断出不同心肺功能的情况。常见的有四种情况：

①通过脑电图、脑血流图可以反映运动员疲劳时大脑局部缺氧缺血情况。

②通过血压与脉搏的变化所出现的紧张性不全反应，一般可预示运动员功能不良，或出现早期过度训练征象。

③通过肌电图的参数（如积分肌电图、据幅等）或以测得等长收缩中肌肉的张力及疲劳程度。

④通过测定膈肌肌电图及肺肌耗氧量、呼吸肌力、膈肌压力时间指数等，可以反映呼吸肌疲劳和膈肌疲劳的程度。

目前，国外研究运动性疲劳的方法主要有核磁共振（NMR）和阳离子发射X射线层面照相术（PEI）。其中，P-NMR可无创伤性连续测定身体手臂、腿部肌肉和大脑中的ATP、CP、Pi、pH等和某些代谢产物的浓度，故可获得从运动开始直至疲劳时体内物质变化的动态含量，也可以进行动态观察，不仅是研究能量代谢新的生物化学方法，而且是研究脑局部缺血、神经递质等的无损伤方法。

（六）神经系统功能测定

神经系统功能的测定主要有以下三种方法：

①疲劳时膝跳反射阈值升高。

②疲劳时反应时延长。

③测定血压体位反射的方法。

受试者坐姿，休息5分钟后，测安静时血压，随即仰卧在床上3分钟，然后把受试者扶起呈坐姿（推受试者背部，使其被动坐起），立即测血压，每30秒测一次，共测2分钟，若2分钟以内完全恢复，说明没有疲劳，恢复一半以上为轻度疲劳，完全不能恢复为重度疲劳。

（七）心理学评定方法

心理学评定的方法有很多，其中最常见的有艾森克人格问卷（EPQ）、明尼苏达多维个性量表（MMPI）、情感状态特征表（POMS）等。

具体应该根据实际情况进行有针对性的选择和运用。尽管如此，运动性疲劳的诊断标准迄今仍不明确，还缺乏能反映运动性疲劳的权威性的定量客观指标，即指标缺乏特异性。

四、体育运动训练疲劳的消除方法

运动性疲劳是体内多种因素综合变化的结果，要想使其恢复的速度和效果都更为理想，就要求采用多种科学手段，否则往往达不到预期的效果，运动性疲劳恢复的措施有很多，其中，最主要的主要有以下几大类，即运动性疗法、传统康复治疗、睡眠、中医药疗法、营养性疗法，物理疗法、温水浴及冷热水交替浴、心理放松疗法。

（一）运动性疗法

运动性疗法是以运动学和神经生理学为基础，利用人体肌肉关节的运动，以达到防治疾病、促进身心功能恢复和发展的方法。它是康复医疗的重要措施之一，要想达到较为理想的恢复效果，就需以运动员的实际情况为主要依据，以运动处方的形式，来有针对性地选择适合的运动方法，从而能够确定适当的运动量。具体来说，运动性疗法的具体措施主要有以下两种主要形式：

1. 积极性休息

用变换活动部位和调整运动强度的方式来消除疲劳的方法，也就是积极性休息。谢切诺夫在1903年进行测力描记实验中发现，右手握测力器工作到疲劳后，以左手继续工作来代替安静休息，能使右手恢复得更迅速、更完全。他认为，在休息期中来自左手肌肉收缩时的传入冲动会加深支配右手的神经中枢的抑制过程，并使右手血流量增加。大量研究也充分证明，与安静休息相比较，活动性休息可使乳酸的消除快1倍。积极性休息是运动疲劳恢复的重要措施之一，运用也较为广泛，其恢复效果也较为理想。

2. 整理活动

整理活动是指在正式练习后所做的一些加速机体功能恢复的较轻松的身体练

习，是消除疲劳、促进体力恢复的好方法，应给予足够重视。如果一个人跑到终点后站立不动，血液会大量集中在下肢扩张的血管内，使静脉回心血量减少，因而心输出量下降，致使血压降低而造成暂时性脑贫血，会引起一系列不适感觉，甚至出现"重力性休克"。而在剧烈运动后进行整理活动的主要意义在于，不仅能够使心血管系统、呼吸系统机能仍保持在较高水平，而且对于乳酸的排除也有非常积极的促进作用。

一般整理活动应包括慢跑、深呼吸、体操、肌肉放松练习、静力牵伸练习等内容。肌肉静力牵伸练习对缓解运动后的肌肉紧张、放松肌肉、预防延迟性肌肉酸痛、消除肌肉疲劳、保持和改善肌肉质量都有良好的作用。总的来说，整理活动具有及时放松肌肉，避免由于局部循环障碍而影响代谢过程，因而延长恢复过程的重要作用。但是，为了能够保证理想的恢复效果，在做整理活动时需要注意，量不要大，尽量缓和、放松，使身体逐渐恢复到安静状态。

（二）传统康复治疗

传统康复治疗技术主要包括针灸、拔罐、推拿按摩、中药熏蒸等非药物疗法，这种治疗方法主要是通过调整人体的阴阳平衡、调节脏腑功能、疏通经络、调和气血、升降气机，达到消除疲劳、祛除致病因素、修复损伤、增强抗病能力和强壮脏腑功能等目的。

在传统康复治疗的措施中，运用较为广泛的是气功。气功是一种自我调节、自我控制的锻炼形式。气功练习对于运动性疲劳的恢复作用主要表现在以下几个方面：第一，气功练习能够使抵抗能力有所增强；第二，气功练习能帮助"放松"，消除紧张状态，使交感神经系统的活动减弱，血管紧张素分泌系统发生变化，调节血压，使血运加快、皮温升高、红细胞和血红蛋白有所增加，白细胞吞噬能力提高，血皮质醇减少；第三，通过脑电图检查证实，气功练习对大脑皮质起保护性抑制作用；第四，气功可使骨骼肌放松，心跳减慢，耗氧量减少。

现代的康复往往采用多种形式的、积极的治疗和训练，因为严重的残障常以复合的形式表现，累及多种功能，所以必须进行全方位、多种类的康复治疗和训练。即使较单纯或程度不太重的损伤，如能积极采用多项治疗，其功能改善的效果也会更好。

（三）睡眠

睡眠是最好的消除运动性疲劳，恢复人体机能的治疗方法。人在睡眠时感觉减退、意识逐渐消失，机体与环境的主动联系大大减弱，失去了对环境变化的精确适应能力，全身肌肉处于放松状态。通过睡眠使精神和体力得到恢复，通常情况下，成年人每天需要睡眠7~9小时，儿童少年大约需要10小时。对于运动性疲劳的运动员，睡眠时间可能需要更多一些，但并不是越多越好，应根据他们的疲劳程度确定适当的睡眠时间。

（四）中医药疗法

中医药疗法对于运动性疲劳的恢复具有积极的辅助作用。具体来说，这一疗法的具体形式主要有三种，即汤剂内服、内服外洗、药剂熏洗。

1. 汤剂内服

采取内服中药消除运动性疲劳的方法主要分为服用复方中药和服用单味中药两种，前者居多。按照中医基础理论，用于消除运动性疲劳和促进体力恢复的复方中药主要是以"补益"和"调理"为主要治则组方的。使用"补益"和"调理"为主要组方的复方中药进补，都是以平衡机体阴阳为宗旨，强调阴阳互根，孤阴不生，独阳不长，善补阳者必于阴中求阳，善补阴者必于阳中求阴。在治疗效果上多表现为双向调节、适应原样作用。

通过现代的大量研究可以得出，许多中药的活性成分都具有抗疲劳作用，如多糖就是，它能够有效提高抗氧化酶活性、消除自由基、抑制脂质过氧化，从而对生物膜产生一定的保护作用。怀山药多糖、魔芋多糖、枸杞多糖、猴头菌多糖、黄芪多糖、螺旋藻多糖、当归多糖等都是常用的多糖，具体成分用于运动性疲劳的恢复中时，要根据实际情况进行有针对性的选择，做到有的放矢。

但根据李国莉、苏全生等人研究发现，单纯采用中药提取物或有效成分可使中药的某些方面的作用比较突出，但这样的用法不十分符合中医理论，因此复方中药是必不可少的。复方中药是一复杂体系，其优点在于强调辨证施治，重在对机体整体进行调节，在治疗效果上多表现为双向调节、适应原样作用，其促进和消除疲劳的作用很可能是改善运动能力的基础。

2. 内服外洗

对于延迟性肌肉酸痛（DOMS）的局部病机辨证，中医的主要观点是：筋、骨、肉形体运动负荷过大，筋脉不舒，营血郁滞，经脉不通受阻致疲，不通则酸困疼痛，肌肉发僵不舒。由此可以得出，舒筋活血、行气止痛、温通经络，是确定局部外治的法则。但是，中医十分强调整体观念，根据中医基础理论，肌肉与多脏腑功能均有关系，包括肝主筋，主疏泄，肝藏血；肺主气，主宣发与肃降，主行水；心主身之血脉和肾主藏精，主水，主纳气等；脾主肌肉，与肌肉发育和肌肉功能关系最为密切，"脾气充盛，则肌肉强健有力；脾病则气日以衰，脉气不通，筋骨肌肉皆无气以生，虚弱而不用，邪在脾胃，则病肌肉痛"等。除此之外，中医还提出了五劳致伤，形劳而倦或劳累过度则能耗气而虚的观点。因此，在研究运动性肌肉疲劳以及延迟性肌肉酸痛（DOMS）时，要想达到较为理想的恢复效果，就应该充分考虑对脾的调理，并与外治相结合，否则就会事倍功半，影响运动性疲劳的恢复。

3. 药剂熏洗

对于延迟性肌肉酸痛（DOMS），现代医学总体上的观点是，它不是一种损伤，而是骨骼肌疲劳的一种表现。通过无创伤性超声对延迟性肌肉酸痛的诊断，可以显示延迟性肌肉酸痛时的肌肉水肿、炎症及肌肉厚度的变化。中药熏洗和推拿的主要作用就是能够较为明显地恢复延迟性肌肉酸痛的肌肉组织结构、代谢和功能改变，并且消除延迟性肌肉酸痛。

（五）营养性疗法

恢复机体的能量贮备是运动性疲劳恢复的关键，主要包括的内容有：肌肉及肝脏的糖原储备、微量元素平衡、关键酶的活性以及体液、细胞膜的完整性等。其中，补充营养是恢复的物质基础。

糖类在运动过程中起着非常重要的能量供应功能，只有糖类的贮备充足，才能够使机体的机能逐渐恢复到正常水平。因此，补糖是营养补充的重点，人体感到疲劳或大运动量训练后补糖，可恢复血糖水平，增加肝糖原的储存，并且有加速消除血乳酸的作用。对耐力类项目而言，被耗尽的能量储备，特别是糖类，必须系统地通过富含糖类的营养物质重新予以弥补。在一般混合饮食情况下，约72小时后方能得以弥补，但是如果补充富含糖类的食物，那么糖原储备在负荷结束后的24小时即能恢复原有水平。除此之外，要想更快、更好地恢复运动性疲劳，还少不了膳食中的优质蛋白质和适量的脂肪。

在补充运动中消耗的热量时，一般按照蛋白质、脂肪、糖三者的比例均衡进补。但是，不同类型的运动项目，营养成分的比例也是不相同的，需要根据运动项目的特点进行适当的调整，这样才能够取得更好的恢复效果，比如，在多数项目运动员的膳食中，三种能量的补充比例为1.2∶0.8∶4.5；耐力性运动项目要求膳食中糖类的含量较高，故三种能量的搭配比例为1.2∶1∶7.5；而运动负荷量比较小的项目，则比普通人的能量补充稍高一些，三种能量的搭配比例为1∶0.6∶3.5。三大营养物质摄取总量应根据项目的特点，以能满足机体代谢需要为依据，既不能过多，也不能过少。否则都会影响人体的生理机能、运动水平，甚至影响身体健康。

除了糖类、脂肪、蛋白质等能源物质的供应要保证充足外，维生素也要进行适量的补充。维生素的营养作用也非常重要，它不仅为人体正常代谢和生理机能所必需，而且还对人体运动能力有直接的影响。大负荷训练后，B族维生素和维生素C、维生素E的需要量将提高一倍，尤其在糖类消耗量增加之后，特别要增加维生素B1的补充量。

综上所述，训练后合理、及时的营养补充对于运动性疲劳来说非常重要，对运动员的膳食的要求是，应富含营养、易于消化，并应尽量多吃些新鲜蔬菜、水果等食物。

（六）物理疗法

应用天然的或人工的物理因子，如光、电、声、磁、热、冷等作用于人体，引起局部或全身的生理效应，从而起到康复和提高人体机能的治疗方法，就是所谓的物理疗法。物理疗法的形式有很多种，比如常见的电疗、光疗、水疗、冷疗、蜡疗、超声波疗、热疗、磁疗以及生物反馈等治疗。

蜡疗的运用范围较为广泛，以此为例，来介绍物理疗法。蜡疗的主要特点是：热容量大，导热性小，几乎无对流现象。石蜡有很高的蓄热性能，在冷却过程中可释放大量热能。石蜡用于治疗的作用主要表现为两个方面：一个是温热作用，皮肤能耐受60℃～70℃的石蜡而不被烫伤；另一个则是机械压迫作用，对肌腱挛缩有软化、松懈作用。因此，蜡疗的主要作用为：防止淋巴液渗出，减少水肿，促进渗出液吸收，扩张毛细血管和增加血管弹性。

（七）温水浴及冷热水交替浴

消除肌肉疲劳的一种最简单的方法，就是沐浴。通过沐浴，能够对血管扩张产生刺激，对血液循环和新陈代谢起到积极的促进作用，使代谢产物排出的速度加快，神经肌肉的营养得到进一步的改善。温水浴水温以42℃左右为宜，时间为10～15分钟，每天1～2次训练结束后30分钟可进行温水浴。但是，在应用温水浴时需要注意，为了保证达到理想的消除疲劳的效果，不能入浴时间过长、次数过频，水的温度也不能过高，否则就会起到相反的作用，加重疲劳。

冷热水浴可交替性地刺激血管的收缩和舒张，更有效地促进血液循环。进行冷热水浴时，热水温度40℃，冷水温度15℃，冷水浴时间为1分钟，热水浴时间为3分钟，交替3次。

（八）心理放松疗法

应用心理学的理论、原则和技术，对康复对象的各种心理、精神、情绪和行为障碍或严重的情绪困扰进行矫治的特殊治疗手段，就是所谓的心理放松疗法。行为疗法和合理情绪疗法是常见的两种心理放松疗法，这两种疗法各具特点，作用也有一定的区别。行为疗法又称行为矫正疗法，是20世纪50年代迅速发展起来的一种重要的心理学的理论和治疗技术，它按照一定的程序，采取正负强化的奖惩方式，对个体进行反复训练，以消除或矫正适应不良行为的一种心理疗法；而合理情绪疗法是以认知理论为基础，结合行为疗法的某些技术，以矫正人们认知系统中非理性的信念，促进心理障碍得以消除的心理疗法。

在训练和比赛之后，采用心理调整放松，能够达到较好的消除疲劳的效果，具体表现为：使神经-精神的紧张程度有所降低，心理的压抑状态得到一定程度的缓解，神经系统的恢复速度也多有加快，这样就能够更好地促进身体其他器官、系统机能的恢复。对身体起作用的心理放松手段很多，其中，暗示性睡眠-休息、肌肉放松、心理调整训练、各种消遣和娱乐活动性活动等，是最主要的几种手段。

音乐疗法是心理放松疗法中应用较为广泛的方法之一。从生理角度看，音乐作为一种声音刺激，可通过机体的反射作用迅速产生一系列生理和心理反应。音乐的性质不同、表现形式不同，其对人体的作用也就有一定的差别，具体来说，主要表现在以下几个方面：节奏快而有力的音乐的主要作用是增强心脏功能，改善血液循环；节奏鲜明的音乐的主要作用是使人精神振奋，心跳加快，心肌张力增加；节奏缓慢、单调重复的音乐的主要作用是使人放松，并有催眠镇静的作用；旋律优美的音乐的主要作用是使人心情愉快、平静，有助于消除体操运动员的情绪紧张及焦虑。除此之外，音乐的作用还表现为改善注意力，增强记忆力，提高人们对环境的适应力。

第二节　现代体育运动训练的伤病防治

一、体育运动训练损伤的防治

（一）体育运动训练损伤的预防

1.思想上加以重视

在运动训练中，运动员要从思想上高度重视运动性损伤的预防，学习并掌握有关预防运动性损伤的知识和方法。运动训练过程中要遵循运动训练的一般原则，加强身体的全面心理、易伤部位训练及肌肉力量训练。

2.做好准备活动

准备活动的内容要与训练内容相结合；准备活动的量，要根据身体特点、气象条件和训练而定。准备活动一般以身体感到发热，微微出汗为宜。准备活动结束与正式运动之间的时间不要过长，一般为3分钟。

3.加强自我保护意识

掌握运动中可能发生意外时的自我保护方法，防范运动技术伤的发生。学会运动后肌肉酸痛、关节不适等常见症状的治疗。对运动性损伤要做到及时发现、及时处理。

4. 注意科学训练

科学训练主要包括五个方面，即全面性、渐进性、个别性、经常性、意识性。前三个方面对预防损伤极其重要，是不能够忽略的。

5. 合理安排运动

要根据自身的健康状况和运动技术水平，合理安排运动量；运用各种形式的身体练习方法，全面提高身体素质，防止局部肌肉的过度疲劳。

6. 要针对性别进行训练

由于性别的不同，人体的自身条件也不同。不同的身体条件适应各自的训练方式。如果选择不合适，要么训练不到位，要么就会给身体带来一定的损伤。

7. 创造良好的训练环境

运动训练器具、设备、场地等在运动前都应进行严格的安全检查，从而为运动员的运动训练提供安全保障。

（二）体育运动训练损伤的治疗

1. 擦伤

擦伤就是皮肤受外力摩擦所致的皮肤出血或组织液渗出。按损伤面积的大小，擦伤可分为小面积擦伤和较大面积擦伤。

小面积擦伤治疗：如果是表皮擦伤，可用碘酒或碘伏局部涂擦，不需包扎。如果是关节及其附近的擦伤，则在局部消毒后，再涂以消炎软膏，以免局部干裂而影响运动。另外，要注意运动卫生，以免感染。

较大面积擦伤治疗：应先以生理盐水或0.05%的新洁尔灭溶液清洗创面，然后进行局部消毒，最后盖以消毒凡士林纱布和敷料，并包扎。如有需要，可加服抗生素预防感染。

2. 拉伤

拉伤是由于外力的作用，肌肉过度主动收缩或被动拉长致伤。拉伤的原因有很多种，如运动前的准备活动不充分、动作不协调、训练方法不得当等。发生拉伤后，伤处会出现肿胀、瘀痛、肌肉痉挛等症状，诊断时可摸到硬块，肌肉断裂是比较严重的拉伤，要给予及时的治疗和处理。

拉伤轻者可立即冷敷，局部加压包扎，抬高患肢。24小时后可实施按摩或理疗。病情严重者急救后，应立即送医院治疗。

3. 挫伤

挫伤是指在钝器直接作用下，人体皮肤或皮肤下组织所受的伤，如运动时相互冲撞、踢打所致的伤。挫伤以四肢多见，可伴有功能障碍。发生挫伤后会出现局部青紫，皮下淤血肿胀、疼痛的现象，严重者可发生肌肉断裂、骨折、失血、内脏损伤和脑震荡等。

单纯性挫伤在局部冷敷后外敷新伤药，加压包扎、抬高患肢。有肌肉、肌腱断裂者，应将肢体包扎固定后，送医院治疗。头部、躯干挫伤休克症状出现者应首先进行抗休克治疗，保温、止痛、止血、矫正休克后，立即送医院治疗。

4. 皮肤撕裂伤

皮肤撕裂伤是指皮肤受外力严重摩擦或碰撞所致的皮肤撕裂、出血。

损伤状况轻者，在进行消毒后，以胶布粘合或用创可贴敷盖即可；撕裂面积较大者，则需止血缝合和包扎。如有必要可酌用破伤风抗毒素肌内注射，以免引起破伤风。

5. 刺伤

刺伤的伤口较小但较深，如果不做处理可能伤及深部组织器官，或将异物带入伤口深处引起感染。

损伤轻者先用碘酒、酒精将伤口周围消毒，然后在伤口上撒上消炎粉，用消毒纱布覆盖，再加以包扎。被不洁物刺伤的，要注射破伤风抗毒素，预防破伤风。

6. 切伤

切伤的伤口边缘整齐，出血较多，但周围组织创伤较轻。深的切伤可能切断大血管、神经、肌腱等组织。

损伤轻者先用碘酒或酒精消毒，然后在伤口上撒上消炎粉，用消毒纱布覆盖，较重者，应彻底止血，缝合伤口。伤情和污染较重者应该注射抗生素，预防感染。被不洁物切伤的，要注射破伤风抗毒素，预防破伤风。

7. 踝关节扭伤

踝关节扭伤属于关节韧带损伤，在运动训练中最为常见。造成踝关节扭伤的原因是踝关节过度内翻或外翻而导致的踝关节内、外侧韧带受损。发生扭伤时，伤者伤处疼痛、肿胀，韧带损伤处有明显压痛，皮下有瘀血。

发生损伤后，运动员要暂停运动，冷敷，加压包扎，抬高患肢。24小时后可以进行热敷和按摩。严重的扭伤或怀疑有韧带撕裂时应及时求医。

8. 肘关节损伤

肘关节损伤是由于运动技术不合理、运动方法不得当而发生的损伤。在进行小球类运动锻炼时常发生肘关节损伤。

运动员在运动训练中，要避免肘关节损伤的发生，就应该做好充分的准备活动，合理安排运动量与负荷。在运动结束后，要做好整理活动，按摩肘部，以促进疲劳的恢复，加强保护。

急性肘关节损伤，要对伤肘进行特殊处理，要进行适当的休息制动，以促进恢复。

运动损伤发生后，可以局部冷敷，加压包扎，外敷新伤药。24小时之后，可进行理疗、按摩、外敷中药。

可采取局部封闭注射肾上腺皮质激素类药物的方法，对慢性伤者，应以理疗、按摩、针灸治疗为主。

对有肌肉韧带断裂或伴有撕脱骨折者，宜进行手术缝合术等。

发生急性损伤后，在治疗期间要禁止参加大强度的运动训练，以免加重损伤或出现新的损伤。

经过一定的处理后，如果伤者损伤部位没有疼痛，即可进行运动，但需要注意的是，要合理地安排运动的负荷量与强度，负荷量与强度要逐渐增加。

伤者在练习与康复时，要佩戴必要的保护装置，如护肘、弹力绷带等，以免加重机体的负担，造成其他的运动损伤。

9.肌肉拉伤

肌肉拉伤是指在外力直接或间接作用下，使肌肉过度主动收缩或被动拉长所致的肌肉纤维损伤或断裂。发生肌肉拉伤时，会出现疼痛、压痛、肿胀、肌肉紧张、发硬、痉挛等症状，其中，有些损伤还伴有闪痛、撕裂样感，肿胀明显及皮下淤血严重，触摸局部有凹陷及一端异常隆起者，可能为肌肉断裂。

伤势轻者可停止训练，立即休息，抬高患肢，局部冷敷并加压包扎，疼痛严重着，可酌情给止痛药。24小时后进行理疗和按摩，对于肌肉断裂患者，应加压包扎并立即送往医院处理。

10.胫骨痛

胫骨痛在运动医学中又称为"胫腓骨疲劳性骨膜炎"。此病多发生在跑、跳等运动项目中。由于这类活动使大腿屈肌群不断收缩，而过度牵扯其胫腓骨的附着部分，致使骨膜松弛，骨膜下出血，产生肿胀、疼痛等炎症反应，导致出现此病。

运动员在发生胫骨痛后，要注意足尖跑、跳的运动量，不要加重下肢的负担，进行少量的运动以促进慢慢恢复。在进行运动前一定要做好准备活动，运动后做好整理活动，可进行局部按摩。伤势严重者，立即就医。

11.肩袖损伤

肩袖损伤是指肩袖肌腱或合并肩峰下滑囊的损伤性炎症病变。发生肩袖损伤时，肩外展会感到疼痛，有时会向上臂、颈部放射，肩外展或伴内、外旋时，疼痛加重，压痛局限于肩峰与肱骨大结节之间。肩袖损伤可分为急性损伤和慢性损伤，急性损伤期间常伴有三角肌痉挛疼痛，慢性损伤期间继发三角肌萎缩乏力。

运动员在发生运动损伤后，可适当进行休息、调整，可采用物理治疗、针灸、按摩等方法治疗。除此之外，还可活动运拉肩关节和上肢，以促进恢复。如果发生肌腱断裂，则要立即就医。

12. 髌骨劳损

髌骨具有保护股骨关节面、维护关节外形和传递股四头肌力量的作用，是维护膝关节正常功能的主要结构。髌骨劳损一般是膝关节长期负担过重或反复损伤积累而成的。髌骨劳损是膝关节酸软疼痛，髌骨压迫痛，单足半蹲的时候有痛感。少数患者因长期膝关节疼痛不敢用力而肌肉萎缩或有少许关节积液。

当运动员发生髌骨劳损后，可采用按摩、中药外敷、针灸等方法治疗；加强膝关节肌群力量练习，比如采用高位静力半蹲，每次保持3～5分钟即可，每日进行1～2次。

13. 腰部扭伤

腰部扭伤是腰部软组织的损伤。有明确的外伤史，伤后立即或一二日后发生腰痛，为急性腰部扭伤，亦称"闪腰"。肌肉轻度扭伤后疼痛显著，脊柱不能伸直；因肌肉痉挛而引起脊柱生理曲线改变为较重的扭伤。如是棘上韧带与棘间韧带扭伤，则受伤气时感到局部突然撕裂样疼痛，过度前弯腰时疼痛加重，腰伸展时疼痛较轻，棘突上或棘突之间有局限而表浅的明显压痛点。若是筋膜破裂，则多发生在髂棘肌鞘部和髂嵴上下缘，伤处有明显的压痛点，弯腰和腰扭转时疼痛较重，腰伸展时疼痛较轻。如果是小关节交锁，受伤当时即有腰部剧烈疼痛；呈保护性强迫体位，不敢做任何活动，亦惧怕任何搬动，尤其不能做腰后伸活动，疼痛位置较深，不易触到压痛点，但叩击伤处可引起震动性剧烈疼痛。

休息：可仰卧于垫子或木板床上休息，腰部垫一薄枕以便放松腰肌，活动时要避免受伤组织受到牵拉。轻度扭伤可休息2～3天，较重扭伤需休息一周左右。

按摩、穴位按摩：取人中、扭伤、肾俞、大肠俞、委中等穴，手法强度应使病人有较强的酸麻胀感为宜。

其他疗法；如外贴活络止痛膏，内服活络止痛药，火罐疗法、针灸疗法、局部注射强的松龙、理疗等。

14. 关节脱位

在运动训练中，因受外力作用，使关节失去正常的连接关系叫关节脱位，又称"脱臼"。发生关节脱位时，伤者会感到剧烈疼痛，关节周围出现显著肿胀，关节功能丧失。有时还发生肌肉痉挛，严重时会出现休克。

运动员在发生关节脱位后，切不可随意做复位动作，以免加重伤情。用夹板或三角巾固定伤肢，并尽快送医院治疗

15.骨折

骨折是指在运动时，运动员身体某部位受到直接或间接的外界力量撞击而造成的损伤。常见的骨折有肱骨骨折、尺桡骨骨折、手指骨折、小腿骨折、肋骨骨折等。骨折发生时伤者可感到明显的疼痛，患处出现肿胀的现象，肢体失去正常功能严重时还伴有出血和神经损伤，甚至发热及突发休克等现象。

当运动员发生骨折后，切忌随意移动肢体，应用夹板或其他代用品固定伤肢；如出现休克，应对患者实施人工呼吸。对于有伤口出血的患者，要采取止血措施，并送往医院进行治疗。

二、体育运动训练疾病的防治

（一）过度紧张

1.过度紧张的原因

身体及心理素质较差；运动水平不高；机体出现过度疲劳现象；伤病中断训练后突然参加剧烈活动；某些心血管疾病的患者，突然参加剧烈运动，易导致过度紧张。

2.过度紧张的症状

头晕、眼前发黑、面色苍白、全身无力、站立不稳；有恶心呕吐、脉搏快速细弱、血压明显下降的现象；严重者会出现嘴唇发绀、呼吸困难、右季肋部疼痛、肝脏肿大、心前区痛、心脏扩大等急性心功能不全等症状。

3.过度紧张的预防

运动员在运动前做好一定的准备活动，运动训练要全面，要循序渐进地进行；当运动员伤病初愈进行运动训练时，要注意运动负荷量与强度的合理安排；在进行大强度运动训练前，应做好必要的体格检查；根据个人具体实际，合理选择运动项目和训练方法；要注意运动训练的卫生，加强营养补充；运动训练要进行必要的医务监督，将运动疾病的风险降到最低。

4.过度紧张的治疗

轻度的过度紧张，可安静地仰卧在垫上，短时间休息后可得到恢复；发生脑缺血时，应将患者平卧休息，头稍低，给予热糖水或镇静剂以促进恢复；对于严重的心功能不全的患者，应保持安静，平卧，指掐内关和足三里穴，如果昏迷，可指掐人中穴；对于呼吸困难或心跳停止者，应施以人工呼吸，然后去往医院治

疗。

（二）岔气

1. 岔气的原因

岔气是指运动时发生与腹痛位置不同的突然性胸壁或上腹近肋骨处的疼痛现象，"岔气"出现的原因主要有以下两个：

①没有进行准备活动或准备活动不充分。

②发生呼吸节奏紊乱或心肌功能不佳的现象。

2. 岔气的症状

患者胸壁或上腹近肋骨处出现明显的疼痛；说话，深呼吸或咳嗽时局部疼痛；按压疼痛部位有明显压痛，但无红肿现象出现。

3. 岔气的预防

运动前做充分的准备活动，使身体适应逐步加大的运动量；没有特殊情况不要中断锻炼，运动锻炼中要掌握好呼吸的方法和节奏。

4. 岔气的治疗

深吸气后憋住不放，握拳由上到下依次捶击胸腔左、右两侧，亦可用拍击手法拍击腋下，再缓缓作深呼气；深吸气憋住气后，请别人捶击患者侧背部及腋下，再慢慢呼气；连续做深呼吸，同时用手紧压疼痛处可有一定程度的缓解；用食指和拇指用力捻捏内关和外关穴，同时做深呼吸和左右扭转身躯的动作；可深吸气后憋住不放，用手握空拳锤击疼痛部位。

（三）肌肉痉挛

1. 肌肉痉挛的原因

肌肉痉挛，是指肌肉发生的不自主的强直性收缩的现象。人体的小腿腓肠肌、足底的屈拇肌和屈趾肌是最容易发生肌肉痉挛的部位。发生肌肉痉挛的原因有很多，主要是运动者体内失盐过多、冷刺激、肌肉收缩与舒张失调等原因所致。

2. 肌肉痉挛的症状

患者全身肌肉强直，双眼上翻或凝视，意识不清。出现身体局部抽风的现象，仅局部肌肉抽动，如仅一侧肢体抽动，或面肌、手指、脚趾抽动等。

3. 肌肉痉挛的预防

运动前后做充分的准备活动和整理活动；运动前对易发生肌肉痉挛的部位做适当的按摩；在身体疲劳时不宜参加长时间或大运动量、强度的运动。

4. 肌肉痉挛的治疗

运动员在运动训练的过程中，当发生肌肉痉挛时，牵引患者痉挛的肌肉常可使之缓解。例如，小腿后面群肌痉挛可伸直膝关节，用力将足背伸；足底部屈肌、屈趾肌痉挛，可用力使足和足趾背伸。除此之外，还可采用按摩的方法促进运动机体的恢复，如推摩、揉捏、点穴等手法，可促使缓解。

（四）肌肉酸痛

1. 肌肉酸痛的原因

运动员在运动时肌肉活动量过大，而引起局部肌纤维及结缔组织的细微损伤，以及部分肌纤维的痉挛所致。

2. 肌肉酸痛的症状

局部肌肉纤维细微损伤及痉挛；整块肌肉运动时存在酸痛感。

3. 肌肉酸痛的预防

做好充分的准备活动，注意运动中有关局部肌肉的活动锻炼要充分；科学、合理地安排运动负荷；避免长时间锻炼身体某一部位，以免加重局部肌肉的负担；做好整理运动，可采用一般放松练习和肌肉伸展牵引练习。

4. 肌肉酸痛的治疗

①对酸痛局部进行静力牵引练习，保持拉伸状态2分钟，然后休息1分钟，重复练习。

②对酸痛的局部肌肉进行热敷，促进血液循环及代谢过程，有助于损伤组织的修复及痉挛的缓解。

③对酸痛局部进行必要的按摩，使肌肉得到放松，促进肌肉血液循环，有助损伤修复及痉挛缓解。

④口服维生素C。维生素C有促进结缔组织中胶原合成的作用，能加速受损组织的修复和缓解酸痛。

⑤补充微量元素锌元素，锌元素有利于损伤肌肉的修复。

（五）运动中腹痛

1. 运动中腹痛的原因

准备活动不充分；运动员身体素质较差，训练水平较低；运动负荷过大；呼吸与动作之间的节奏配合不良；精神紧张，过度疲劳；膳食不合理，营养不良等。

2. 运动中腹痛的症状

①运动员在进行小负荷强度运动时，腹痛不明显。负荷强度增加后，腹痛逐渐加剧。

②腹痛部位，常为病变脏器所在。

左上腹痛，多为脾瘀血；左下腹痛，多因宿便引起；右上腹痛，多为肝胆疾患、肝脏瘀血；右下腹痛，多为阑尾炎；中上腹痛，多为急性或慢性胃炎；腹中部痛，多为肠痉挛、蛔虫病。

3.运动中腹痛的预防

运动前要做充分的准备活动，运动时注意呼吸的节奏；可以采取各种训练方法，全面提高运动员机体机能水平；运动训练要科学，循序渐进地增加负荷量与强度；合理安排膳食与营养，饭后切忌参加剧烈运动。

4.运动中腹痛的治疗

患者用手按压疼痛部位，或弯腰跑一段距离，一般疼痛即可减轻或消失；降低运动强度，调整呼吸和运动节奏；病情加重时应停止运动，口服止痛药物，点掐或针刺足三里、内关、三阴交等穴位，进行腹部热敷等；经过治疗如果还没有效果，则立即就医。

（六）低血糖症

1.低血糖症的原因

运动前体内肝糖原储备不足，运动时不能及时补充血糖的消耗；长时间的运动导致运动者体内血糖量的大量减少；中枢神经系统功能紊乱，导致胰岛素分泌量增加；患者没有遵医嘱而参加运动训练。

2.低血糖症的症状

轻者感到饥饿、疲乏、头昏脑胀、心悸、面色苍白、出冷汗；重者可出现意识模糊、语言不清、四肢发抖、呼吸短促、烦躁不安或精神错乱，甚至惊厥、昏迷；脉搏快而弱，血压偏高或无明显变化，或昏倒前升高而昏倒后降低，呼吸短促，瞳孔扩大；血糖呈明显降低症状。

3.低血糖症的预防

在进行大运动量的运动时，应准备一些含糖的饮料；日常运动锻炼较少或者体能素质较差者，不宜参加长时间的剧烈运动。

4.低血糖症的治疗

低血糖患者应采取平卧的方式休息，注意保暖；较轻者可饮浓糖水或吃少量食品，一般短时间内即可恢复；可静脉注射50%葡萄糖40～100毫升；昏迷不醒者，可针刺人中、百会、涌泉、合谷等穴，并及时就医。

（七）运动性贫血

1.运动性贫血的原因

一般情况下，运动性贫血是由各种原因引起的，如果运动员的生理负担量过大而参加运动训练就很可能导致运动性贫血的发生。

2.运动性贫血的症状

在进行血液检查时,运动员的血红蛋白含量减少,男性低于120克/升,女性低于105克/升;头晕、乏力、易倦、记忆力下降、食欲差,发病缓慢;运动训练过程中常伴有气促、心悸等症状;皮肤和黏膜苍白,心率较快,心尖区可听到收缩期吹风样杂音等。

3.运动性贫血的预防

合理安排运动负荷,运动的量与强度要循序渐进增加;根据个人具体实际,贯彻个别对待的基本原则;多食含蛋白质丰富的食物,尽力改掉偏食的不良习惯;补充身体必需的铁元素。

4.运动性贫血的治疗

发生运动性贫血时,要适当减少运动的量与强度,必要时停止训练,等人体状况恢复良好时再参加训练;服用维生素C和胃蛋白酶合剂,以促进铁的吸收;口服硫酸亚铁片剂,可治疗缺铁性贫血;合理膳食,补充营养,多食用富含蛋白质和铁的食物。

（八）运动性血尿

1.运动性血尿的原因

①肾缺氧

运动时血液重新分配,肾脏缺血缺氧,影响肾脏正常功能,以致红细胞渗出。

②肾静脉高压

运动者肾周围脂肪组织较少,长时间跑跳时,身体震动可使肾脏下垂,使静脉血流受阻,肾静脉压增高,从而导致红细胞渗出。

③肾损伤

运动时腰部的猛烈屈伸或蜷缩体位可使肾脏受到挤压,肾内毛细血管损伤,从而引起肾出血。

④膀胱损伤

在膀胱排空的情况下跑步,脚落地震动时膀胱后壁与膀胱底部互相触碰,而使该部位发生运动损伤,引起血尿。

2.运动性血尿的症状

运动后即刻出现血尿情况;停止运动训练后,血尿则迅速消失,一般不超过3天;无其他症状出现,血液化验、肾功能检查、腹部X线平片等均正常。

3.运动性血尿的预防

运动前后做必要的准备活动和整理活动;合理膳食,注意营养补充;饭后切忌立即进行剧烈运动。

4. 运动性血尿的治疗

对身体进行全面的检查，排除病理性血尿，以免误诊；出现肉眼血尿时，应立即停止运动；对出现少量红细胞而无症状的运动者，应减少运动量，继续观察。

（九）冻伤

1. 冻伤的原因

冻伤是机体的某一部分组织因寒冷侵袭而出现血液循环障碍，如水肿、水泡、坏死等局部损害的综合征。一般来说，冻伤发生的原因主要是人体长时间暴露在寒冷环境下，体温过度下降，血液循环障碍和细胞代谢不良，导致手、足、面颊、耳、鼻等局部发生损伤。

2. 冻伤的症状

受冻部位无痛感，变得苍白或蜡黄，有红斑和水肿、水泡和大疱、浅表坏疽、深部坏疽以及肌肉、肌腱组织、骨膜和神经损伤。

3. 冻伤的预防

采用多种形式的体能训练，以增强机体的耐寒能力和免疫力；在进行运动训练时，运动员的着装要合理，衣服、鞋袜要温暖而合适；在气候寒冷时，身体外露的部分采取必要的保暖措施，如手套、耳套等。

4. 冻伤的治疗

Ⅰ度冻伤：禁用火烤或热水烫，也不要用雪水摩擦，应迅速放在38℃～40℃的温水复温，但水温不超过45℃，以免发生烫伤。复温后，局部可涂冻疮膏，也可用酒精棉球经常轻轻揉擦，使局部皮肤微红即可。注意患部保暖和清洁，避免因痒搔破。

Ⅱ度冻伤：小水泡不要弄破；较大的水泡，在局部消毒后用针头刺破，然后包扎。若已溃，可搽紫药水或消炎软膏后再包扎。

Ⅲ度冻伤：及时去医院接受治疗。

（十）中暑

1. 中暑的原因

中暑是热射病、热痉挛和日射病的总称，一般发生在炎热的夏天，尤其是在烈日的直接照射下多发生中暑现象。

2. 中暑的症状

身体发热、四肢乏力、头昏脑胀、恶心呕吐，胸闷等；烦躁不安、脉搏细速、血压下降；重症患者还会出现头痛剧烈、昏厥、昏迷、痉挛等症状。

3. 中暑的预防

在夏天进行体育运动锻炼应尽量避开炎热的时间段。

在高温天气下运动时，最好戴上遮阳帽，以防日光直射；衣服的选择要合理，以浅色或白色为宜。室内运动场地应有良好的通风、降温设备。另外，要准备大量补充水分的饮料。

中暑早期会出现一定的先兆症状，如发现运动者出现大量出汗、恶心、头昏等现象时，应立即停止运动。

选择阴凉的背景进行运动训练，训练中应增加休息的次数。

夏天进行体育运动，消耗的水分较多，应及时补充水分。

运动锻炼后切忌用冷水浇身，要用温水洗澡，可有效地避免中暑的发生。

4. 中暑的治疗

对轻度中暑患者，应将其迅速移至阴凉通风处休息，解开衣领，并给予清凉饮料、浓茶、淡盐水和人丹、解暑片（每次1~4片）或藿香正气丸（每次1粒）等解暑药物。

对病情较重的患者，应立即移到阴凉处，让其平卧（或抬高下肢），采取的措施如下：中暑痉挛时，服用含糖、盐饮料，并在四肢做重推摩、按摩，头部用冰袋或冷水湿敷；中暑高热时，应迅速降温，如用冷水或冰水擦身，或在额、颈、腋下和腹股沟等处放置冰袋，也可用50%酒精擦浴；症状重或昏迷者，可针刺人中、涌泉等穴，并应立即送往医院接受治疗。

（十一）昏厥

1. 昏厥的原因

长时间站立或过久下蹲后骤然起立，使脑部缺血，容易引起昏厥。

跑动后立即停止，由于下肢血管失去肌肉收缩的挤压作用，加上血液本身的重力关系，大量血液积聚在下肢舒张的血管中，造成回心血量减少，因而心输出量减少，使脑部突然缺血，而发生晕厥。这种昏厥也叫"重力性休克"。

神经类型欠稳定的人，一旦受惊、恐惧、悲伤，或者看到别人出血，都可反射地引起广泛的小血管急性扩张，血压下降，从而导致脑部血液供应不足而发生血管抑制性昏厥。

2. 昏厥的症状

昏厥前，病人面色发白，感到头昏眼花，全身软弱无力；昏厥时失去知觉，突然昏倒；昏倒后，面色苍白、手足发凉、出冷汗、脉搏慢而弱、血压下降、呼吸缓慢；经过短时间的平卧休息，脑缺血消除，知觉迅速恢复，但精神不佳，仍有头昏、全身无力的感觉。

3. 昏厥的预防

当有昏厥的前期症状时应立即平卧，或由同伴扶着走一段路，可使症状减轻或消失；坚持锻炼，增强体质；久蹲后要慢慢站立起来；跑后不要立即站立不动，应继续慢跑并做深呼吸。

4. 昏厥的治疗

让患者平卧，头部稍放低，松解衣领，注意保暖；用毛巾擦脸，自小腿向大腿做重推摩和揉捏；病人没有苏醒，则用指针掐点人中穴；禁止给任何饮料饮用或服药。有条件的话，应给氧气和在静脉注射25%～50%葡萄糖40～60毫升；如呼吸停止，应立即进行人工呼吸，醒后给以热饮料，注意休息；在急救同时，应尽快联系医生做进一步的治疗。

（十二）休克

1. 休克的原因

运动量过大；身体生理状态不良；肝脾破裂大出血、骨折和关节脱位的剧烈疼痛等。

2. 休克的症状

早期常有烦躁不安、呻吟、表情紧张、脉搏稍快、呼吸表浅而急促等症状；发作期，表现为精神萎靡不振、面色苍白、口渴、畏寒、头晕、出冷汗、四肢发冷、脉速无力，血压和体温下降；严重者出现昏迷。

3. 休克的预防

对有可能发生休克的运动员，要采取相应的预防措施，如活动性大出血者要确切止血；骨折部位要稳妥固定；软组织损伤应予包扎，防止污染等；对严重感染的病人，要采用敏感抗生素，静脉滴注，积极清除原发病灶，以免发生感染；充分做好严重患者的术前准备。

4. 休克的治疗

使患者安静平卧于床上，并注意保暖；可给服热开水及饮料，针刺或点人中、足三里、合谷等穴；由骨折等外伤的剧痛而引起的休克，应给予镇痛剂止痛；急救的同时，应立即送往医院做进一步的检查和治疗。

第三节　现代体育运动训练的医务监督

一、体育运动训练医务监督的内容

（一）对运动训练进行医学监控

为了提高自己的技能水平，运动员必须要坚持长期的运动训练，而运动训练就是一项为提高自己运动能力，挖掘自身运动潜能而进行的一种大负荷的身体活动。在运动训练的过程中，运动员必须要采用一定的医学技术手段对自身的健康情况进行科学监控。这样不仅可以适时了解运动员的身体情况，避免运动疲劳的产生和累积，同时还可以监测出运动员参加运动训练所取得的实际训练效果。

（二）体格检查

体格检查是运动训练监督的一项重要内容，体格检查就是对运动员身体机能状况进行综合评定。这种检查可在不同的阶段和不同的状态（如安静状态、训练过程、恢复过程）下进行。另外，除阶段性的定期检查外，还可进行动态观察和比较。

（三）运动性伤病的预防和治疗

在日常的训练和比赛中，受各种因素的影响，运动员常常承受各种各样的运动性伤痛。因此，为了使运动员健康地参与运动训练和比赛，就要及时发现和正确处理运动员的运动性伤病，掌握运动员患各种疾病和运动损伤后开始恢复训练和比赛的适宜时机、训练内容和运动量，能否参加比赛，以及参加比赛的项目和时机等。

（四）消除运动性疲劳

在长期的运动训练中，运动员常因自身或其他方面因素的影响而产生精神疲劳和身体机能的下降，这是机体为维护正常生理功能而做出的一种自我保护现象。因此，对运动员的精神疲劳要给予充分重视和采取有效措施，以免引发机体调节的紊乱和过度疲劳。

二、体育运动训练医务监督的常用指标

（一）脉搏

在安静时，正常成年人的脉搏（心率）为70次/min左右，正常范围是60～100次/min，安静时心率超过100次/min的称为"窦性心动过速"；安静时心

率低于60次/min的则称为"窦性心动过缓"。长期坚持体育锻炼的人，经常会出现窦性心动过缓，这是心血管系统对长期训练产生适应的表现。大多数运动员也普遍存在窦性心动过缓。

在对运动员进行医务监督时，可以通过测量运动训练和比赛时运动员的脉搏，来衡量运动量的大小。例如，当运动员脉搏超过180次/min时，则说明此训练的运动量较大；而脉搏在150～180次/min时则为中等运动量，低于144次/min为小运动量。以脉搏恢复时间5～10分钟为标志，在5～10分钟内恢复运动前的脉搏次数为小运动量，在5～10分钟后比运动前快2～5次/min为中等运动量，在5～10分钟后比运动前快6～9次/min为大运动量。

大量的研究和实验发现，除了通过测量运动训练和比赛时运动员的脉搏来衡量运动量的大小外，还可以通过人体在完成同样定量负荷后或完成极限负荷或力竭性负荷后，脉搏的比较来了解训练时机体的状况。定量负荷后脉搏频率减少是人体运动机能能力提高的表现。如台阶实验、PWC170等。如果负荷后脉搏增加，则提示运动能力没有提高，或训练效果不好；极限负荷指让受试者进行最大限度的发挥和表现其机能水平的运动，即随着负荷强度的增加，要求运动到无法继续运动为止。这时脉搏所表现出的是机体的最大负荷能力，其脉搏所能达到的水平越高，则心脏的负荷能力越好。

（二）血压

血压是反映人体机能状态及疲劳程度的常用指标。一般情况下，正常成年人动脉收缩压低于18.6kPa（140mmHg），舒张压低于12kPa（90mmHg）。清晨血压比较稳定。排除运动员自身的健康原因，如果清晨血压较平时增高20%，且持续两天以上不恢复者，常常表示运动量过大、过度疲劳或机能下降，这时就需要结合自身的具体实际，调整运动负荷。

（三）血糖

血糖是血液中各种单糖的总称，主要是葡萄糖、半乳糖、果糖和甘露糖等。正常人清晨空腹时静脉血糖浓度为3.89～6.11mmol/L。临床上将空腹血糖浓度低于2.80mmol/L者称为低血糖。运动员在运动训练期间，如果血糖正常，运动成绩提高，则说明机体功能状况良好；如果血糖呈持续下降的趋势，运动成绩下降，则说明运动时间过长、运动量过大，血糖利用过度或葡萄糖过量消耗，这时就需要重新确定运动负荷。

（四）血红蛋白

血红蛋白是红细胞中具有携氧功能的含铁蛋白质，可作为评定身体机能状况的一个重要生理指标。正常男子血红蛋白含量为120～160gl/L，女子为

105～150gl/L。而在训练期间，如果人体血红蛋白浓度正常，则说明机体功能状况好；如果血红蛋白下降10%以上（男子低于120gl/L，女子低于105gl/L）称为"运动性贫血"；如果运动成绩下降，表示身体机能状况不好，注意调整运动量。一般来说，运动员在一次紧张的训练或比赛后，血红蛋白含量会普遍下降，但经过一定的调整后，大都能恢复至训练或赛前水平。

（五）血乳酸

血乳酸是体内糖无氧酵解的代谢产物，血乳酸水平可作为指标区分有氧和无氧代谢，从而控制训练的性质。在训练期间，人体血乳酸水平越高，说明机体无氧代谢程度越高，即训练强度越大。一般情况下，出现乳酸阈的水平是在4毫摩尔/升。

在使用血乳酸作为训练强度监测指标时，注意取血的时间应在运动后3～10分钟。

（六）血尿素

血尿素是蛋白质的代谢产物。运动中，内脏器官循环血量减少，使尿素的排出减少；运动可使蛋白质的分解代谢加强，尿素生成增加。因此，血尿素水平可以作为机体对运动负荷反应及恢复情况的医疗指标。通常情况下，正常血尿素的水平是5～6mmol/L，运动员的血尿素的正常值是7mmol/L。通过运动员安静时的血尿素水平可以及时了解机体的蛋白质代谢情况，血尿素水平明显升高说明机体处于疲劳状态。

运动员在运动训练期间，动态观察血尿素可以有效评定运动员身体机能的状况，操作方法是在一周的运动训练中每两天查一次清晨血尿素水平。如果经过一周的运动训练后，血尿素水平逐渐升高，经过周末休息仍不能恢复，则表明运动负荷过大，机体在训练后无法完全恢复，长期下去将导致疲劳积累；如果血尿素值平稳，没有明显的升高或改变，说明运动训练对机体没有产生明显的刺激，是负荷量过小的表现，应加大训练量和训练强度；如果在一周的运动训练过程中，血尿素水平先增高，经过周末休息可基本恢复到训练前的水平，则说明运动量较为合理。

（七）心血管机能实验

在运动训练的过程中，运动员身体机能状况可以根据自身的具体情况选择合适的机能测定方法。有运动训练过程中，进行心血管机能评定主要是为了了解训练效果或者身体机能状况，心血管机能评定可以作为依据用于帮助教练员安排下一步训练计划。当运动员的心血管机能检查出现异常时，应对训练进行相应的调整。主要的机能测定方法有功率自行车测试、跑台负荷试验、台阶试验、改良联合机能试验等。

（八）调节代谢指标

1. 睾酮

睾酮在血液循环中有结合型和游离型两种，影响蛋白质合成的主要是游离型睾酮。通常男性睾酮的正常范围在10.4～41.5mmol/L，女性睾酮的正常范围在0.9～2.8mmol/L。目前，学界对运动时睾酮的生理作用还不十分清楚，现有的认识主要是对抗糖皮质激素的蛋白质分解作用，保存体内的蛋白质，有利于机体贮存糖原及运动后肌糖原的恢复，使机体对运动应激抵抗力增强，提高对运动量的承受能力。睾酮能促进蛋白质合成和增加肌肉力量，促进骨基质增加和钙化，为神经肌肉传导提供营养，使神经末梢乙酰胆碱的释放易化。有人认为，睾酮对红细胞生成、肌糖原和磷酸肌酸合成有一定的作用，因而与运动能力有着极为密切的关系。睾酮的生理作用主要是刺激男性性器官发育并维持其功能，刺激第二性征的出现和维持其正常状态。同时它还可以促进运动员体内蛋白质的合成，对运动员结束训练后的机体恢复产生一定影响。当机体处于运动疲劳状态时，其体内的睾酮水平也会出现较为明显的下降。

2. 皮质醇

皮质醇可加速分解代谢过程，能使机体对外界刺激产生应激和适应作用。皮质醇的正常值范围是：110～690mmol/L。机体疲劳时，皮质醇的水平会上升，降低机体合成蛋白质的速度，不利于机体的恢复。

3. 血清肌酸激酶

血清肌酸激酶（CK）又称"磷酸肌酸激酶"（CPK），是短时间剧烈运动时能量补充和运动后ATP恢复的反应催化剂，与运动时和运动后能量平衡及转移密切相关。安静时，血清CK主要是由骨骼肌和心肌中的CK透过细胞膜进入血清。CK的正常范围是：男子10～100U/L、女子10～60U/L。而在训练期间，由于机体骨骼肌局部缺氧，代谢产物堆积，自由基增多，细胞膜损伤和通透性增加，肌细胞内的CK进入血液，导致运动后血清CK升高。由于CK在血清中上升和细胞损伤有关，因此CK是评定疲劳程度和恢复过程的重要指标。

血清CK的变化受负荷强度的影响较大。一般短时间极大强度运动后5～6小时，血清CK升高，8～24小时达高峰，48小时后逐渐恢复，负荷强度越大，恢复越慢。值得注意的是，在训练期间使用血清CK做评价，需做CK同工酶等测定，并同其他临床诊断相结合，以区别于心肌炎时血清CK的上升。

三、体育运动训练的自我监督

自我监督是运动员在运动训练中，机体对自身的健康状况、身体反应、功能状况等进行自我观察和检查的方法。自我监督可以帮助运动员合理地确定与评价运动负荷，从而帮助运动员在训练过程中选择适宜的运动负荷安排，避免运动性损伤和运动性疾病的发生。自我监督常用的方法有两种：一种是个体的主观感觉，另一种是客观检查。

（一）主观感觉

1. 精神状态

在运动训练中，运动员的精神状态主要包括正常感觉和不良感觉两种。前者主要表现在运动后疲劳消除较快，功能恢复较快，精神饱满，无全身不适感；后者主要表现在运动后四肢无力、肌肉酸痛、关节疼痛、头痛、恶心，甚至呕吐、头晕、气喘、心前区憋闷、上腹部疼痛等，这主要是运动量过大的表现。

2. 运动心情

运动心情是反映运动员有没有训练欲望的一个指标。一般情况下，当运动员身体机能正常时，精神饱满，体力充沛，渴望训练；而当运动员出现运动疲劳或自身状况不佳时，就容易导致心情不佳，甚至出现厌烦训练的症状，尤其会出现惧怕参加紧张的训练和比赛的情况。在自我监督表中，运动员可以根据实际情况做一定的记录，如渴望训练、厌烦训练、恐惧训练等。

3. 睡眠

睡眠状况是反映运动员神经系统功能状态的指标。当运动员的训练负荷过大，超过了机体的负担能力时，首先会反映在神经系统方面，早期主要表现为睡眠模式的改变。好的睡眠状态是入睡快，醒后精力充沛。如果经常出现入睡迟、夜间易醒、失眠、睡醒后仍感疲劳等情况，则表明训练的负荷已超过了机体的负担能力，或机体已疲劳，需要进行调整，在自我监督表中可填写良好、一般、入睡迟、夜间易醒，失眠等。

4. 食欲

一般情况下，人体中枢神经的疲劳程度可以根据个体的食欲来进行反映。如果个体训练量适当，运动后能量消耗大，食欲良好，食量大。而如果出现运动训练过度，运动后会出现不想进食，食量减少的情况，这就充分表明运动员个体的中枢神经系统已经疲劳，需要做出及时调整。

5. 出汗量

运动时，出汗量的多少与运动量、训练程度、饮水量、空气温度、湿度、衣着厚薄以及个体的神经系统状况密切相关：在观察出汗时，应特别注意是否有盗汗。

盗汗即夜间睡眠中出大量冷汗的现象，是自主神经系统功能紊乱或身体疲劳的表现，也是内脏器官患病的征兆，应予以高度重视。一般来说，在整个运动训练期间，如果其他条件相同，出汗多则表明技能水平下降。

总之，在运动训练中，自我感觉是运动员在运动训练中最直观的反应，有利于运动员及时发现问题，从而采取有效的措施控制整个运动训练过程。在运动训练实践中，个体的主观感觉可根据具体情况填写并做好记录，为运动训练的调整提供必要的依据。

（二）客观检查

1. 体温

一般正常人口腔温度为36.5℃～37.2℃，腋下温度较口腔温度低0.3℃～0.6℃。运动员体温会随着生理状态、昼夜时差、年龄、性别、环境等不同而稍有波动。运动员在非运动训练时的基础体温与正常人相同，在运动训练过程中，由于肌肉运动产热明显，机体代谢率增加，运动员体温会略有升高。即运动状态下体温略高，安静状态下略低，早晨4～6时体温最低，午后5～6时体温最高，但在24小时之内，体温变化不超过1℃。

运动员应在清晨觉醒后，开始活动前测量体温并记录。长期记录体温变化有利于运动员判断自身新陈代谢情况，预测运动成绩变化。另外，体温能在一定程度上反映运动员身体代谢水平，比赛或赛前的紧张情绪也可使运动员体温升高。因此，在比赛前观察体温，有利于判断赛前紧张状态是否出现。

2. 脉搏

个体在参加运动训练时，要学会适时监测自己的脉搏。人体脉搏的频率与年龄、性别、运动、情绪、休息和睡眠等都有着密切的关系。一般说来，脉搏与训练水平有关，是一个直观而非常有效的指标。每天对自己的晨脉进行检查，可以直接了解运动量对自身的影响运动量合适、身体健康时，晨脉每日节律整齐，变化每分钟不超过3～4次；身体机能状态差、运动量不当时，每分钟晨脉可较前日增多6次以上。如脉搏持续上升或长期不能恢复到正常值范围，则说明运动量过大；出现心律不齐者，应到医院做心电图检查。

3. 体重

体重可以综合反映人体肌肉、脂肪、内脏器官及骨骼等的生长发育情况，是评定人体生长发育的基本标准之一。一般来说，健康青少年的体重是相对稳定增长的，健康成人的体重是相对稳定的，一个月内体重增减不超过3千克。运动训练或比赛后，体重会出现一定程度的下降，体重下降的幅度与运动强度、运动持续时间呈正比，一般情况下，经过系统的运动训练后，运动员的体重变化呈现出以下三个特点：

第一，经过一段时间的运动训练后，机体会因失去过多的水分和脂肪而导致体重有逐渐下降的趋势，一般下降2～3千克，持续下降3～4周。体型较胖或参加系统训练前较少活动者，体重下降的幅度可能更大一些。

第二，随着运动训练的持续进行，运动员的体重会逐渐处于一个稳定时期，一般情况下，会出现运动后体重减轻的状况，但在1～2天内得到完全恢复。这个阶段一般持续5～6周以上。

第三，长期坚持训练会使肌肉等组织逐渐发达，体重有所增加，并保持在一定的水平上，如果发现体重减轻了2～3千克以上，则可能是运动量太大。如果减少运动量后，体重仍不能回升，应去医院检查。

运动员在运动训练期间，如果体重持续下降并伴有其他异常情况，如睡眠失常、情绪恶化等，很有可能是早期过度训练、身体患有慢性消耗性病变（如肺结核、甲状腺功能亢进）或热能不足等原因引起的。进行大运动量训练的运动员在停止训练后体重增加是正常的生理反应，但如果体重逐渐增加，则表明运动量小、热量累积过多。

4. 运动成绩

运动员在平时运动和比赛中记录运动成绩，有利于合理地判断运动训练强度安排是否合理，可以促进更合理地安排运动训练，帮助运动员提高运动成绩，达到更高的运动水平。运动成绩长期不增长或下降，可能是身体机能状况不良的反映，也可能是早期过度训练的表现。由此可见，运动成绩对于观察机体的健康水平和运动训练状况是一个良好的客观监测指标。

第六章　现代高校体育运动项目训练

第一节　田径运动训练

一、田径运动概述

在现阶段的田径运动的教材和专著中，多数将田径运动分为竞走、跑、跳跃、投掷和由跑、跳、投部分项目组成的全能运动五大类。随着世界田径运动历史的发展，有的国家对田径运动的分类和比赛项目的分类是按各自的规模、需要和使用方便与否进行的，例如，苏联将田径运动分为竞走、平跑、自然条件下的跑、超越障碍跑、接力跑、跳跃、投、推、全能九大类；又划分项目类别，把自然条件下的跑分为越野跑、公路跑，把接力跑分为短距离接力跑、中距离接力跑、混合距离接力跑等。田径运动按项目的类别和人的性别、年龄、组别可分出很多的比赛项目来。

田径运动项目是体育运动中最大的一个项目。它包括很多单项，是任何大型运动会中比赛项目最多、参赛运动员最多的项目。"田径运动是一切体育运动项目的基础"，"田径运动可谓是体育运动之母"这些通俗、概括的名言，充分肯定了田径运动无论是对增强人类的体质，还是对竞技体育运动都具有积极的意义。进行田径训练对发展速度、力量、耐力、柔韧、灵敏等身体素质，培养人的意志、毅力都是非常理想的手段。

二、跑类项目实践

（一）短跑运动实践

1. 短跑运动的基本技术

短跑运动一般分为四个步骤：起跑、起跑后加速跑、途中跑、冲刺跑。

①起跑技术

根据田径规则，短跑比赛一律采用"蹲踞式"起跑，"蹲踞式"这种起跑的任务是发令枪一响立马快速跑出。

"蹲踞式"起跑，是由"各就位""预备""起动"这三个基本连贯的动作完成的。当运动员听到"各就位"的口令时，首先做几次深呼吸，调节一下情绪，然后走到起跑器前，俯身两手撑地，两脚依次蹬在起跑器的前后抵趾板上（一般要把较有力的腿放置在前面），后腿膝关节跪在地面，两手呈"人字形"撑在起跑线后沿，两臂伸直与肩同宽或稍宽于肩；身体重心处在两手两脚支撑点中央，整个躯干微微弓身，但不能蜷缩。此时运动员应集中注意等待发令员的下一个口令。听到"预备"口令后，首先吸一口气，然后从容不迫地抬起臀部，高度约稍高于肩，随着抬臀重心适当前移（注意身体重心的前移，以不使两臂支撑负担太重为前提）。这时身体重量主要落在支撑的两臂与前腿上，以便于支撑腿的起动用力。此时，前腿的膝关节角度约为90°，后腿的膝关节角度约为120°，两个脚都要压紧抵趾板。这种姿势、角度和全身状态，便于起动时蹬、摆配合，有利于迅速起动和发挥速度，身体各部位的姿势摆好后，专心听枪声。

听到"预备"口令后，平稳地抬起臀部，向前移肩，身体重心前移，双臂有力支撑，压紧起跑器抵趾板。此时，前腿的膝角约90°～100°，后腿膝角约110°～130°，注意力高度集中，等候"鸣枪"。枪声后，两手迅速离地，两臂屈肘，快而有力地前后摆动，同时两腿迅速蹬离起跑器屈膝快而有力地向前摆动，身体形成较大的前倾姿势，也称"起跑步"。

②加速跑技术

短跑中起跑后能否加速主要取决于起跑姿势和力量的发挥。起动后第一步不宜过大，可也不能过小，通常落在起跑线前60～70厘米处。起跑后的几步要求运动员上体要较大地前倾，摆臂也要十分有力；两脚着地点是沿两条相距不宽的直线前进，几步以后才逐渐合拢，一般加速跑20米左右后就可以进入途中跑。起跑后加速跑技术要领可总结为有3个"逐渐"：逐渐抬体，逐渐加大步长，逐渐加快步频。

③途中跑技术

途中跑是短跑比赛全程中距离最长、跑速最快的一段。途中跑技术包括两腿动作、重心起伏、摆臂和上体姿势。短跑途中跑技术要领是：身体端正稍前倾，两臂以肩为轴，以肘用力（屈肘关节角度约为90°），手掌伸出快而有力摆动。前摆时肘关节角度可达60°～70°，后摆时肘关节角度可达130°～140°。大腿带动小腿自然有力地大幅度快速摆动，前脚掌扒式着地，两腿蹬摆与两臂摆动协调配合，快速奔跑，完成途中跑的距离。

④冲刺跑技术

终点冲线的意义在于到达终点时有利于名次的判别，决定了运动员的输赢问题，与跑速并无密切关系。跑法与途中跑相同，但要坚持加快跑速向终点冲击。终点冲跑的最后一步加大躯干前倾以胸部尽快冲过终点线。由于体力关系，快到终点的这段距离一般都会减速，要想尽力保持途中跑的速度，到达终点还需要做到加快摆臂速度，保持上体前倾。快到终点时，上体急速前倾，以胸部或肩部撞终点线，撞线后放大步，缓冲跑速，以防止跌倒。

2. 短跑运动的训练

①短跑技术的阶段性训练

基础训练阶段

任务：

A. 全面提高运动员身体健康水平。

B. 全面发展短跑运动员的身体素质，注重培养运动员的节奏感、动作速率和爆发力。

C. 始终要以跑、跳、投田径多项和体操、球类活动或比赛性质的游戏活动为主要训练内容，以达到发展速度、耐力、力量、柔韧、协调、灵敏等素质和一般技能的目的。在上述各种练习中，要特别注意培养运动员动作的快节奏感，以利于动作速率和爆发性力量的发展。

D. 短跑力量练习应以克服运动员身体重的跳跃练习为主，切忌采用大重量器械练习。器械性的力量练习主要以轻杠铃（体重的30%～50%）、实心球、胶带等器械来发展身体各部分力量。

E. 技术教学和训练的比例约为4.5∶5.5，在训练安排中，一般身体训练与专项身体训练比例约为6∶4。

F. 教学和训练时，要注意控制住活动量，以利于少年运动员的健康和发育。对于未来400米跑的运动员，在本阶段训练与100米、200米运动员的区别不大，不同的是必须在训练的第三年注意发展一般耐力。

要求：

A. 采用跑、跳、投田径运动和体操、球类运动或各类游戏，全面发展各项素质和一般技能，特别注意发展爆发力和踝关节力量。

B. 采用各种跳跃和轻器械练习发展力量。

C. 多采用示范、观摩、观看录像等多媒体教学手段，帮助训练者掌握正确的短跑技术。

D. 严格控制训练负荷。

E. 使运动员掌握协调、放松、自然的快跑技术，避免采用过多的大强度快跑。

F. 加强思想教育和生活管理。

专项训练初级阶段

初级专项训练阶段也是为期三年的训练，每周训练6～8次，每次为1.5～2小时。

任务：

A. 了解和学习短跑技术的基础知识。

B. 在进一步发展一般素质的基础上，逐步加强发展短跑训练的专项素质。

C. 进行初步的短跑专项训练，掌握跑的全程技术。

D. 加强运动员心理素质的培养。

要求：

本阶段的比赛训练具有全面多项的特点。训练的准备期较长，可以有更多的时间用于技术训练和一般专项素质训练。基本要求如下：

A. 在全面基础训练中，逐步增加专项训练的内容与手段，发展与提高专项素质。

B. 随训练时间的增长，逐步增加专项训练的内容与手段，以利于速度、耐力、力量等专项素质的发展与提高。此阶段要特别注意运动员的上下肢、大小、前后等肌群的协调发展。

C. 注意要求运动员在快跑中体会和发展协调放松技术，并逐步建立正确的短跑技术形态。

D. 随年龄增长逐步增加训练的负荷，但仍要注意严格控制极限强度快跑手段的运用。

E. 通过训练和比赛，提高心理适应能力。

方法：

A. 力量训练

采用体重的40%～60%重量的杠铃练习6～8次。动作要快速，以发展肌肉收缩时的速度力量。采用较少次数、较大负重的练习（体重80%），次数4～5次。

B. 速度训练

主要采用80米以内的距离的反复跑、冲刺跑、行进间跑，练习强度在90%～100%发展运动员的速率，是提高位移速度的重要途径。

C. 跳跃训练

要求跳跃动作快速连贯。如立定跳远、立定单足跳远、立定三级跳远、十级跳远，连续双腿伸展跳跃和蛙跳、连续单足跳或跑、蛇形跨跳、跳过不同高度的栏架、跳深、跳台阶、原地并腿触胸跳和分腿跳等。长跳练习如长段落跨跳（距离100～200米）、快节奏计时跨跳（距离60～100米）、长段落单足跳（60～100米）、长段落弹性跳（距离300～500米）。

专项训练提高阶段

专项提高训练阶段中，男女身体发育不同，训练时间有所差异，但一样每周也训练7～9次，每次为2小时左右。此阶段的训练过程具有明显的专项化特点。专项技术、素质和心理训练的比重显著增加，而训练手段、量和强度的增加主要是增加专项训练和比赛次数。

此阶段的主要训练手段是，80米以内段落跑（96%～100%，13～16公里），80米以内段落跑（90%～95%，16～18公里），80米以上段落跑（91%～100%，21～23公里），80米以上段落跑（81%～90%，45～50公里）；负重练习（100～200次）；起跑练习（700～800次）；越野跑（200～220公里）；跳跃（7500～8500级）；一般身体训练练习（80～120小时）；比赛次数（28～32次）。

任务：

A. 确定运动员个人主项，加强专项能力和技术训练，逐步使技术趋于完善、稳定。

B. 发展和提高与短跑主项相关的专项素质。

C. 针对每个运动员身的不同特点，逐步加强短跑比赛能力和心理稳定性的培养。

要求：

A. 应以专项训练内容与手段为主，使与主项密切相关的各项素质向高水平发展。

B. 技术训练的重点是结合个人特点，改进主项全程跑的技术与节奏。

C. 训练负荷总量要超过前一个阶段，但要根据运动员的不同情况与自身特点，采用适于个人情况的最佳负荷量，以促使专项训练水平和专项成绩有较大幅度的提高。

D. 加强对运动员训练过程和恢复过程的监督。特别要处理训练、比赛、休息三者间的关系。

E. 要根据运动员不同情况有计划地安排心理素质训练。

高级训练阶段

在高级训练阶段中，训练过程的专项化更加突出。短跑运动成绩的提高在很大程度上取决于训练过程的专项素质能力和技术完善、发展状况。在训练过程中，按短跑专项化要求和肌肉活动的功能特点，安排短跑运动员的专项训练手段，规定训练强度、持续时间、休息方式和间歇时间等。根据不同的训练时期和阶段任务，采用不同的负荷强度和练习内容。

任务：

A. 逐步完善主项技术，提高训练质量与水平，主项成绩逐步接近和达到大纲规定的目标。

B. 提高心理稳定性，加强抗干扰能力。积累参加大型比赛的经验，掌握个人比赛竞技状态，形成自己的特点。

要求：

A. 专项技术训练要以逐步完善符合个人特点的主项技术与节奏为主。

B. 根据重大比赛任务、运动员竞技状态形成与保持的特点，合理制定训练结构、内容，使其更具有自己的特点。

C. 根据不同比赛任务与规模、个人特点，安排采用不同的心理训练内容与手段。

D. 加强医务监督和现代科学恢复手段的运用，以便对训练过程实施最有效的控制。

②短跑技术的专项训练

短跑运动成绩不仅建立在运动员身体素质全面发展的基础上，而且与掌握合理的短跑技术有密切关系。因此，改进短跑技术是短跑训练的重要任务。在短跑技术中，完整技术练习应着重对起跑、起跑后加速跑、途中跑、终点冲刺跑各环节的衔接，上下肢协调配合以及调整合适的步幅和步频等方面进行技术训练。

短跑技术训练应贯穿在全年训练的各个阶段。除了对完整技术和各环节技术要反复练习外，还要对技术的关键性部分，如蹬地与摆动协调配合、着地缓冲、后蹬结束时脚掌末节用力以及送髋、摆臂等技术，都应着重进行训练。

短跑速度取决于步长和步频两个因素。当代国内、外优秀运动员都具有较大的步长和较快的步频能力。步长和步频的关系是相辅相成的。在短跑训练中，试图超出自身能力范围，无限制地提高步长或步频无助于速度的提高。因此，发展步幅和步频时，只能通过科学的训练提高身体素质能力和改善短跑技术。

技术训练主要采用以下几种方式训练：

直腿跑或直腿跳，要求只用脚掌蹬地，充分伸展踝关节；交换腿蹬摆跳，要求快速向前摆腿；半弯道跑、全弯道跑技术练习；在跑道上画白线，做大步幅跑或快步频跑；从高抬腿跑过渡到跑和从小步跑过渡到跑；成组按口令做起跑练习

30～60米；成组以快跑速度跑过终点并做撞线技术练习；原地摆臂和弓步换腿跳结合摆臂；扶撑肋木架单腿做跑的模仿动作练习；胶带牵引做起跑和起跑后加速跑练习。

（二）接力跑运动实践

1.接力跑运动的基本技术

①弯道起跑技术

4×100米和4×400米接力一般都采用弯道起跑。从弯道起跑与直道起跑的技术结构上没有根本上的区别，但由于弯道起跑的时候是在弯道起跑线后，起跑后的加速跑又需要便于进入弯道，所以要求合理运用弯道跑的跑步技术。因此，弯道起跑时，身体的位置、起跑器安装的位置与直道稍微有所不同。

在弯道起跑使用起跑器时，应放在靠近自己跑道的外侧，使两个起跑器抵趾板的平面对着进入弯道切点方向，使起跑出去后能跑成近似直线。运动员在做"各就位"动作时，也应使自己的整个身体面对切入弯道的切入点方向。为此，在弯道上安装起跑器就不同于在直道上的安装方法。

在运动员做"各就位"动作时，左手撑地并不是紧靠着起跑线的后沿，而是撑在离起跑线约5～10厘米处。这样做可使整个身体比较自然地面对弯道切点的方向。

此外，另一个动作技术细节就是起跑第一步，两条腿完成蹬、摆配合时，右腿向前摆动，膝关节稍稍有"内扣"的动作，并且右脚落地时，足掌稍稍有内旋动作，用右脚掌内侧部位着地，便于适应弯道跑的技术要求。

在弯道上进行"站立式"起跑，运动员完成"各就位"动作的站位时，应稍稍靠近自己跑道的外侧，也应使整个身体面对切点方向，起跑第一步的动作与弯道蹲踞式起跑相同。

②4×100米接力跑技术

所有的接力赛跑项目都是在弯道起跑的，且都采用蹲踞式起跑方式。从技术要求上讲，基本上与弯道蹲踞式起跑相同。但由于接力赛跑的第一棒队员，是拿着接力棒完成弯道蹲踞式起跑动作，因此对第一棒接力队员就有一个持棒起跑的特定要求。

从另一个意义上讲，第二、三、四棒的接力队员，都应在预先获得一定速度的情况下，完成传递棒任务，这也要求他们在自己的棒位进行起跑动作。接力赛跑的起跑，实际上应包含传棒队员（第一棒队员）和接棒队员的起跑两层意义。

下面简析第一棒接力队员持棒起跑时的技术要求。

无论哪种接力赛跑项目的第一棒队员，都是在弯道上持棒进行蹲踞式起跑的。因此，从总的技术要求上讲，基本和弯道蹲踞式起跑的技术动作相同。其主要区别就在于持棒的右手如何在地面上支持这一环节上。

持棒方式

有三种方式，但是都有一个共同特点，就是接力棒不与地面接触，这是田径运动比赛规则所提出的要求。

第一种持棒方式是右手食指握棒，拇指与其他四指分开撑地。

第二种是右手中指、无名指握棒，拇指、食指与小指分为三叉撑地。

第三种持棒方法是由拇指与食指撑地，其他三指握棒。

无论采用什么握棒方式，都要以握牢棒并手支撑稳为原则。

起跑：

持棒人的起跑，起跑技术和弯道起跑技术相同。

接棒人的起跑，跑第二、三、四棒者用站立式或用手撑地的半蹲踞式起跑姿势，站在自己的起跑线前面或预跑线内，两腿前后开立，两膝弯曲，上体前倾。第二、四棒运动员站在跑道外侧，所以，用左腿在前、右手撑地，身体重心稍向右偏，头转向左后方，目视跑来的同队队员和自己的起动标记。第三棒运动员站在跑道内侧，应以右脚在前，用左手撑地，身体重心稍向左偏，头转向右后方，目视跑来的同队队员和自己的标记。当传棒人跑到标记线时，接棒人便应迅速起跑。

传、接棒的方法

传接棒方法一般有上挑式、下压式和混合式3种。

上挑式：

接棒的手臂自然向后伸出，掌心向后，拇指与其他四指自然张开，虎口朝下，传棒人将棒由下向前上送入接棒人的手中。这种方法的优点是接棒向后伸手的动作比较自然，容易掌握。缺点是接棒时只能握在接力棒的中间，待第三棒传给第四棒时，只能握住棒的前端，容易造成掉棒和影响持棒快跑。

下压式：

接棒的手臂然向后伸出，手腕内旋，掌心向上，虎口张开朝后，拇指向内，其余四指并拢向外，传棒人将棒的前端从上向下传给接棒人手中。

这种方法的优点是，每一棒次的接棒都能握住棒的一端，便于下一次接棒和有利于速度的发挥。缺点是接棒人后伸的手动作紧张、不自然。

混合式：

跑第一棒队员用右手握棒起跑，沿跑道内侧跑，用"上挑式"将棒传给第二棒队员的左手，第二棒队员接棒后沿跑道外侧跑，用"下压式"将棒传给第三棒队员的右手，第三棒沿弯道内侧跑用"上挑式"将棒传给第四棒队员的左手，第四棒接棒后一直跑过终点。这种方法综合了"上挑式"和"下压式"的优点。

传、接棒的时机和标志线的确定：

传、接棒的时机，接棒队员站在预跑区内或接力区后端，待看到传棒人跑到标志线时便迅速起跑，当传棒人跑到接力区内，离接棒人1.5米左右时，要立即向接棒人发出"嗨"或"接"的传、接棒信号，接棒人听到信号后迅速向后伸手接棒。传棒人完成传棒动作后逐渐减低跑速，待其他道次运动员跑过后离开跑道。

标志线的确定，为保证传、接棒动作能在快速奔跑中完成，要准确地确定标志线，它是根据传、接棒人的跑速和传、接棒人技术的熟练程度而定的。如果接棒人在接力区前10米预跑线处出发，跑到接力区末端27米处传、接棒，传、接棒时两队员之间的距离为1.5米跑，则标志线的距离为：传棒人最后30米平均速度×接棒人起跑27米所需时间-（27米-1.5米）。假设传棒人最后30米平均速度为9米/秒，接棒人起跑27米所需时间为3.5秒，即可算出标志线距离的初步数据为：9米/秒×3.5秒-（27米-1.5米）=31.5米-25.5米=6米，这仅是提供参考的数字，在实践中还通过多次实践不断加以调整。

队员的分配：

接力跑是由四个人配合跑完全程。在安排各棒队员时，必须考虑发挥每个人的特点。一般安排起跑技术好并善于跑弯道的人跑第一棒；第二棒应是速度耐力好又善于接棒的人跑；第三棒除具备第二棒运动员的长处外，还要善于跑弯道；把全队速度最好，冲刺能力最强，拼劲最足的运动员放在最后一棒跑。

③4×400米接力跑传、接棒技术

在进行4×400米接力跑时，由于跑速降低，传接棒就比较容易进行，一般是根据传接运动员跑速来决定传接方式。第一棒采用"蹲踞式"起跑，起跑技术同4×100米接力跑的起跑；第二棒采用"站立式"起跑姿势，头部转向后方，看好自己的队员；如果传棒人跑的速度快时，则接棒人早些起跑；如果传棒人显得精疲力竭时，接棒人可主动把棒拿过来。4×100米接力跑时，可采用换手传、接棒的方法，右手接棒后立即换到左手。

2. 接力跑运动的训练

①决定接力跑成绩的主要因素

决定接力跑成绩的因素是多方面的，除了短跑成绩之外，还包括运动员传棒和接棒的时机、接棒队员起动标志线、传棒队员最后25米和接棒队员起动后25米的跑速、传棒和接棒队员在传棒和接棒瞬间的获益距离。

在4×100米接力跑比赛中，要求传、接棒队员必须在接力区内以高速完成传、接动作。而在20米接力区内传、接棒队员双方都能达到相对稳定的高速时便称为传、接棒的最佳时机（一般约在离接力区前沿4.50米处）。

起动标志线是第2、3、4棒接棒队员起跑点的标志。它是根据传棒队员和接棒队员的跑速和传、接棒技术熟练程度以及最佳传、接棒时机等因素确定的。

传、接棒队员在传、接棒瞬间的获益距离，是指传、接棒队员都能保持高速的情况下，充分伸展手臂，顺畅地完成传、接棒动作瞬间身体重心相隔的最大水平距离。这一距离与运动员的身高、臂长、传接棒的时机以及传、接棒队员进入接力区后半段的速度吻合程度有关。配合默契的传、接棒技术能产生1.5～2米的获益距离。在4×100米接力跑中，3个接力区能产生5～6米的获益距离，这对提高整体的接力跑成绩有着不可忽视的意义。

传棒队员最后25米的跑速主要取决于该队员保持高速的能力，而接棒队员起动后的跑速则完全取决于起动加速的能力和对跑近的队友的移动的反应时间。

②接力跑技术的专项训练

接力跑技术训练的基本内容是短距离接力跑训练、传棒和接棒技术训练两种，具体的训练方法是：

短距离接力跑训练

训练重点是短跑训练和提高传接棒的技术。它的先决条件是接力队成员的稳定和长期的配合训练。接力训练应作为短跑训练的一部分，不应过多地增加运动员的负荷，如运动员必须在训练中跑若干次100米，最好以4×100米接力来代替这一内容。加速跑、行进间跑、测验都可以在最后加上传接棒动作。加速跑也可以从接棒开始。在高速跑中改进接力跑技术和训练课中进行的测验都应作为短跑训练的一部分安排在训练课中，或在课的结束部分之前。特别重要的是要经常跑全程接力，只有这样才能使动作自动化和准确地测出标志线，非常默契地配合好传接棒。

队员训练

接力跑队员的个别训练，目的在于提高跑的绝对速度能力。训练方法基本上与短跑运动员的训练相同，但还须加强起跑练习和弯道跑练习。练习方法有以下几种：

单臂支撑的站立式起跑练习：跑距在10～20米。第2、4棒选手在跑道外侧用右手支撑；第3棒选手在跑道内侧左手支撑，强度为90%～100%，重复8～10次，间歇1.5～2分钟。

直、弯道加速跑传接棒练习：强度90%～100%，重复4～6次，间歇3～5分钟。

带棒蹲踞式起跑练习：距离20~30米，强度95%~100%，重复6~8次，间歇1.5~2分钟。

助跑区内单臂支撑25~30米站立式起跑练习：要求精确测量好并识别同样的标志线。强度95%~100%，重复5~8次，间歇1.5~2分钟。

接力跑队员的持棒训练，着重培养队员持棒跑的习惯。一般采用持棒慢跑、持棒加速跑60米×5~6次，持棒行进间跑30米×5~6次，持棒起跑30米×5~6次，在持棒跑中完成传接棒动作练习。在比赛前准备活动最后部分应分组做传接棒练习。如果需要的话，及时修正标志线。

成对训练

接力成对训练的目的在于提高全队的速度和接棒时间。练习方法有以下几种：原地传接棒练习，慢跑过程中的传接棒练习，50~80米分段的传接棒练习。

基本方法：发出口令后，传棒手必须有一定的间歇，看清同伴伸出手后，才将棒准确递上，否则，就可能导致掉落接力棒，延误比赛。接棒手必须及时、准确向后伸手，不附加任何动作。强度90%~100%，重复5~8次，间歇3~4分钟。3人或4人的起跑加速跑练习，重点在于识别标志线和模仿传接技术。3~4队选手分道练习传接棒技术距离50~80米，强度90%~100%，重复4~6次，间歇3~4分钟。几个接力队同时练习传接棒技术，重复4~6次，间歇4~6分钟。

配合练习，第1棒与第2棒的接力配合。第1棒队员听枪声后把接力棒传给第2棒队员，2×100米接力跑。第1、2、3棒的接力配合，要求同前，3×100米接力跑。完整的4×50米或4×100米接力跑。全队练习。全队最大速度的接力跑练习，距离为4×50米、4×60米、4×80米，重复3~4次。最大速度4×100米接力跑，数队最大速度的接力跑练习，距离为4×50米、4×60米、重复3~4次。数对模拟比赛的接力跑4×100米。

（三）障碍跑运动实践

1. 障碍跑运动的基本技术

根据障碍跑运动的特殊要求与规则，障碍跑运动的基本技术分为跨越障碍架技术、过水池技术。

①跨越技术

田径竞赛规则允许运动员在越障碍架时，借助手、脚或直接越过。因此，运动员可采用"跨栏法"和"踏上跳下法"两种方法越过障碍架。

"跨栏法"技术

障碍架的高度与400米栏相同，用"跨栏法"越过障碍架的技术也和400米栏的技术相似。但因为障碍架稳固在跑道上，碰、撞后不能向前倒，障碍架横木顶面又有12.7厘米的宽度，所以确定合理的起跨点对跨越障碍架有重要意义。障碍跑比赛不分跑道，障碍架间的距离较长，这就决定了起跑到第一个障碍架和障碍架间，运动员不可能用固定的步数去跑。因此，培养运动员的目测能力，是准确踏上起跨点的必备条件。障碍跑属于中跑，跑的速度不是很快，起跨点距障碍架为1.50～1.80米。起跨前应适当加速，最后一步的步长要适当缩短，以减小着地时支撑反作用力的制动作用。起跨时，运动员的躯干稍向前，摆动腿以膝领先向前上方摆出。在骨盆前移的同时，开始蹬伸起跨腿。在起跨结束的瞬间，躯干与起跨腿几乎成一直线。

摆动腿的膝部达到障碍架的高度，即停止上摆。为了避免腿部碰撞栏架，起跨角要大，过障碍架时运动员臀部到栏顶留有8～12厘米的空余，在较好地掌握跨越障碍架技术时，逐渐减小这个空间。摆动腿在无支撑状态下伸直，躯干更加前倾，起跨腿屈膝从体侧向躯干提拉。过障碍架时，摆动腿积极下压。下拉后躯干前倾角度逐渐减小，摆动腿以前脚掌着地。下栏后运动员身体姿势与起跨攻栏时相似，能够保持跑的速度和节奏是正确技术指标之一。

"踏上跳下法"技术

"踏上跳下法"是常用的过障碍架的方法，但效果较差，用这种方法越过障碍架，由于有单腿在障碍架上的支撑过程，故身体重心较高，对运动员前进的速度产生一定的阻力，影响过障碍的速度。

采用"踏上跳下法"越过障碍架前，应目测起跨点，调整跑步的步长，适当加快跑速。当起跨腿踏上起跨点后，摆动腿要屈膝向前上方摆出，两臂向上摆，帮助身体重心上升，当起跨腿蹬离地面后，借助蹬地的反作用力顺势屈膝上提向摆动腿靠拢，形成一个团身姿势，随着身体重心向前移，摆动腿的脚由上而下以前脚掌踏上障碍架横木并积极地屈膝缓冲，此时上体加大前倾，起跨腿顺势过栏跳下向前跑进。支撑在障碍架上的腿，在蹬离障碍架时，和平时后蹬一样，不要做特别的用力。

②过水池技术

在障碍跑运动中，水池是最困难、消耗体力最大的障碍。因为运动员既要越过障碍架，又要越过长度3.66米的水池，所以比赛的后程要在疲劳的情况下去完成。运动员越过水池，速度将下降25%左右。因此，掌握正确越过水池的技术是十分重要的。

过水池的方法有两种：一是踏上水池前的障碍架，再由障碍架上跳过水池。二是用"跨栏法"既越过障碍架，又越过水池，许多优秀运动员多采用第一种方法。

踏过法

用踏过法过水池时，先踏上水池后沿的障碍架横木，再从障碍架上跳过水池。当运动员跑到距水池15～20米时，就应加快跑速，将跑速提高到能轻松地踏上水池前障碍架的程度。障碍架前最后一步适当缩短步长，起跨点距障碍架1.50～1.80米。正确踏上障碍架的动作，应和跑上障碍架一样。

当起跨腿踏上起跨点时，摆动腿的大腿迅速摆到水平部位，同时双臂配合向上摆臂提肩，带动身体快速向前上方腾起。在身体重心处于最高点时，躯干加大前倾，使身体重心处于较低的位置，摆动腿的脚用脚掌心柔和地踏在障碍架的横木上，这时膝关节弯曲成直角，使身体重心以较低的抛物线越过栏架，并减小踏上栏架产生的阻力。脚踏上横木后，随着身体的向前移动，以脚掌前排两颗鞋钉扒住横木的前沿。当躯干移过栏架时，弯曲的支撑腿开始用力向前蹬伸，此时躯干前倾适度减少，以双臂动作维持身体平衡，这时身体进入第二次腾空，形成一个向前、向下的跨步姿势。接着前腿自然放下，后腿放松折叠向躯干靠拢，前小腿指向落点，膝关节几乎伸直。落地时身体重心落在落地腿上或稍前方，以承受身体的重量。在落地脚尚未接触水池前，后腿应超过落地脚，这样落地支撑后能迅速向前跑出。落地点在离水池前沿30～40厘米的水中。

跨栏法

用跨栏法过水池的方法，是当运动员跑到水池前15～20米时，要加快跑速，力争跨越障碍架的一步（跨栏步）能跨得更远些。它的特点是，起跨点距离栏架相对较近，而跨过障碍架后的落地距离栏架要远，只有这样才能落在水池较浅的水中。用"跨栏法"越过水池，要加快跑速，起跨时用力大，消耗能量较多，但身体重心的抛物线比第一种方法低得多，故跨越水池的速度要快得多。

2.障碍跑运动的训练

3000米障碍跑运动员，需要有很好的耐力素质，而且必须具备较好的速度和力量素质；要具有协调自己动作和目测起跨点的能力，要有很好的速度感觉，还必须掌握完善的平跑和跨越障碍的技术。这些都需要通过多年训练来逐渐实现，进而创造出3000米障碍跑的优异成绩。

关于障碍跑运动技术的训练，基础训练阶段和初级专项训练阶段可参照中长跑和跨栏跑的训练进行安排。以下着重阐述专项提高训练阶段和高级训练阶段的有关内容。

①专项训练提高阶段

此阶段的基本任务是不断提高专项能力，进一步发展专项身体素质，逐步完善跨越障碍的技术，加强战术和心理训练，培养顽强的意志品质，培养独立进行训练和参加比赛的能力。

此阶段训练的目标

提高专项能力，继续发展有氧耐力，同时要提高有氧–无氧混合代谢的能力，并少量采用发展机体无氧能力的手段。

进一步加强技术训练，改进和提高跨越障碍栏架和水池的技术，要特别注意跨越水池技术的经济性。在训练中要进行大量的跨越障碍的专门练习，不仅能够较好地越过多个障碍，而且要培养学生越过障碍的能力。

在身体训练方面要继续发展运动员的速度、力量和协调性等素质。可采用短距离高速跑、大跨跳和负重练习。在训练过程中，还要注意培养运动员顽强的意志品质。

这个阶段采取的主要手段是越过障碍或不越过障碍的反复跑和间歇跑，以及长时间匀速越野跑，但要注意掌握跑的速度。进行短段落的反复跑和间歇跑时，每个段落跑的速度都要高于本人3000米障碍跑的平均速度；采用长段落的反复跑时，跑的速度要稍低于平均速度。心率控制在160～170次/分。随着专项能力的提高，缩短间歇的时间或增加段落的距离。长时间匀速越野跑的持续时间由20分钟到1小时，速度以中速为宜。训练负荷随着专项训练量和强度的提高而增大。

②高级训练阶段

这个阶段的运动技术的训练，应根据运动员的成绩指标和特点，进行因人而异的训练。训练的目的性和专项性更强。

高级训练阶段的任务是确定个人的成绩指标，进一步提高专项训练的强度和密度，掌握跨越障碍的技术，熟练地运用战术，并能养成自己的技术风格，积极参加各种田径比赛和活动，培养自己的运动心理素质。此阶段的训练要更加突出专项训练，提高专项能力，不断增加训练负荷，提高跑的强度和加大训练密度、高级训练阶段的基本要求如下：

在技术训练中，主要任务是尽可能地减少跨越障碍的速度损失，尤其是改进跳越水池技术。大强度和大量的技术课主要安排在准备期，改进技术的练习可以和其他手段组合起来进行。短段落跨越障碍的分段跑应在竞赛期安排，逐渐加长分段跑的距离。

技术训练应与身体训练同步进行。在准备期和竞赛期都要安排。技术训练不仅限于跨越障碍这个主要手段，还应配合采用发展柔韧性、弹跳力和协调性的综合性的专门练习。

培养运动员的战术意识。

在训练中结合运动员的特点，形成自己的技术风格。

在竞赛期应当经常参加比赛或进行检查性测验。

教练员必须掌握有关运动员身体状态的信息。要经常进行例行的和阶段的检查，还要由教练员、医生和科研人员共同分析检查结果，及时调控训练。

三、跳跃类项目实践

（一）跳高运动实践

1. 跳高运动的基本技术

在跳高运动100多年的发展历史中，共出现了跨越式、剪式、滚式、俯卧式和背越式5种姿势。

下面主要介绍一下跨越式、俯卧式和背越式跳高技术。

①跨越式跳高技术

跨越式跳高是最简单的一种跳高方法，是最适合初练者的锻炼方法。这种方法的身体重心处于比较高的部位，练习者要从横杆上跨过去的，所以这种方法也是跳高过杆姿势中效果较差的一种，但它简单易学，对身体素质要求不高，因此初学者多采用它。此外，也可以用这种练习方法来改进和巩固起跳技术或当作学习其他跳高姿势的过渡方法。

助跑技术

助跑的目的是获得一定的水平速度，为迅速、有力地起跳和顺利过杆创造有利的条件。助跑速度的大小，取决于个体身体素质和掌握技术的水平，以保证最为有效地完成起跳动作和取得最大腾空高度为原则。

助跑的基本技术

助跑的角度一般为30°～60°，用离横杆远的腿起跳，起跳点与横杆投影线的距离为60～80厘米。助跑距离一般采用6～8步，助跑沿直线进行。

助跑可以采用站立式或行进中开始助跑的方法。助跑的前三四步要轻松、自然、富有弹性，然后逐渐加速，上体应适当前倾，步幅逐渐加大，节奏感强。助跑的后三四步速度最快，节奏也更快。最后两步时，上体要保持正直，起跳腿屈膝前摆，以髋带动大腿积极前迈，随后小腿前伸，两臂经体侧后引，准备起跳。

助跑步点的计算一般用走步法计算：走步的步数是助跑步数的二倍减二。例如，助跑6步，则6×2-2=10，即从起跳点沿助跑路线向相反方向走10个自然步，第10步落脚点即作为助跑的起点。助跑步点的测定应经过反复调整和修正。

起跳技术

起跳技术是跳跃类运动的重要技术之一，起跳技术的好坏，直接关系到跳起的高度与远度。在跳远运动锻炼中，助跑到最后一步时，起跳腿以大腿带动小腿迅速向前伸出，以脚跟领先落地，并迅速过渡到全脚掌落地。由于髋部的积极前送和小腿的前伸，起跳腿的髋、膝、踝三关节成一直线，使身体形成踝、膝超髋超肩的后倾姿势，两臂留在身体的侧后方。接着，在摆动腿用力蹬伸和助跑水平速度的推动下，身体重心迅速前移，上体及时跟上，起跳腿屈膝缓冲。当身体重心移至起跳点的上方时，起跳腿迅速蹬伸起跳。摆动腿以膝带动大腿迅速前摆，至起跳腿膝部高度后，向前上方迅速勾脚尖直腿摆起，提腰、提肩。同时，两臂也积极配合摆动腿用力上摆，使身体向上腾起。因此，起跳技术的关键在放好起跳脚，整个起跳动作要快速、柔和和富有弹性。

过杆和落地的技术

起跳腾空后，身体仍应继续保持向上腾起的姿势。当摆动腿过杆时，上体前倾，脚尖内转下压。摆动腿过杆后，继续内转下压，同时起跳腿外旋上提，膝关节靠近胸部，小腿自然上摆与横杆平行。接着，上体开始抬起，摆动腿同侧肩也随着摆动腿的内转下压动作而向起跳腿方向扭转，两臂也向上抬起。这时，身体是沿着纵轴旋转，以使上体和臀部能迅速过杆。

起跳腿随着摆动腿的下压而抬高并绕过横杆后，摆动腿和起跳腿依次落入沙坑或海绵包、垫子上，并做屈膝缓冲。在两腿跨越横杆时，两臂下垂；起跳腿越过横杆后，两臂应上举，维持好身体的平衡。

在跨越式跳高技术学习时，重点应放在起跳技术上，要注意助跑与起跳相结合。

②俯卧式跳高技术

俯卧式跳高技术是指以俯卧的姿势越过横杆。其技术难度高于跨越式，对身体素质要求较高。

助跑技术

俯卧式跳高的助跑技术要求如下：

俯卧式跳高一般用直线助跑方法，通常跑6~8步，助跑的路线是斜对横杆，约45°左右。俯卧式跳高是用靠近横杆的腿起跳，助跑的方向是随练习者的起跳腿而定。

俯卧式跳高的助跑要求平稳、轻快自如。助跑时平稳，并逐渐加速，最后几步身体重心稍降低，助跑达到最大速度。这样有利于最后发挥速度，有利于将水平速度转化为垂直起跳的速度，获得较好的起跳效果。

俯卧式助跑步点的丈量有两种方法：一种是从起跳开始朝助跑的反方向跑，步数由自己定，然后再向横杆方向跑，看是否踏上起跳点，反复练习若干次就可以确定助跑步点了；另一种方法是采用走步方法丈量，方法同跨越式跳高。

起跳技术

起跳时，摆动腿已经被压紧，膝关节弯曲较大，储备着较大的势能。此时，起跳腿以髋带动大腿向前迈出，小腿前伸以足跟先着地，滚动到全脚支撑；摆动腿像被拉紧的弓，以髋部带动大腿向前向上摆动，完成起跳动作的摆动；与此同时，起跳腿与摆动腿的动作相配合，完成起跳腿的蹬伸动作，实现了俯卧式跳高的完整起跳动作。俯卧式跳高的起跳技术要注意以下几点：

助跑时应稍降重心，防止身体重心起伏过大，并保证起跳时便于起跳腿蹬伸。

起跳动作（指起跳腿的蹬伸与摆动腿的摆动）应为起跳腾空的沿纵轴（身体的垂直轴）旋转创造预先动力条件。

起跳时避免整个身体扑向横杆，即不要过早地"趴杆"。

过杆与落地的技术

腾空动作完成后，身体随着腾起后迅速向上升起。此时摆动腿前伸并内旋，整个身体俯卧在横杆之上；起跳腿则顺起跳蹬伸的力量收小腿与大腿靠拢，随之摆动腿继续前伸内旋，头与肩向下潜，同时起跳腿向外伸展，使身体顺势离开横杆。

俯卧式跳高的落地方式有两种：一种是以摆动腿与同侧手先着地；另一种是以身体的背部着地。无论采用哪种方式，都要注意缓冲动作，避免过大的身体震荡。采用先以背部着地的方式，最好是在海绵垫上做。在沙坑里落地最好采用手、腿同时着地的方式。

③背越式跳高技术

背越式跳高技术首次正式使用是在1968年的墨西哥奥运会上，当迪克·福斯贝里采用"背越式"的跳高技术而取得金牌时，新的跳高技术就此诞生了。这种独特的跳高姿势使观众观看比赛时增添了一种美感。后来这种过杆技术逐渐被世人接受并普及，时至今日，在田径大赛中，跳高练习者大都采用这种过杆技术。

助跑技术

背越式跳高的助跑技术要求如下：

背越式跳高的助跑是弧线助跑，弧线助跑的弧度应由小到大，前段助跑比较平直，便于发挥速度，后段助跑的弧度较大，便于起跳。全程助跑应是逐渐加速的，并且有较强的节奏感。整个助跑过程一般用8~12步完成，可以分为两段，以后段助跑尤为重要，通常跑4~6步。

背越式跳高助跑的方式具有身的特点，前段的直线助跑基本上采用普通的加速跑，转入弧线跑时，身体应向圆心方向倾斜，类似于弯道跑技术，重心不应起伏太大。此时，注意大腿高抬，以膝领先并带动摆动腿同侧髋积极向前迈步。最后一段的弧线助跑对起跳效果至关重要，不仅体现助跑的加速性，还要体现节奏感，整个助跑过程要用前脚掌着地并富有弹性，这种助跑的方式便于背越式跳高的起跳。

弧线助跑的步点及助跑路线，通常采用比较简便的"走步丈量"法确定。首先确定起跳点，然后从起跳点朝助跑一侧的方向，沿横杆平行地向前自然走4步；然后向助跑的起点方向，即垂直于横杆的方向走6步，画一个标记，这个标记就是直线与弧线助跑的交界点。从这个标志点再继续向前走7步，画一个标记，即助跑的起跑点。最后，从直弧交界点到起跳点画一个弧度不太大的弧线，与前面的直线助跑相连。助跑线画好后，要经过反复练习才能最后确定。

为了使助跑与起跳紧密地衔接起来，应特别强调保持倒数第二步跑进的积极性和发挥摆动腿在推动身体重心快速前移过程中的积极作用。助跑与起跳的衔接技术至关重要，它起着承上启下的作用，对正确地完成起跳动作，提高跳跃效果具有直接影响。

起跳技术

起跳的任务是通过一系列的起跳动作，使身体获得最大的垂直速度和适宜的起跳角度，使身体顺利地越过横杆。一般情况下，背越式跳高的起跳点距离横杆的垂直面约60~100厘米。起跳动作是通过弯曲着的起跳腿蹬伸和摆动腿的屈腿摆动同时作用来实现的，这个过程是起跳腿由弯曲开始蹬伸，与此同时，摆动腿屈膝向前上方摆动，以髋发力带动摆动大腿，摆动腿小腿顺惯性与大腿折叠（形成屈腿摆动），当膝部摆至水平部位时应立即制动，但仍随惯性上摆，带动同侧髋上摆。与起跳腿、摆动腿相协同的两臂与肩部也需要完成一系列动作。要求肩上提，两臂同时或采用单臂交叉的动作向横杆后上方摆出，帮助整个身体向上腾越，并且为整个身体沿额状轴旋转创造前提条件。

此外，由于背越式跳高技术的空中动作是背向横杆，这种特定姿势要求练习者的身体充分伸展拉长背部、腰部的肌群。因此，在做起跳动作时应注意起跳腿充分蹬伸、提肩、提髋。

过杆与落地的技术

在将要过杆时，借助起跳腿蹬伸和摆动腿的力量，使身体处于背向横杆的腾越姿势。当肩向上腾越，超过横杆时，仰头、倒肩，顺惯性沿横杆腾越，整个身体呈反弓形。待髋部超越横杆后，收腹含胸，以髋发力带动大腿向上，并且小腿甩动使整个身体超离横杆，顺势以背部落在海绵垫上。

由于背越式跳高是由背部落地，因此，落地处应设有海绵垫、气垫、橡皮网或松软的草堆等，以防落地时练习者发生运动损伤。

2. 跳高运动的训练

①跳高技术的阶段性训练基础训练阶段

基础训练阶段的任务以全面性的训练促进发育和增强体质为主，在全面提高身体素质时要以发展速度为中心，同时发展速度耐力、协调、柔韧等素质。基础训练阶段可采用多项技术手段的练习内容，学习、掌握各种运动技能，多方面提高身体素质、跳高运动能力。

在基础训练阶段，一般有如下要求：

素质训练强调速度、快速跳跃能力和协调灵敏性的发展。速度对跳高练习者来说非常重要，而此阶段是发展速度素质的最佳阶段；把训练安排得生动活泼一些，最好把练习方法和手段编排在一起，进行组合训练，并带有游戏性，这可使训练达到理想的效果；训练手段应多样化，要注重增加运动技能储备，为后继训练打好基础；训练负荷基本不超过大纲所规定的负荷量和负荷强度要求，结合自身的身体素质和运动能力安排运动训练。

专项训练初级阶段

此阶段主要任务是在身体素质全面提高的前提下，进一步发展专项素质，继续提高速度、速度力量、协调、柔韧等素质，进一步提高跳高基本技术，特别是弧线助跑与起跳结合技术。在训练中要重视练习者技术训练，通过大量的技术专门练习和完整技术训练，使练习者的跳高技术日趋合理、完善，逐渐形成个人技术风格。

专项训练初级阶段的要求如下：

专项素质训练的成分要逐渐加大，并逐步发展，使身体不断产生适应性；在此阶段，要多参加各种类型的专项活动，增强比赛意识，逐步积累经验，提高心理素质，使运动成绩逐年提高。

专项训练提高阶段

专项训练提高阶段的任务是加大专项身体训练的比重，手段选择上要符合跳高技术特点。还要注意加大训练强度和增加完整技术练习，以巩固技术动作。此阶段是完善跳高技术，提高专项技能和训练水平的重要训练阶段。这一阶段的另一个重要任务就是提高心理适应能力和调整能力，增强身的心理稳定性。

专项训练提高阶段的要求有以下几方面：

逐步加大专项素质训练的比重，提高专项素质训练水平，逐步增加训练的强度；注重通过训练，培养健身意识，提高心理素质。

专项训练高级阶段

专项训练高级阶段的主要任务是在保持全面身体训练水平的基础上，使专项身体训练水平达到最高水平，并继续完善技术，形成个人的技术风格，充分发挥自己的潜力。

专项训练高级阶段的要求如下：

训练中所选择的方法与手段都要为大强度训练服务，在素质与技术的协调发展中，提高训练水平；保持一般与专门身体训练，不可忽视基本技术训练，而且基本技术要经常练，这可以保持竞技能力，也可以进一步完善与熟练技术；恢复性训练要成为练习者训练过程中一个重要步骤，采用合理的恢复手段来加速消除锻炼者体力和心理上的疲劳，使机体活动能力得到恢复和提高。

②跳高技术的专项训练

跳高项目要求快速助跑、快速起跳和快速过杆，属于快速力量、动作幅度和动作速度的结合。锻炼者只有掌握正确、合理的跳高技术，才能充分发挥出身体素质的潜力，取得优异的跳高成绩。在跳高技术训练中，不仅要严格规范，还要考虑练习者的个人特点，要注意培养和形成具有个人特点的技术风格。跳高技术的专项训练主要有以下几部分：

助跑技术训练

助跑技术训练主要分为以下几方面：

弧线跑训练。弧线跑时身体内倾技术是训练的重要环节。通常采用弯道跑练习，由直道进入弯道跑练习以及各种半径的转圈跑和弧线跑等。

快速助跑节奏性的训练。助跑的速度与节奏是跳高技术的核心，也是技术训练的重点。一般在全程过杆技术练习中强调加速，通过助跑后8步计时来提高助跑速度，也有专门练快速助跑或助跑起跳、不过杆的训练，还可以采用中程助跑跳远或助跑摸高等手段来训练助跑节奏，要根据具体情况创造性地选择训练手段。

准确性、稳定性的训练。助跑的准确性与稳定性对跳高成绩影响很大。为了准确地踏上起跳点，训练前可先画好助跑线，甚至每一步都做好标记进行练习。要达到高度准确性和稳定性，只有系统而长期地重复训练，达到高度自动化，形成正确的动力定型。

起跳技术训练

起跳技术的训练要注意以下几点：

助跑节奏与起跳节奏一致性的训练。要使助跑速度充分发挥，这就要求助跑与起跳节奏的连贯与一致。假如助跑快、起跳慢就会跳不起来，但绝不能降低助跑速度以适应起跳节奏，而是加快起跳速度以适应快速助跑。助跑节奏与起跳节奏一致性的练习方法很多，常用的有助跑触高、助跑跳上高架、助跑起跳过栏架以及中、全程助跑跳皮筋。

起跳时蹬摆腿、臂配合协调性的训练。起跳时充分发挥摆动的作用，使蹬与摆更加协调，用力更加集中，将会大大提高起跳效果。平时训练中大量做各种起跳练习时一定要注意发挥摆腿和摆臂的作用，有时需专门做大量的摆腿和摆臂等专门练习以提高摆动能力。

最后控制腾起方向的训练。起跳垂直向上对于达到理想的起跳效果非常重要。为了控制腾起方向，在垂直蹬地的同时，要求摆腿积极向上，两臂充分高摆，使整个身体呈圆柱体垂直向上腾起。主要练习手段有助跑手、头触高，助跑起跳抓高杠，助跑跳上高架等。

过杆技术的训练

过杆技术训练可分为原地过杆技术训练和全程跑过杆技术训练。

原地过杆技术训练。原地过杆技术是专门针对过杆动作的练习，以背越式跳高为例，原地背越过杆训练，可站在高台上背对海绵包起跳越过横杆，以体会空中挺髋、展体、过杆等肌肉感觉。为了较好地掌握背弓、挺髋动作，经常做挺髋、垫上仰卧成桥，后手翻以及后空翻等训练。中程助跑跳上万能架也是掌握背越过杆技术的有效练习。

全程助跑过杆技术训练。全程过杆训练应和短程过杆训练结合起来进行，同时适当安排助跑摸高、助跑跳上高架等，不断增加专项能力，完善跳高技术。在掌握正确技术的条件下，必须不断提高过杆练习的强度，才能巩固正确的技术，有效地提高训练水平。

完整训练

跳高完整技术练习是任何练习都代替不了的练习，只有完整技术练习才能真正地体现专项训练水平，提高竞技状态，为取得成绩创造有利的条件。可采用全程助跑摸高练习、全程助跑起跳坐高垫练习、全程助跑过杆等练习。

③跳高技术训练的注意问题

根据训练对象的实际情况，抓好技术训练，注重基础技术训练和专项技术训练的结合。对于少年儿童应抓好基本技术训练，使他们从小开始就有计划、有步骤地学习和掌握正确的技术动作，在身体全面发展的基础上，形成一定的专项运动的基础。对有一定训练水平的锻炼者，应确定某个训练年度或某个训练阶段需要解决的专项技术问题，使技术训练有一个明确的重点。

根据训练对象的个人特点，安排运动量和锻炼内容，还必须注意形成自己的技术风格。

在各个阶段的训练中，技术训练都应占有较大的比重。只有技术与体能同时发展，人体的运动能力才会从根本上得到提升，健身的效果也更加地明显。

（二）跳远运动实践

1.跳远运动的基本技术

跳远技术比较简单，人们容易掌握，但要跳得很远，取得优异成绩就不是很容易的事了，它不但需要良好的速度和弹跳力，还需要有很好的协调和平衡能力。跳远最终目的是要通过自身的能力，运用助跑和起跳，把整个身体"抛射"到最远的水平距离，并且要平稳地落在所规定的沙坑里。这就必须掌握正确的技术，完成一系列的技术要求。

跳远技术有蹲踞式跳远、挺身式跳远和走步式跳远三种技术。同其他跳跃运动一样，跳远也必须由助跑、起跳、腾空与落地几个技术环节组成。

①助跑技术

跳远的助跑速度与跳远成绩密切相关。跳远助跑的任务就是获得最高的助跑速度，并为准确踏板和快而有力的起跳做好技术、身体和心理上的准备。

起动姿势。助跑的起动姿势直接影响助跑的稳定性与准确性。助跑的起动姿势有两种：一种是从静止状态开始，一般采用两腿微曲、两足左右平行站立的"半蹲式"，或两腿前后分立的"站立式"起动姿势；另一种是走几步或走跳步结合踩上第一个标志点，行进间开始的起动。前种方法，有利于提高助跑的准确性；后种助跑则比较自然，动作比较放松。

助跑距离。跳远助跑距离的长短，应以保证助跑任务的顺利完成为依据，还应根据比赛时外界条件的变化及练习者身的情况进行相应的调整。助跑过长或过短，都不利于助跑速度的发挥与利用，都会影响起跳的效果。一般来说，练习者的加速能力和加速方式是决定助跑距离长短的主要因素。一般来讲，30米和100米跑的成绩，可作为确定练习者助跑距离的指标之一。

加速方式。助跑的加速方式有两种：一种是积极加速方式；一种是逐渐加速方式，其特点是助跑开始几步的步长较短，步频较快，上体前倾也较大。积极加速方式是从助跑一开始就跑得很积极，步频始终保持在较高水平上，这种加速方式能较早地摆脱静止状态，并获得较高的助跑速度，但因助跑动作紧张，起跳的准确性差，这种助跑方式适合于绝对速度较快、准确性较好的练习者。逐渐加速方式一般是在加大步长或保持步长的基础上提高步频。这种加速时间较长，加速过程比较均匀平稳。因此，跑的动作比较轻松、自然，起跳的准确性较好，每次试跳成绩也较稳定。无论何种加速方式，都必须在助跑最后的4~6步达到本人的最高助跑速度。助跑最后10米能否达到和保持最高跑速进入起跳是助跑技术的关键，与跳远成绩也有密切的关系。

助跑的节奏性。助跑的节奏主要是指跳远练习者发挥最高速度、利用最高速度、快速合理地进入起跳的方式与方法。跳跃中助跑速度的增加应与练习者的起跳力量成正比。苏联波波夫的试验测试表明，助跑速度每增加0.2米/秒或起跳扇形角每增加10°，都要求练习者增加2%的起跳力量。倘若起跳力量的发展不能适应助跑速度的要求，就会影响起跳效果，因达不到必需的腾起角度而影响跳远成绩。

起跳前的助跑。起跳前的助跑是指助跑的最后几步。最后几步助跑是整个助跑技术的关键，一般指助跑最后的6～8步。在最后几步助跑中，既要保持高速度，又要做好起跳准备，难度较大。最后几步的助跑技术，主要表现为两种技术特征：一种是最后几步的步长相对缩短，步频明显加快，形成一种快速进入起跳的助跑技术节奏；另一种是在步长相对稳定的情况下，加快步频，形成快速上板的助跑技术特征，这种助跑技术有利于保持和发挥最高助跑速度，最后几步呈加速状态，使助跑与起跳的衔接更加紧密。一般来说，在完成最后几步助跑技术时，应注意下面几点：

第一，注意保持较高的身体重心，而不强调起跳前的身体重心下降。

第二，注意保持跑的动作结构，保持高速度，而不要过多地强调起跳前的准备动作。

第三，起跳前的准备在相当大的程度上是做好心理和神经系统方面的准备，不应在动作形式上出现显著变化。

第四，注意强调后几步的动作节奏。一般最后3步步长的比例为中、大、小（倒数第三步中等；倒数第二步大；倒数第一步小）。

第五，最后几步助跑，往往和练习者的心理有很大关系。因此，在教学训练中，特别是对初学者，建立正确的跳跃心理定向，有助于最后几步助跑速度的发挥，有助于助跑与起跳的紧密结合。

助跑标志的设定。正确设置助跑标志，是为了稳定步长，形成良好的助跑节奏，提高准确踏板的信心，而不是作为助跑时调整自己步长的标志，否则会影响助跑速度的充分发挥和造成助跑节奏的紊乱，从而影响跳远成绩。对初学者和年轻练习者，利用助跑中的标志训练助跑速度、节奏和准确性是有好处的。一般设有两个标志，第一标志和第二标志。第一标志设在起跑线上，第二标志设在距起跳板6～8步处。标志应明显可辨，但又不致分散练习者的注意力，否则容易破坏助跑的连贯性，导致助跑速度下降。第二标志主要是用来检查助跑的准确性，提示后几步的加速节奏。需注意的是，在实践中不应为了适应助跑标志而破坏自己快速助跑的节奏，而随着练习者不同训练时期素质和技术的变化，标志也应相应地变动。

②起跳技术

起跳是所有跳类项目最关键的技术环节。助跑与起跳的结合，起跳腿的蹬伸与摆动腿的摆动，两腿之间的蹬摆配合，又是跳远起跳技术的关键所在。起跳技术，可划分为以下三个技术阶段：

起跳脚上板技术

助跑最后一步，随着摆动腿的着地，起跳脚就准备上板，这时由于速度很快，下肢的运动速度略比躯干快些，因此上体基本保持直立或稍有后仰。两臂在体侧前后摆动，起跳脚是用全脚掌踏板，摆动腿屈腿前摆。

在踏板的瞬间，起跳腿是前伸的，与地面形成一个约65°～70°的夹角，起跳脚与身体重心投影点之间也有距离，大约30～40厘米，身体重心在支撑点的后面。这种势态形成了一定的"制动"，便于使水平速度向垂直速度转换，也便于使身体向腾空状态转换。但应注意，起跳脚前伸过大，身体重心距起跳脚支撑点过远，会影响起跳效果。

起跳腿的支撑缓冲技术

起跳脚踏板以后，身体随快速助跑的向前惯性及身体重力作用，迫使起跳腿的髋、膝、踝关节被动弯曲，起跳脚用全脚掌支撑既可保持身体的平衡和稳定，又可以抗御这种压力。此时，整个身体也由原来的直立或稍后仰变为稍前倾，摆动腿也随着向前运动的惯性，大小腿折叠后向起跳腿靠拢，这种姿势为最后起跳、蹬摆做好了准备。

起跳的蹬摆配合技术

起跳腿在踏上起跳板的瞬间，身体始终是随惯性向前运动着的。当身体重心移到起跳脚支撑点上方时，起跳腿应及时蹬伸，充分伸展髋、膝、踝三关节，与此同时，摆动腿以膝领先，屈腿向前上方摆动，摆到大腿呈水平部位，两臂配合两腿在体侧摆动，躯干伸展，头向前上方顶出，完成起跳的蹬、摆配合动作，这时起跳腿与地面约呈70°～80°的夹角。在完成蹬摆配合的起跳动作时，四肢的协调配合，对身体获得适宜的腾起高度、维持身体平衡，以及对加快起跳速度起着决定作用。

③腾空技术

跳远腾空阶段的任务是维持身体平衡，为合理、完善的落地动作创造有利的条件。跳远有三种腾空姿势，即蹲踞式、挺身式和走步式。

蹲踞式

蹲踞式腾空技术是一种最简单、最自然的跳远空中动作，初学跳远的人适合采用这种姿势。蹲踞式跳远时，练习者在空中保持腾空步的时间比较长。摆动腿抬得较高，膝关节的曲度较大，两大腿之间的夹角也较大。腾空步后，起跳腿向摆动腿靠拢，然后两腿一起上举，使膝接近胸部。此时，躯干不应过分向前，在距落地点0.5米处时，双腿几乎完全伸直，两臂继续向前下划，这种补偿动作有助于在落地前更好地前伸小腿和保持稳定性。

蹲踞式最大的不足之处是起跳后向前旋转的力矩较大，由于屈腿和上体前倾，下肢靠近身体重心，旋转半径减小，增加了角速度和旋转力矩，易产生前旋，迫使腿过早下放。因此，蹲踞式跳远时，要特别强调上体与头部保持正直姿势，以维持身体的平衡。

挺身式

挺身式跳远的空中姿势比较舒展，保持腾空步时间较蹲踞式稍短。当起跳呈腾空步之后，处在体前的摆动腿伸展弯曲的膝关节，摆动腿小腿随之向前、向下、向后呈弧形划动，两臂也随之向下、向后再向前大幅度地划动；与此同时，处在身体后面的起跳腿与正在向后划动的摆动腿靠拢、挺身、展髋、头稍后仰，充分拉开躯干前面的肌肉，整个身体展开成充分的挺身姿势。

挺身式的腾空技术能使身体充分伸展，由于躯干前面肌肉充分拉开，为落地前的收腹举腿和小腿的充分前伸做了很好的准备，为取得较好成绩创造了条件。挺身式跳远空中动作的难度在于维持身体平衡，因此要经常训练身体的协调和维持平衡的能力。

走步式

走步式跳远就是在腾空阶段完成走步的动作，与上述两种空中姿势相比，难度较大。当起跳动作完成后，身体呈现"腾空步"，处在身体前方的摆动腿成以髋为轴，用大腿带动小腿向下、向后方摆动，同时处在身体后方的起跳腿则以髋关节为轴，大腿向上抬摆，并且屈膝带动小腿前伸，完成两条腿在空中的交换动作。两臂也要配合两腿的换步进行绕环，起到维持身体平衡的作用。

当完成空中换步之后，摆动腿仍需要从体后屈膝前摆，与处在体前的起跳腿并拢，再在空中走半步。所以，整个过程是两腿在空中进行两步半的走步。要在空中完成如此复杂的动作，就需要有较强的协调能力和维持身体平衡的能力，两腿的空中换步必须有两臂的相向运动配合，因此，两臂在空中大幅度地绕环与两腿相配合是十分重要的。

④落地技术

落地阶段技术动作的任务是充分利用身体重心腾起的高度，创造尽可能远的距离，防止伤害事故的发生。

落地前，上体不要过于前倾，大腿要向前提举，膝关节主动向胸部靠拢，小腿前伸，尽可能加大着地点和身体重心投影点之间的距离。落地时，膝关节伸直，脚尖勾起，两臂后摆，当脚面接触地面后，前脚掌迅速下压，两腿迅速屈膝，两臂积极前摆，保持身体重心迅速移过前点，避免后倒。

落地方法主要有两种：折叠式和滑坐式。折叠式落地法是练习者在腾空阶段经过最高点后，开始将两腿向上、向前伸出，上体向下折叠，两臂从上面向前并在落地前向后快摆。跳蹲踞式和挺身式的练习者多采用这种方法。滑坐式落地法，在腾空最高点就开始做折叠动作。及早做折叠动作，不影响和改变腾空路线，到最后把腿及骨盆前移，上体稍后仰，落地时好像坐着，故称滑坐式。

2.跳远运动的训练

①跳远技术的阶段性训练基础训练阶段

此阶段的任务有两方面：其一，是全面提高身体素质，着重发展速度、快速力量素质和灵敏协调性；其二，学习田径运动各种基本技术和技能，掌握正确的技术动作，包括跑的技术和各种跳跃技术，形成正确的跳远技术。

基础训练阶段的基本要求如下：

训练负荷基本不超过大纲所规定的负荷量和负荷强度要求，以身体素质为主要依据，训练手段要多样化，综合运用各种锻炼手段与方法。

参加各种形式的田径活动，提高练习者训练的兴趣和积极性，促进全面发展。

专项训练初级阶段

此阶段的主要任务是在全面身体素质提高的前提下，进一步发展专项技术素质，突出速度和快速跳跃能力。这一时期是掌握正确技术动作、形成个人特点与技术风格的主要时期。在这一阶段应着重提高练习者对跳远动作结构和动作节奏变化的适应能力和准确完成动作的能力。

专项训练初级阶段的基本要求如下：

在这一阶段，要逐渐加大专项素质训练成分，根据自身身体素质增强的程度，不断加大训练负荷，强化身体素质的发展；这一时期，除了继续进行全面身体训练外，应发展和提高专项素质。专项素质训练要以发展速度为核心，同时注意提高快速力量及专项弹跳能力；加强跳远健身意识，有目的地积极参加不同规模、形式的田径活动，在活动中积累经验，提高心理素质。

专项训练提高阶段

此阶段的主要任务是以专项技术训练为主。技术训练要以完整技术练习为主，结合个人的特点与技术风格深挖潜力，使专项运动素质不断提高，并逐步形成自己的技术风格和运动特点。在进行身体训练与专项技术训练时，应根据练习者本身的具体情况，区别对待。另外，训练的负荷和强度要明显增长。

专项训练提高阶段的基本要求如下：

加大专项素质训练的比重，并不断强化基本技术，实现技术与身体素质的协同发展；加大全程技术训练的比重，使练习者在较大强度练习中提高技术的稳定性，特别是踏跳的准确性。

专项训练高级阶段

此阶段的主要任务是在专项身体素质达到最高水平的同时，技术训练应基本形成个人的技术风格。此阶段必须特别重视训练量，保持良好的准备状态，以先进的科学技术为依据，充分发挥和最大限度地挖掘运动潜力。加强心理训练和恢复训练，突出专项练习强度。

专项训练高级阶段的基本要求如下：

训练突出强度要求，在素质与技术的协调发展中，提高训练水平；在身体素质发展的基础上，使专项素质尤其是速度、力量素质达到更高水平。训练负荷和强度应接近或达到最高值，最大限度地发挥练习者的运动能力。

②跳远技术的专项训练

在跳远技术的专项训练中，技术训练应以完整技术训练为主，分解训练为辅。另外，技术训练应安排在练习者体力状态相对较好的情况下进行，技术训练目的要明确。跳远技术的专项技术一般包括以下内容：

助跑技术训练

练习节奏的加速跑，跑动距离通常为60～80米，在跑动过程中要逐渐加速，到最后20米，步长和步频都要加到最大限度，主要体会助跑最后阶段在保持步长的情况下加快节奏的技术感觉。要求练习者动作放松，节奏快，但不能明显缩短步长。

变节奏跑，跑的距离为80～100米，逐渐加速加快节奏，当节奏达到最快时，放松跑10～20米，然后再将节奏加到最快。这个练习主要发展练习者在助跑最后阶段积极加快节奏的能力，每次跑可重复2～3次节奏变换。

练习步长的加速跑，跑动距离为60～80米，从站立式开始逐渐加速，争取每一次跑过终点时都以同一只脚落在前后误差不超过10厘米的地方。这个练习主要发展练习者步长和加速的稳定性，这是提高跳远练习者助跑稳定性和准确性的关键，此练习可与上一练习结合进行。

全程助跑，这是助跑练习中最基本的手段，需要反复多次进行大量的练习，使练习者逐渐体会、掌握助跑的节奏、步长、步频的变化以及身体前倾角度的变化、速度的变化等，从而最终掌握积极快速、稳定、准确的助跑技术。

间隔跑，根据练习者不同的步长情况，在跑道上用适当的材料放20~25个标记（40~55米），标记间的距离要适当，并逐渐加大，最后6~8个要逐渐略微缩短。此练习主要训练练习者的助跑节奏。

下坡跑接平地跑，利用2°~3°的坡度（15~20米），练习者可以较容易地达到较高跑速和较快的节奏，到平地后努力继续保持速度和节奏再跑10~20米，主要发展练习者快节奏攻板起跳的能力。

此外，还可以利用跑的专门练习、跨栏练习等来练习助跑节奏。当然，全程、半程及短程助跑的跳远练习也同时在练习助跑。

起跳技术训练

一、三、五步助跑连续起跳练习，在草地或比较有弹性的地面上进行。练习者每跑一步、三步或者五步进行一次起跳，连续进行5~8次。这一练习主要用于帮助练习者掌握正确的起跳放脚、蹬摆配合、全身用力协调一致等动作。要求起跳脚放脚积极，摆动腿大幅度快速摆动，双臂动作与起跳腿蹬伸及摆动腿的摆动协调配合。

短程助跑起跳越过障碍练习，练习者采用4~6步助跑，起跳后保持腾空步姿势越过高度为50~70厘米的障碍。障碍位于距起跳点3米左右的地方，也可以将助跑延长8~10步。

短程助跑起跳腿落在高台上的练习，练习者助跑4~6步，起跳后用摆动腿落在距起跳点2.5~3米、高度为50~70厘米的高台上。要求练习者摆动腿积极、快速、大幅度摆动并保持腾空步姿势，直到落到台上。

负重起跳的练习，练习者采用4~10步助跑进行起跳。负荷重量应较轻，一般为1~5千克（使用沙衣或沙腰带）。此练习的目的主要是加大起跳难度，提高起跳力量，要注意完成技术动作的正确性，如果技术动作因负荷量太大而受影响则要降低重量。

短程助跑起跳用头或手触高的练习，练习者采用4~6步助跑，起跳后用手或头触高悬物。高悬物的高度为2.20米（用头触）至2.80米（用手触），距起跳点3米左右。要求练习者在充分完成起跳的基础上，在腾空步过程中保持上体正直并充分伸展上体主要目的是使练习者体会起跳时挺胸收腹、提肩、顶头的动作，促进起跳时身体各部分的协调配合和集中用力的动作，加大起跳力量，以获得更大的腾起高度。

模仿起跳练习，练习者在走动中模仿起跳腿的踏板动作以及摆动腿的摆动、双臂摆动、髋关节快速前移等动作，主要目的是帮助练习者形成正确技术概念和体会动作感觉。

短、中、全程助跑结合起跳的练习，练习者采用不同距离的助跑进行起跳，重点练习助跑与起跳的平稳结合及在不同水平速度下正确完成起跳动作的能力。

腾空技术训练

腾空步技术，腾空步是任何腾空姿势的开始部分，它不仅对腾空技术动作的好坏有较大的影响，而且对起跳质量也有影响，因此绝不可忽视它的重要性。腾空步技术可结合起跳动作进行训练，也可以在完整技术中注意改进。

腾空动作模仿练习，空中动作的关键，一是动作时机要准确，二是全身要协调配合。采用原地、走动中、支撑或悬垂的腾空动作模仿练习，有助于练习者体会动作顺序和过程，以及动作的节奏和各部分的配合等，从而形成正确的技术概念，促进掌握动作的速度。

短、中、全程助跑的完整技术练习，方法同起跳技术的练习，练习重点放在腾空技术的改进和训练上。

用弹板起跳练习腾空技术，采用短、中程助跑在弹板上起跳的方法，可以延长腾空时间，加大腾空高度，从而有更多的时间来充分完成腾空技术动作。

分解腾空技术的训练，主要用于走步式腾空技术训练中，从腾空步做起，逐渐增加第一个空中交换步、第二个交换步，直至完整动作。这由走步式技术（尤其是三步半走步式技术）的复杂性决定的。

③跳远技术训练的注意问题

根据练习者的实际情况，抓好技术训练。对于少年儿童应抓好基本技术训练，使他们从小开始就有计划、有步骤地学习和掌握正确的技术动作；而对于有一定锻炼基础的练习者，应在基本技术发展的基础上，着重发展专项技术，以期专项运动能力的发展。

运动量和锻炼内容的确定要以身体素质为依据。儿童少年的技术训练应以基本技术为主，运动强度以中等强度为宜，在技术尚未成熟之前尽量不进行大强度的技术训练。而成人的健身锻炼也要有着一定计划，遵循体育锻炼的循序渐进和运动适量原则。

跳远运动的助跑技术训练，应在精力充沛的情况下进行。在训练中尽量保持正确的助跑技术和快速稳定的助跑节奏；要根据技术训练任务，正确采用不同距离的助跑。

在基本技术和专项技术发展的同时，要注意运动心理素质的培养与调整，培养良好的心理素质。

第二节　球类运动训练

一、球类运动基本知识

（一）什么是球类运动

球类运动是体育运动的一类，它是篮球、排球、足球、乒乓球、羽毛球、网球等运动项目的总称。球类运动是一项综合性体育运动，要求参加者不仅要具有良好的跑、跳、投等基本运动能力，而且要熟练掌握并运用各项球类的专门技术和战术。

（二）球类运动的特点

对于球类运动而言，通常会在以下几个方面表现出它的特点。

1. 球类运动的趣味性特点

所谓的球类运动，顾名思义，其练习活动的开展需要对"球"这一器材进行使用，因此，使得球类运动的趣味性与吸引力得到了增强。

2. 球类运动的观赏性特点

在球类运动的高水平比赛中，存在着激烈的、紧张的、异彩纷呈、高潮迭起的氛围。而人们关注的焦点不仅仅是球队的整体战略技术，还可以是球类运动员高水平的技能与技巧，所以，毫无疑问地说球类运动比赛的观赏能够给人带来艺术的享受与体验。

3. 球类运动的锻炼性特点

众所周知，生命的主要意义在于运动的开展。如果在球类运动参与的过程中，能够对科学的锻炼方法进行使用，不仅能够作为有效的途径，实现练习者身体素质的增强，还能够作为有效的方法，使练习者的身体健康得到促进。

4. 球类运动的广泛性特点

由于球类运动自身具有显著的特点存在，一直以来都受到人们的广泛追捧。伴随体育运动的不断发展，人们对于体育健身的思想观念逐渐加深了认识，同时，很多种类别的球类运动项目已经成为全球化的体育运动项目，例如，足球运动项目，被人们称作是世界第一运动。由于球类运动不限制参与者的年龄，即便是少年或者是老人都能够参与，所以，球类运动在人们生活中承担的任务也越来越重要。

二、球类运动中各个项目的科学化训练

（一）足球运动基本技术

1. 传球

（1）脚内侧踢球技术

足球运动项目的练习者在传球开始之前，应该进行直线型助跑，在最后一步的时候，跨步要大。当支撑脚跨步向前进行支撑的时候，练习者的脚掌应该同地面之间保持一定的距离，同时保证落地支撑的积极、快速。当练习者的支撑脚落地的时候，先落地的应该是脚后跟，通过滚动式向前到全脚掌支撑过渡。此外，练习者需要注意的是，应该适当弯曲支撑腿的膝关节，使身体重心的稳定得到保持。

（2）脚背内侧踢球技术

斜线助跑，助跑方向与出球方向约成45度角。助跑最后一步要大一些，一般应保持在本人跨一大步的距离较好。支撑脚落地时以脚跟及脚掌的外侧沿先着地，然后过渡到全脚掌。支撑脚脚尖指向出球方向，膝关节微屈支撑身体重心，上体略向支撑脚一侧倾斜并稍侧转体（支撑脚一侧的肩部稍向前，踢球脚一侧肩稍向后）。支撑脚与球的位置以支撑脚脚尖与球的前沿保持平齐较好，左右距离以支撑脚的内侧沿与球的外侧沿保持15～20cm较好（不同骨盆宽度的人可以适当调整支撑脚与球的左右距离，但一般不要超过25cm）。在支撑脚着地的同时踢球腿以髋关节为轴，大腿带动小腿由后向前摆动（大小腿折叠要紧），当踢球腿膝关节摆至球的内侧垂直上方时，小腿做爆发式前摆（大小腿突然打开），脚尖稍向外侧转，脚尖指向斜下方，脚背绷紧固定，以脚背内侧部位踢球的正中后部（踢高球时，可踢球的中下部）。踢球后身体重心随踢球腿的前摆向前移动。

（3）脚背正面踢球技术

直线助跑，最后一步要大一些，成跨步，支撑脚要积极跨步落地，以脚后跟先着地形成滚动式着地支撑。支撑脚的位置是左右距离为支撑脚的内侧沿与球的外侧沿距离在10～15cm之间，一般不应超过20cm。前后距离以支撑脚的脚尖与球的前沿保持平齐为好，过前过后都会影响踢球的效果。在支撑脚落地支撑的同时，踢球腿大腿带动小腿（大小腿折叠紧状态）由后向前摆，当膝关节摆到球的垂直上方前的瞬间，大腿制动减速而小腿爆发式突然加速前摆，以脚背正面部位触踢球的正中后部位。踢球后自然向前跟出保持身体重心的平稳。

（4）脚背外侧踢球技术

踢平直球时，助跑、支撑位置与姿势、踢球腿的摆动基本与脚背正面踢球动作相同。只是用脚背外侧触踢球。在踢球腿的膝关节摆到球的垂直上方前的瞬间，小腿做爆发式前摆，小腿前摆时，脚尖向内转并向下指（踝关节内收并旋内），脚背绷紧，脚趾扣紧，以脚背外侧部位触击球的正中后部。踢球后身体随球向前自然移动，保持身体平衡。

2. 接球

以脚背正面接空中球技术例。

支撑腿屈膝稳定支撑身体重心，支撑位置一般在球的侧后方适当位置。接球腿屈膝抬脚，踝关节保持适当紧张，以脚背正面正对来球，在球下落触到脚背的瞬间前接球，脚向下回撤将球在下撤过程中接在自己控制范围之内和下一个动作需要的位置上。并快速完成下一个连接动作。

另一种方法是接球脚基本不向上抬起，而是脚背向上勾起，踝关节保持中度紧张，在接近地面高度5～10cm处触球，通过球下落的冲击力将勾起的接球脚背砸下去从而缓冲了球的力量，将球接控在自己下一个动作需要的控制范围之内，并快速完成下一个连接动作。

3. 运球

（1）脚内侧运球技术

在足球运动的运球技术中，最慢的一种就是脚内侧运球。所谓的脚内侧运球，主要是指在需要练习者身体对球进行掩护的一些死角区域或者边线附近需要使用的足球运动项目运球方法。为了能够使对方队员不能抢走球，练习者应该通过侧身转体的姿势将对方的防守队员挤靠住。此外，一般来讲，"之"字形的路线是通过脚内侧来完成的。

在足球运动项目脚内侧运动的过程中，稍微向前跨出支撑脚，在球的前侧方踏住，弯曲膝关节，前倾上体，做出侧身运球的状态，即向运球脚的一侧转体，提起运球脚，在对球的后中部进行推拨的时候使用脚内侧部位。

（2）脚背内侧运球技术

足球运动项目练习者在跑动的过程中，需要自然放松自己的身体，做出小些的步幅，前倾上体，同时微微朝着运球的方向转动。练习者提起运球脚的时候，要稍微弯曲膝关节，提起脚跟，稍微向外转脚尖，在迈步向前的时候通过脚背内侧向前推拨球，在对方向进行改变的时候，常常会对脚背内侧运球技术进行使用，同时，通常来讲，运动的过程中经常会走出"之"字形路线。

（3）脚背正面运球技术

足球运动项目练习者在跑动的过程中，需要自然放松自己的身体，做出小些的步幅，前倾上体。当练习者提起运球脚的时候，要弯曲膝关节，提起脚后跟，稍微向下指脚尖，同时，在迈步向前的时候通过脚背正面部位对球的后中部向前推拨、足球运动项目的脚背正面运球技术的适用情况是：在快速跑动的过程中，由于前方存在较大纵深距离而必须要进行突破或者快速运球的时候。

（二）篮球运动基本技术

1. 移动

（1）起动

篮球运动项目开展过程中的起动，主要是指在球场中练习者的一种动作，即从静止状态向运动状态转变，同时，起动也能够作为一种方法，促进位移初速度的获得。

在篮球运动项目开展过程中，起动的动作要领在于在动作开始前降低重心，前倾上体，双手手臂的肘部弯曲，在体侧自然垂直，后脚或者异侧脚的前脚掌的蹬地动作要用力，伴随手臂快速摆动的动作进行起动。

起动中比较容易出现的错误是：没有及时地移动重心，后脚的前脚掌或者是异侧脚没有做出充分的蹬地动作，存在较大的步幅。

对阵篮球运动中起动常见的错误，纠正的有效方法是，蹬地时快速用力，尚未向前倾上体，突然的摆动手臂起动，最开始的两步或者散步应该快速且步幅小。

（2）跑

在篮球运动项目开展的过程中，跑作为一种脚步动作，目的在于争取时间促进攻守任务的完成。

（3）滑步

在篮球运动项目的防守移动中使用频率比较高的一种步法就是滑步。滑步对于练习者身体平衡的保持是非常有利的，能够移动向任何一个方向。对于滑步而言，一般可以将其分成三种类别，即前滑步、后滑步、侧滑步，其中侧滑步也就是横滑步。

（4）急停

急停是队员在运动中突然停止的一种脚步动作，分跳步急停和跨步急停两种。

1）跳步急停

在篮球运动项目的慢速移动与中速移动中，练习者的起跳可能会使用单脚，也可能会使用双脚，同时会稍微向后仰上体，两只脚要同时落向地面，同时，在双脚落地的时候保持两腿膝盖的弯曲状态，且双手手臂肘部弯曲向外张开，使身体保持平衡。

2）跨步急停

在篮球运动项目开展的过程中，如果快速移动的时候练习者需要急停，那么就需要跨一大步向前，后仰上体，后移重心，先着地的一定是要用脚跟，然后向全脚掌抵住地面过渡，快速地弯曲膝盖。之后就可以进行第二步了，当双脚落地以后，稍微向内转脚尖，通过脚前脚掌内侧做出蹬地动作，弯曲双腿的膝盖，使上体向侧稍微转动同时向前微倾，在双脚之间保持重心，双手手臂的肘部弯曲自然打开，使身体保持平衡。

（5）转身

转身作为一种篮球运动项目中的脚步动作，是以练习者的一只脚作为中轴的存在，同时用力地将另外一只脚蹬地，旋转身体，进而使练习者的身体方向得到改变。在转身动作完成的过程中，身体重心向中枢脚转移，将脚提起，将前脚作为中轴，用力向下碾地的同时，移动脚步使劲蹬地，随着移动脚的转动，上体也要转动。需要注意的是，身体重心不能上下起伏，其转动需要沿着一个水平面。当练习者的转身动作完成以后，使自身身体保持平衡，以促进同下一个动作之间的衔接。

2. 传、接球

在篮球运动项目中，比较重要的基本进攻技术之一就是传、接球技术。通常或经过多次及时、准确地传、接球才能够实现一次成功的进攻，进而实现攻击时机的创造。

（1）双手胸前传球

双手胸前传球是比赛中最基本、最常用的传球方法，用这种方法传出的球快速有力，可在不同方向、不同距离中使用，而且便于和投篮、突破等动作结合运用。

（2）单手肩上传球

单手肩上传球是单手传球中一种最基本的方法。这种传球的力量大，速度快，常用于中、远距离传球。

3. 投篮

投篮是进攻队员为将球投向球篮而采用的各种专门动作的总称。

（1）原地单手肩上投篮

它是现代篮球比赛中应用比较广泛的一种投篮方法。

（2）行进间单手肩上投篮

它是在比赛中切入到篮下的一种投篮方法。

（3）行进间单手低手投篮

行进间单手低手投篮是在快速跑动中超越或在空中探身超越对手后的一种投篮方法。

（4）急停跳起单手肩上投篮

急停跳起单手肩上投篮具有突然性的一种投篮方法。球的出手点高，不易被防守。

4. 运球

运球是进攻技术中重要的基本技术，是组织全队进攻配合和突破防守的手段。

5. 防守技术

防守对手是防守队员合理地运用脚步移动和手臂动作积极地抢占有利位置，阻挠和破坏对手的进攻动作，并以争夺控球权为目的的行动。要达到上述目的，防守时必须积极主动、认真负责，综合地联系脚步移动、位置站法、手臂动作、防守姿势，以及抢、打断球技术等多项内容，同时还要对其有效地使用，以促进防守任务的更好完成。

6. 抢篮板球

在篮球运动项目开展的过程中，双方攻守时的争夺焦点就是篮板球，同时，它也直接决定了攻守的转换，可以说球权获得的主要途径就是对篮板球的抢夺。在所有的篮球运动项目比赛活动中，投篮命中率与抢夺篮板球次数相比较，后者比前者更加容易影响到比赛的最终输赢，因此，在现代篮球运动中，争夺主动、获得控制球权的主要根据就是篮板球的争夺，同时展示了个人的实力与全队的实力。如果能够将进攻篮板球抢夺到，那么就获得了明显优势，能够增加进攻次数和篮下得分，并增加队员的信心；抢防守篮板球，不仅能控制球权，创造更多的快攻反击机会，而且会对进攻队员的投篮产生巨大的心理压力。教练员一般都很重视抢篮板球能力的训练和提高。

（三）排球运动基本技术

1. 准备姿势和移动

排球运动项目的一项最基本的技术就是准备姿势和移动，上述的两项内容都是无球技术的展示，能够作为重要的基础与前提，促进各项有球技术的完成，例如，传球技术、发球技术、点球技术、扣球技术与拦网技术，等等，同时，还能够作为纽带，串联起各种有球技术运动。在排球运动项目中，其准备姿势同移动之间的关系的相辅相成的，准备姿势的存在目的是移动，可以说，如果想要实现快速移动，就必须要将准备姿势先做好。

（1）半蹲准备姿势

在排球运动项目中，最为基本的一种准备姿势，也是比较常见的准备姿势就是半蹲准备姿势。要求练习者两腿的膝盖微微弯曲，双脚抵地。

（2）移动

在排球运动项目中，移动的意义在于将球及时接好，同时将人和球之间的位置关系保持好，为击球动作做好准备。比较常见的有以下几种步法。

1）交叉步

在排球运动项目开展的过程中，交叉步移动的基础和条件是来球同练习者的体侧存在三米左右的距离。交叉步移动具有步幅大、动作快的显著特点。

如果对向右侧交叉步进行使用的时候，需要稍微向右倾上体，在右脚前面，左脚交叉迈出一步，之后右脚跨出一大步向右边，同时使身体向来球方向转动，对击球之前的姿势进行保持。

2）并步与滑步

在排球运动项目开展的过程中，如果练习者身体同球之间的距离是一步左右的话，那么就能够对并步移动进行使用。当移动进行的过程中，例如，移动向前，前脚跨出一步向来球方向，后脚蹬地跟上。如果来球同练习者之间的距离较远的时候，仅仅使用并步是不能向球接近的，这时可以对快速的连续并步进行使用。连续并步也被我们称作是滑步。

不仅如此，移动包含的步法不只有交叉步、并步、滑步，还有跨步、跑步、跨跳步，等等。

2. 发球

在排球运动项目开展的过程中，所谓的发球主要是指在发球区域，练习者将自己抛起来的球用一只手向对方场区直接击入的动作。作为排球运动项目的一种基本技术，发球也是一种重要的进攻性技术广泛地使用在排球比赛中。伴随排球运动的不断发展，也促进了其发球技术的持续创新与提高。

3. 传球

传球是排球技术之一，是利用手指手腕的弹击动作将球传至一定目标的击球动作。传球是排球运动中的重要技术，是组织进攻战术的基础。

（1）正面传球

动作要领：传球时拇指、食指和中指承担球的压力，其余手指触球两侧协助控制球。球触手的瞬间手指和手腕应保持一定的紧张程度，利用其弹力和伸臂与脚蹬地的协调力量传球。

（2）侧向传球

动作要领：身体不转动，主要靠双臂向侧方伸展的传球动作叫侧传。侧传有一定的隐蔽性。准备姿势和迎球动作与正面传球相同，击球点保持在脸前或稍偏于出球方向一侧。一侧手臂要低一些，另一侧手臂要高一些。用力时，蹬地后上体要向出球方向倾斜。双臂向传出一侧用力伸展，异侧手臂动作幅度较大，伸展较快。

（3）跳传

动作要领：跳起在空中传球叫跳传。跳传在当前的排球比赛中已被大量运用，有的优秀运动员甚至把跳传作为主要的传球方式，这是因为跳传的击球点较高，能有效地缩短传扣的时间间隔，保证快速进攻战术的实施。同时跳传还能够与两次球进攻战术联系在一起，因此具有较大的迷惑性。

4. 垫球

垫球是排球基本技术之一，指的是通过手臂或身体其他部位的迎击动作使来球从垫击面上反弹出去的击球动作。

5. 扣球

扣球指队员跳起在空中用一只手或手臂将本方场区上空高于球网上沿的球击入对方场区的一种击球方法。扣球是排球比赛中最积极最有效的进攻手段，是得分和得发球权的主要方法，扣球的成败，是完成全队战术配合、决定胜负的关键技术。

（1）正面扣球

在排球运动中，最基本的扣球技术是正面扣球，只有掌握正面扣球的基础动作，才能学习和掌握其他难度大的扣球技术。

（2）勾手扣球

在起跳后，左肩对网，通过转体动作，带动右臂向左上方挥动击球的一种方法。这种扣球适合于远网扣球或由后排调整过来的球。它可以扩大击球范围，并能弥补起跳过早或冲在球前起跳的缺陷。

（3）单脚起跳扣球

单脚起跳扣球是指助跑的最后一步以单脚踏地，另一只脚直接向前上方摆动带助起跳的一种扣球方法。这种扣球在现代排球中由于各种冲跳扣球的大量采用，使其有了新的发展前景。

6. 拦网

拦网是指在球网附近的队员，将手伸向高于球网上沿，阻挡对方击过来的球并触及球，是排球的基本技术之一。

（1）单人拦网

动作要领：

1）准备姿势

面对球网，两脚左右开立，约与肩同宽，距球网30～40cm。两膝稍屈，屈肘置于胸前。

2）移动

为了及时对准扣球点，一般情况下采用与网平行的移动，常用的移动步法有并步、滑步、交叉步、跑步。

3）起跳

原地起跳时重心降低，两膝弯曲用力，同时两臂在体侧屈肘做划弧线摆动，使身体垂直起跳。起跳的时机应根据对方的扣球变化而有所不同，一般应比扣球队员起跳晚半拍，但拦快球时应与扣球者同时起跳。

4）空中击球

拦网时，两臂贴耳垂直，两肩上提，两手距离不能超过球的半径，并要尽量接近球的上空。拦网时手指自然张开，手腕略后仰，手指微屈，分开呈勺形，以便包住球。当手触球时，两肩上送，两手要突然紧张，手腕用力下压，盖住球的前上方，将球拦在对方场内。

5）落地

拦网后要正面对网屈膝，缓冲落地。若未拦到或拦起球在本方时，则应在身体下落时向落球方向转体，便于后撤接应或反攻。

（2）集体拦网

集体拦网有双人拦网和三人拦网两种，集体拦网技术动作除要求具备个人拦网技术要求外，还应注意互相配合。

1）集体拦网要确立以谁为主，密切协调配合。

2）起跳时应避免互相冲撞或干扰。

3）起跳后，手臂在空中既不要互相重叠，也不要间隔太大，以免造成拦击面小而漏球。

4）身材高矮不同的队员要加强配合。

5）身材高、弹跳力强或拦网好的队员，应排到拦网重要的3号区域，或对准对方的主攻者。

（3）学练方法：主要以徒手动作为主

1）徒手原地模仿拦网动作，体会拦网的伸臂和拦击球动作。

2）网前做原地起跳徒手拦网动作。

3）网前两人一组，隔网相对，做并步、交叉步等徒手移动拦网。要求移动迅速，两人密切配合。

4）两人一组，徒手移动配合拦网。

5）网前三人站在本方高台上，分别持球在本区上空网上沿，多人在对方网前轮流移动拦网。要求起跳后在空中压腕"盖帽"并触球。

第三节　有氧运动训练

一、有氧运动的基本知识

（一）有氧运动的概念

从本质上来讲，有氧运动指的是长时间开展的运动或耐力运动，能够有效的、充分地袭击练习者的心、肺，也就是练习者的血液循环系统与呼吸系统，使其心肺功能得到提高，进而保证身体的各组织器官都能够获得充分的营养供应与氧气，使得练习者最佳的身体功能状态得到维持。所以，有氧运动含义中所指的较长时间应该最好保持在超过20分钟，且维持在30分钟至60分钟之间，并且其运动形式应该对于练习者心肺功能的提高能够起到一定的促进作用，常见的运动形式有步行、慢跑、原地跑、骑自行车、游泳、有氧健身操，等等。而短跑、举重、静力训练或健身器械等运动，一般被称作是无氧运动。虽然它们能够使人的肌肉与爆发力得到增强，但是，之所以说无氧运动的健身效果没有有氧运动理想，主要是因为无氧运动不能够使练习者的心肺功能得到有效刺激。

（二）有氧运动的特性

在有氧运动开展的过程中，机体吸氧量同机体消耗的氧气量之间存在的关系是大致等于的关系，在运动的过程中只有这样，才能够使练习者始终处于"有氧"的状态下。同时，在时间短与强度高的情况下有一些运动也能够完成。在实际运动的过程之中练习者吸入的氧气量同其消耗的需求很难相适应，换句话说，练习者机体内部呈现出"入不敷出"的氧气状态，如果练习者长期处于这种"缺氧"的状态，从事这样的无氧运动，那么十分不利于练习者机体的健康发展。

有氧运动会消耗机体的氧气，将一种不至于上气不接下气，但是会有轻微气喘的感觉带给练习者；有氧运动会使练习者不至于大汗淋漓，但是会轻微出汗；有氧运动不会使人感觉到肢体的疲劳感，会舒展练习者的全身。一种好的有氧运动，并不是上肢或者下肢的局部运动，而是一种全身性运动。如果能够在悦耳的、有氧的音乐背景下开展有氧运动，那么对于练习者长时间的投入是有利的，能够促进更加良好锻炼效果的取得。所以，对于有氧运动的特性，作者进行了如下的总结。

1. 需要较长时间开展的运动

有氧运动是一种需要较长时间开展的运动，最佳持续时间应该保持在20分钟至60分钟之间，而练习者体内的糖或脂肪等物质的氧化为运动提供了所需要的能量。

2. 一种全身性的肌肉活动

对于有氧运动而言，在开展时如果练习者机体全身参加的肌肉越多，那么获得的效果就越好，最佳状态是1/6至2/3的肌肉群。反之，如果练习者开展的是小肌肉的局部性运动，那么就会导致局部疲劳非常容易发生，直接中断了运动过程，因此，想要持久开展是不可能的；同时，足够的氧气消耗量是很难达到的，更不要说促进血液系统、呼吸系统与循环系统的改善与提高了。

3. 具备一定的强度

对于有氧运动而言，应该在某一个特定的强度范围保持，最好是在中等强度、低等强度之间，同时，应该保持20分钟或者是更长的持续时间。

4. 具有一定的律动性

对于有氧运动而言，实际上是一种肢体的律动性活动。如果运动是具备律动性的，那么就很容易对运动强度进行控制，只有这样才能够在适宜的有氧运动强度范围内，维持合适的运动强，度，进而获得最佳的效果。反之，如果运动是断续性的，那么就会存在较大的强度变化，从而获得不理想的运动效果。

二、有氧运动中各个项目的科学化训练

（一）健身走

走是人们生活中最基本的运动形式之一，也是人们最早掌握的健身方法。千百年来，长久不衰，原因是它不分年龄、性别、体质强弱，不受场地器材的限制，只要坚持就能强身健体，防治疾病，延年益寿。

1. 健身走的锻炼价值

世界卫生组织在1992年明确指出，世界上最好的运动是步行。步行时由于下肢肌肉和机体许多肌肉得到活动，可防止肌肉萎缩。科学研究表明：坚持走步的人比一般人腿部肌肉群收缩增多。步行速度越快，时间越长，路面坡度越大则负担越重，表现为心肌加强收缩，心跳加快，心输出量增大，这对心脏是个有效

的锻炼。医学家认为，一般人一天之内行走不应少于60分钟的路程，相当于5千米。每天步行少于1小时的男子，心脏局部贫血率比每天步行1小时以上的男子高出4倍。

现代医学证实，步行能提高机体新陈代谢率。糖尿病患者徒步旅行一天，血糖可降低60mg。轻快散步还可以缓解神经肌肉紧张，改善大脑的血液循环，因而可有效地发挥脑细胞功能。

2. 健身走的基本技术

健身走看似简单，却蕴藏着巨大的学问。掌握健身走的基本技术，形成正确的走姿，可以有效地增强体质和健美形体。

（1）走路时头要正，目要平，躯干自然伸直，沉肩，胸腰微挺，腹微收。这种姿势有利于经络畅通，气血运行顺畅，使人体活动处于良性状态。

（2）步行时身体重心前移，臂、腿配合协调，步伐有力、自然，步幅适中，两脚落地要有节奏感。

（3）步行过程中呼吸要自然，应尽量注意腹式呼吸的技巧，即尽量做到呼气时稍用力，吸气时要自然，呼吸节奏与步伐节奏要配合协调，这样才能在步行较长距离时减少疲劳感。

（4）步行时要注意紧张与放松、用力与借力之间相互转换的技巧，即可以用力走几步，然后再借力顺势走几步，这种转换可大大提高走步的速度，并且会感到轻松，节省体力。

（5）步行时，与地面相接触的一只脚要有一个"抓地"动作（脚趾内收），这样对脚和腿有促进微循环的作用。

（6）步行快慢要根据个人具体情况而定。研究发现，以每分钟走80～85米的速度连续走30分钟以上时，防病健身作用最明显。

3. 健身走的方式

（1）自然步法

自然步法分缓慢走（每分钟60～70步）、普通走（每分钟70～90步）和快速走（每分钟90～120步）。缓慢走和普通走适用于一般保健，每次30～60分钟。患有冠心病、高血压、脑卒中后遗症或呼吸系统疾病的老年人应减为每次20～30分钟。快速走适用于一般健身，每次30～60分钟。因快速走运动强度稍大，故适合需增强心脏功能者和减肥者采用。

（2）摩腹散步法

摩腹散步法即在散步时，两手柔和旋转按摩腹部，每走一步按摩一周，正转反转交替进行。我国传统保健将之列为腹功，认为"两手摩腹移行百步除食滞"，此法可促进胃液的分泌和胃肠道的蠕动，有助于防治消化不良和胃肠道疾病。每天坚持摩腹散步，对保持优美形体和消除腹部脂肪也有良好的效果。

（3）倒行法

预备姿势立正、挺胸、抬头、平视、双手叉腰，拇指向后，按腰部的"肾俞"穴位，其余四指向前。倒行时，左脚开始，左大腿尽量向后抬，然后向后迈出，全身重心后移，前脚掌着地，重心移至左脚，再换右脚交替进行。为了安全应选择场地平坦，周围无障碍物的地方进行。

由于日常生活中躯体向前活动量超过向后的活动量，加上躯体俯仰活动不平衡，背伸活动较少，因此人体易形成姿势性驼背和四肢关节功能障碍以及腰肌劳损。而倒行法锻炼能使腰部肌肉有规律收缩或放松，有利于腹部的血液循环改善，加强腰部组织新陈代谢。长期倒行锻炼，可以防治腰肌劳损、姿势性驼背，有利于保持人的形体健美和增强运动能力。

（4）摆臂步行法

以每分钟60～90步步行，两臂用力前后摆动，可增进肩部和胸廓的活动。适用于有呼吸系统慢性病的患者。

（5）竞走法

躯干保持直立或稍向前倾，两臂弯90°左右，配合两腿前后摆动。先脚跟着地然后滚动全脚掌落地，膝关节要伸直。脚落地后，身体顺惯性前移，当支撑腿垂直地面时，摆动腿大腿向前摆，小腿随大腿向前摆出，此时摆动腿带动同侧髋关节向前送出。竞走法适用于中青年人，可增强人的耐力和关节灵活性。也可用于散步之间进行短暂调剂，以减少因长期用一种姿势走路而造成的疲劳，增加健身走的乐趣。

（6）爬楼健身法

大步地蹬跨楼梯，可使大腿肌肉得到充分的锻炼；用脚掌轻快地逐级快下，可同时锻炼左右脑；小步匀速地上楼，可使上肢、腰、背、腿部等关节参加运动，促进心率加快，肺活量增大。

登楼梯是一项较激烈的有氧锻炼形式，锻炼者需具备良好的健康状态，一般采用走、跑、多级跨越和跳等运动形式。锻炼者可根据自己的身体状况和环境条件，选择适合自己的锻炼方法。

初练者宜从慢速并持续20分钟开始，随着体能的提高，逐步加快速度或延长持续时间。当体能可耐受30～40分钟时，即可逐步过渡到跑、跳或多级跨楼梯。

此外，对于有氧健身走而言，其基本技术不仅仅存在上述的几种，还有脚跟走法、蹬腿走法、边聊边走法，等等。

4. 健身走的要求

（1）应精神放松

古人认为行走"须得一种闲暇自如之态"。尽量使精神放松，才能起到调剂精神、解除疲劳的作用。

（2）注意选择适当的时间和地点

一是饭后一小时为宜，清晨、傍晚、临睡前都可步行；二是选择最佳环境，健身走的地点最好选择车辆少、树木多、空气新鲜的地方，如河边、湖边、海边等，道路宜平坦。如因身体状况不佳，也可在家中进行，步行同样时间，但要保证空气新鲜。

（3）要持之以恒

为了达到健身目的，步行时间以每天30～60分钟为宜。要天天坚持，持之以恒，使60分钟制度化。然而，毕竟不是所有人每天都能抽出一个小时专门去进行锻炼，那么要在日常生活、工作和学习中寻求不同途径多走多动。例如上学上班以步代车，步行购物选较远的商店，或者越过电梯不乘，选择登楼梯来代替等。因此，一日60分钟步行不必一次走完，可分成2次或3次。

4. 速度要适中

对每个人来说，走的速度取决于自己的健康状况，可慢可快，或者不快不慢的中速。刚开始锻炼，以慢速为宜，即每分钟60～70步，每小时3～4公里。锻炼两周后可采用中速，即每分钟70～90步，每小时4～5公里。第四周后可采用快速，即每分钟90～120步，每小时5～7公里。对每一次健身走最好匀速进行，不要时快时慢或走走停停。

（5）控制好距离

步行的距离应该多少，需根据年龄或健康状况决定。开始时可进行短距离散步，然后每周增加一些距离。缓慢增加是最理想的锻炼方法，切不可急于求成。

（6）注意衣着

最好穿运动衣、运动鞋步行。

（7）运动量要适宜

健身走运动量的控制主要靠脉搏、睡眠、食欲及身体反应等自我感受来决定。如以心率为标准，步行时宜保持在大约120次/分。睡眠好，食欲佳，身体无不适，说明步行量适宜。不管选用何法，其运动量、运动强度应依每个人的健康状况而定。勿操之过急，应循序渐进，持之以恒。

（二）健身跑

健身跑是通过跑步有效地增强身心健康的一项群众性健身活动。它虽然不那么吸引人，但确实是最简单、最有效的有氧运动。

1.健身跑的锻炼价值

健身跑的锻炼价值主要表现在以下几个方面。

（1）可以保护心脏

跑步锻炼可以使冠状动脉保持良好的血液循环。长期练习跑步的人，冠状动脉不会因年龄增长而缩窄，保证有足够的血液供给心肌，从而可以预防各种心脏病。

（2）能够加速血液循环，调整血液分布，消除瘀血现象，提高呼吸系统功能

跑步是一项全身性的健身运动，能有力地驱使静脉血液回流，减少下肢静脉和盆腔瘀血，预防静脉内血栓形成。另外，跑步时加强了呼吸力量，加大呼吸深度，有效地增加肺的通气量，对呼吸系统有良好的影响。

（3）能够增强神经系统的功能，消除脑力劳动者的疲劳，预防神经衰弱

跑步可以调整大脑皮质的兴奋与抑制，也对调整人体内部平衡、调剂情绪、振作精神有一定的作用。

（4）能够促进人体新陈代谢，控制体重，预防肥胖症

跑步要消耗能量，促进机体新陈代谢，这是中老年特别是中年人减肥的极好方法。同时跑步也能改善脂质代谢，预防血内脂质过高，可以防治高脂血症。

2.健身跑的基本技术

（1）跑步的姿势

跑步时姿势正确，才能跑得快而省力。其上体要正直微前倾，头与上体在一条直线上不要左右摇晃。两臂的摆动除了维护身体平衡外，还能帮助两条腿的蹬地和摆动，加快跑的速度。摆臂时两臂稍离躯干，前后自然摆动；两手自然半握拳，肘关节要适当弯曲，以肩关节为轴，尽量做到前摆不露肘，后摆不露手，并且注意不要低头、弯腰和端肩。两腿后蹬是推动身体前进的动力，后蹬时应积极有力，髋、膝、踝三关节充分伸直，腿的前摆可以加大跑的步伐，前摆时大腿放松顺惯性向前呈自然折叠。

（2）跑步的呼吸

跑步是一项消耗体力比较大的运动。在跑步过程中，要通过肺脏吸收大量氧气和排出二氧化碳。肺的换气量是否充分，呼吸动作是否正确，是疲劳出现迟早的关键。跑步时最好用鼻呼吸，在呼吸深急的情况下，也可用口协助呼吸。呼吸要慢而深，有一定的节奏，一般是两步一呼两步一吸，也可以三步一呼三步一吸。随着跑的速度加快，呼吸深度应加深，节奏加快，以满足身体对氧气的需要。

在进行强度较大的跑步练习时，呼吸频率增加很快，初学者往往会感到呼吸困难，要防止呼吸困难现象的出现，首先要适当安排运动强度和负荷量，要从实际出发，量力而行；其次要注意呼吸动作，调整呼吸节奏和加大呼吸深度。

3. 健身跑的方式

（1）慢速放松跑

慢速放松跑较简单，慢的程度可以根据自己体质而定，老年人或体弱者可以比走步稍快一点，呼吸以不喘大气为宜。全身肌肉放松，步伐轻快，双臂自然摆动。在跑步一开始应注意呼吸的深、长、细、缓，有节奏。运动时间一般以每天20～30分钟为宜，每周5～6次，也可隔1天1次。

（2）变速跑

变速跑就是在跑的过程中，快跑和慢跑交替进行的一种跑法，它适合体质较好的锻炼者。变速跑可根据自己的身体状况随时改变速度。如可慢速跑与快速跑交替，或中速跑与快速跑交替等。随着锻炼水平的提高，逐渐提高变速跑的速度，逐渐增大运动量，以最大限度地发挥健身跑的作用。

（3）跑走交替

此方式适合初学初练者或体弱者采用。通过十几周走跑交替的锻炼，就可以连续跑15分钟，几个月后就可以连续跑几公里了。在跑走交替的锻炼方式中，也可以做一些变化，如可以跑跳交替，即跑一段后跳上3～5次，再跑一段，再跳3～5次。这样可使肌肉关节在长时间墨守成规活动中得到休息，可缓解疲劳，同时锻炼弹跳力，也可增加跑步乐趣。

（4）定时跑

定时跑有两种。一种是每天必跑一定时间而不限速度的跑步。如第一阶段：适应期10～20周，每周3次，每次连续跑15分钟。第二阶段：适应期6～8周，每周3次，每次30分钟；巩固期4周，每周3～5次，每次30分钟。身体允许进行更大强度锻炼的年轻人，还可以每周跑3次，每次45分钟，最长可达60分钟。另一种是限定在一段时间内跑完一定距离的方法，开始时，可限定较长时间跑完较短距离，如在5分钟之内跑完500米。以后随着体质水平的提高可缩短时间加快跑的速度，或延长距离加快速度，以提高速度耐力素质。

（5）跑楼梯

跑楼梯是一种时尚的健身健美项目。医学论证，它既是一项增强心肺功能的全身性有氧运动，又是一项可以灵活掌握运动量、无需投资及男女老幼皆宜的锻炼方法，也是一项日常生活中去脂减肥的健身新招。跑楼梯要求腰、背、颈部和肢体不间歇地活动，肌肉有节奏地收缩和放松，可促进肺活量，加速血流，改善代谢和增强心肺功能。

（6）越野跑

凡在公路、田野、山地、森林等进行健身跑锻炼的，称之为越野跑。由于越野跑将运动和自我锻炼结合起来，所以越野跑的健身效果更佳。

4. 健身跑的要求

不同对象在进行健身跑锻炼时应有不同要求。

（1）少年儿童锻炼时，跑的距离不宜过长，速度不要太快，以免负担过重。7～10岁儿童，每次跑800米左右，11～14岁每次跑1500米，15～17岁，每次3000米左右较合适。

（2）中老年进行健身跑锻炼前应进行身体检查，检查是否有不宜跑步的禁忌证。学者们提出：为确保安全，中老年人参加健身跑最好征求医生同意，并做一些必要身体检查。开始健身跑时可先快速步行，然后自我感觉有无不舒服。当确实没有不舒服感觉后再进行跑走交替的练习。跑的速度、距离要适当，切忌操之过急。

（3）肥胖人健身跑，由于本人负重已较大，心肺功能又不太强，初练时必然感到费力，所以必须掌握好速度和时间。

（4）一般来说疾病的急性期和严重期不适合练健身跑，但慢性病不同，如神经衰弱、慢性胃肠炎、慢性肾炎、轻度冠心病、早期高血压、慢性肝炎、肺结核钙化期是可以练健身跑的。锻炼，可以改善精神、心理状态，改善食欲、睡眠，有助于治疗疾病。但必须量力而行，并随时注意身体的一些变化，防止过度劳累。健身跑锻炼无论男女老幼，都应持之以恒，假若停止练习4～12周，训练水平开始下降，假若停止4～8个月，便会重新回到当初未参加锻炼前的状况。

跑步是一项消耗体力比较大的运动。在跑步过程中，要通过肺吸收大量氧气和排出二氧化碳。因此，呼吸动作是否正确，是疲劳出现迟早的关键。跑步时最好用鼻呼吸，呼吸的节奏，一般是两步一呼两步一吸，也可以三步一呼三步一吸。随着跑的速度加快，呼吸深度应加深，节奏加快，以满足身体对氧气的需要。在呼吸深急的情况下，也可用口协助呼吸，但要避免张得太大，以免嗓子干燥。

冬季气温低，在长跑前一定要做好准备活动，防止运动损伤。每天练长跑，因水分消耗多，需要适当补充水分和盐分。夏季长跑的时间最好选在凉爽的清晨或傍晚。长跑结束后应做些整理活动。

第四节　养生项目训练

一、八段锦

（一）八段锦的发展与动作特点

1. 八段锦的发展

八段锦是由八节动作组成的一种健身运动方法。全套动作精炼，运动量适度，其每节动作的设计，都针对一定的脏腑或病症的保健与治疗需要，有疏通经络气血、调整脏腑功能的作用。

八段锦最初的定名是在南宋陈元靓所编《事林广记·修真秘旨》中，当时，八段锦被定名为"吕真人安乐法"，其文已歌诀化，文献中有记载可考证："昂首仰托顺三焦，左肝右肺如射雕；东脾单托兼西胃，五劳回顾七伤调；鳝鱼摆尾通心气，两手搬脚定于腰；大小朝天安五脏，漱津咽纳指双挑。"

到了清末，《新出保身图说·八段锦》首次以"八段锦"为名，并绘有图像，形成了较完整的动作套路。其歌诀为："两手托天理三焦，左右开弓似射雕；调理脾胃须单举，五劳七伤往后瞧；摇头摆尾去心火，两手攀足固肾腰；攒拳怒目增气力，背后七颠百病消。"至此，传统八段锦动作被固定下来。

新中国成立后，党和政府对民族传统体育项目非常重视。通过不断对传统八段锦进行的挖掘与整理，使得我国习练八段锦的群众逐年增多。此外，八段锦作为民族传统体育项目也成为我国大专院校的课程，这些都极大地促进了八段锦的发展。

2. 八段锦的动作特点

八段锦属于有氧运动，其运动强度和动作的编排次序符合运动学和生理学规律，安全可靠。其动作主要体现出以下几个方面的特点：

①柔和缓慢

"柔和"是指练习八段锦时动作不僵不拘，轻松自如，舒展大方。"缓慢"是指习练时身体重心平稳，虚实分明，轻飘徐缓。柔和缓慢使人神清气爽，体态安详。

②圆活连贯

"圆活"是指动作路线带有弧形，不起棱角，不直来直往，符合人体各关节自然弯曲的状态。它以腰脊为轴带动四肢运动，上下相随，节节贯穿。"连贯"

要求动作的虚实变化和姿势的转换衔接，无停顿断续之处。既像行云流水连绵不断，又如春蚕吐丝相连无间，从而达到疏通经络、畅通气血和强身健体的效果。

③动静相兼

八段锦中的"动"与"静"主要是指身体动作的外在表现。所谓"动"，就是在意念的引导下，动作轻灵活泼、节节贯穿、舒适自然。所谓"静"，是指在动作的节分处做到沉稳，特别是动作的缓慢用力之处，在外观上看略有停顿之感，但内劲没有停，肌肉继续用力，保持牵引抻拉。适当用力和延长作用时间，能够使相应的部位受到一定强度的刺激，提高锻炼效果。

④形、神、气相结合

形、神、气的结合是八段锦练习的最高境界。

所谓"形"是指八段锦的动作；所谓"神"是指人体的精神状态和正常的意识活动，以及在意识支配下的形体表现。"神为形之主，形乃神之宅"。"神"与"形"是相互联系、相互促进的整体。八段锦的每势动作以及动作之间充满了对称与和谐，体现出内实精神、外示安逸，虚实相生、刚柔相济，做到了意动形随、神形兼备。所谓"气"是指通过精神的修养和形体的锻炼，促进真气在体内的运行，以达到强身健体的功效。

⑤松紧结合

"松"是指练习八段锦时肌肉、关节以及中枢神经系统、内脏器官的放松。在意识的主动支配下，逐步达到呼吸柔和、心静体松，同时松而不懈，保持正确的姿态，并将这种放松程度不断加深。"紧"是指练习八段锦时应适当用力，且缓慢进行，主要体现在前一动作的结束与下一动作的开始之前。

八段锦中的"左右弯弓似射雕"的马步拉弓、"调理脾胃须单举"的上举、"双手托天理三焦"的上托、"五劳七伤往后瞧"的转头旋臂、"攒拳怒目增气力"的冲拳与抓握、"背后七颠百病消"的脚趾抓地与提肛等都体现了松紧结合的特点。

在八段锦的练习中，紧是在动作中只在一瞬间，而放松须贯穿动作的始终。松紧配合得适度，有助于平衡阴阳、疏通经络、分解黏滞、滑利关节、活血化瘀、强筋壮骨，达到增强体质的效果。

（二）八段锦基本动作

预备式：身体直立，两臂下垂，全身放松，舌抵上颚，目光平视。

1. 第一段：两手托天理三焦

随着吸气，两臂从体侧缓缓上举至头顶，掌心朝上；两手指交叉，内旋翻掌向上撑起，肘关节伸直，如托天状；同时两脚跟尽量上提，抬头，眼看手背。

随着呼气，两臂经体侧缓缓下落；脚跟轻轻着地，还原成预备式。

要点：两手上托时掌根用力上顶，腰背充分伸展。脚跟上提时，两膝用力伸直内夹。反复练习数次。

动作功效：扩张胸部，增大呼吸量，有利于气机的平衡。

2. 第二段：左右开弓似射雕

左脚向左横开一步，屈膝下蹲呈马步，同时两臂屈肘抬起，右外左内在胸前交叉。

左手拇指和食指撑开呈八字，其余三指扣住，缓缓用力向左侧平推，同时右拳松握屈肘向右平拉，似拉弓状，眼看左手，此为"左开弓"。

两臂下落，经腹前向上抬起，在胸前交叉，右手在内，左手握拳在外。

动作同"左开弓"，唯左右相反。

要点：模仿拉弓射箭的动作，开弓时要缓缓用力，回收时慢慢放松。开弓时呼气，收回时吸气。如此反复练习。

动作功效：扩张胸部，加强心肺功能。

3. 第三段：调整脾胃须单举

并步直立，两臂屈肘上抬至胸前，掌心向下。

左手内旋上举至头顶，同时右手下按至右胯旁，此为"左举"。

左手向下，右手向上至胸前；"右举"，唯左右相反。

要点：以吸气配合上举下按，以呼气配合过渡性动作。上举时须有托、撑的意思。反复练习。

动作功效：加强胃肠蠕动，提高脾胃消化系统功能。

4. 第四段：五劳七伤往后瞧

两脚并步，头缓缓向左、向后转，眼看后方。

稍停片刻，头慢慢转回原位。

头缓缓向右、向后转，眼看后方。

要点：转头时，身体保持正直，以呼气配合转头后看动作，以吸气配合转头复原动作。反复练习。

动作功效：调整中枢神经系统功能，能活络颈椎，松弛颈肌，改善脑部供血供氧，具有治疗五劳七伤的作用。

5. 第五段：攒拳怒目增力气

左脚向左平跨一步呈马步，两手握拳抱于腰间，眼看前方。

左拳向前用劲缓缓冲出，小臂内旋拳心向下。

左拳变掌，再抓握成拳收抱腰间。

右拳向前用劲缓缓冲出，小臂内旋拳心向下。

左侧冲拳，方法同左前冲拳，推向左侧冲出。

右侧冲拳、同左侧冲拳，唯左右相反。

要点：冲拳时呼气并瞪眼，收拳时吸气。身要正，步要稳，冲拳要运劲。动作功效：疏泄肝气，调和气血，濡养筋脉。有强筋、壮骨、充实内气的功效。

6. 第六段：双手攀足固肾腰

两脚并步，上体后仰，两手由体侧移至身后。

上体缓缓前俯深屈，两膝挺直，两臂随屈体向前、向下，用手攀握脚尖（或手触地），保持片刻。

要点：身体放松，动作缓慢，上体后仰吸气，前屈攀足呼气，反复练习。

动作功效：壮腰益肾，补养精神。

7. 第七段：摇头摆尾去心火

左脚向左横跨一步呈马步，两手扶按在膝上，虎口朝里。

随着吸气，头向左下摆，臀部向右上摆，上体左倾。

随着呼气，头向右下摆，臀部向左上摆，上体右倾。

上体前俯，头和躯干和向左、向后、向右、向前绕环一周。

同上一动作，唯方向相反。

要点：上体摇摆时，头要稳，不要上下起伏。左右摆动数次后，再左右绕环数遍。呼吸与头、臀摇摆协调一致。

动作功效：宁心安神，去心火。

8. 第八段：背后七颠百病消

两手左里右外交叠于身后；脚跟尽量上提，头上顶，同时吸气。

足跟轻轻落下，接近地面，但不着地，同时呼气。

练习要点；呼吸与提脚配合，如此连续起落颠动，使全身放松。最后脚跟落地，直立垂臂收功。

动作功效：此法可行气活血，御邪防病。

二、五禽戏

（一）五禽戏的起源及发展

五禽戏是我国的一项历史悠久的民族传统体育运动，同时还是一项重要的医学健身项目。据史料记载，五禽戏是由华佗编创的。西晋陈寿在其《三国志·华佗传》中记载："吾有一术，名五禽之戏，一曰虎，二曰鹿，三曰熊，四曰援（猿），五曰鸟。亦以除疾，并利厥（蹄）足，以当导引。"南北朝时范晔在

《后汉书·华佗传》中的记载与此基本相同，只是对个别文字略作修饰，全段并没有太大出入。这些史书证明了华佗编创五禽戏确有其事，但具体动作却无法考证。

从现有资料来看，南北朝时名医陶弘景所著的《养性延命录》最早用文字描述了五禽戏的具体动作。由于南北朝距东汉末年不过300年，因此，可以认为该套五禽戏动作可能比较接近华佗创编的五禽戏，但是习练起来动作难度较大。此后，在明代周履靖的《夷门广牍·赤凤髓》、清代曹无极的《万寿仙书·导引篇》和席锡蕃的《五禽舞功法图说》等著作中，都以图文并茂的形式，比较详细地描述了五禽戏的习练方法。这些五禽戏功法与《养性延命录》所载有较大出入，"五禽"动作均为单式，排序也变为"虎、熊、鹿、猿、鸟"。但其文字说明不仅描述了"五禽"的动作，而且还有神态的要求，并结合了气血的运行。

在五禽戏的发展和流传过程中，各个时期均留下了不同的特色，从而形成了今天五禽戏的不同风格和特点，有些甚至冠以华佗之名。总的来看，他们都是根据"五禽"动作，结合自身练功体验所编的"仿生式"导引法，以活动筋骨、疏通气血、防病治病、健身延年为目的。其中，有偏重肢体运动，模仿"五禽"动作，意在健身强体的，为外功型，即通常所说的五禽戏；有仿效"五禽"神态，以内气运行为主，重视意念锻炼的，为内功型，如五禽气功图；有以刚为主，通过拍打、按摩来治疗疾病，甚至被用于散手技击、自卫御敌的，如五禽拳、五禽散手等；还有以柔劲为主，讲究动作姿势优美矫健，以舞蹈形式出现的，如五禽舞、五禽舞功法图说等。

（二）五禽戏基本动作

1. 虎戏

自然站式，俯身，两手按地，用力使身躯前耸并配合吸气。当前耸至极后稍停，然后身躯后缩并呼气，如此3次。继而两手先左后右向前挪动，同时两脚向后退移，以极力拉伸腰身，接着抬头面朝天，再低头向前平视。最后，如虎行般以四肢前爬七步，后退七步。

2. 鹿戏

接上四肢着地式，吸气，头颈向左转、双目向右侧后视，当左转至极后稍停，呼气、头颈回转，当转至朝地时再吸气，并继续向右转，一如前法。如此左转3次，右转2次，最后回复如起式。然后，抬左腿向后挺伸，稍停后放下左腿，抬右腿如法挺伸。如此左腿后伸3次，右腿2次。

3. 熊戏

仰卧式，两腿屈膝拱起，两脚离床面，两手抱膝下，头颈用力向上，使肩背离开床面，略停，先以左肩侧滚落床面，当左肩一触床面立即复头颈用力向上，肩离床面，略停后再以右肩侧滚落，复起。如此左右交替各7次，然后起身，两脚着床面呈蹲式，两手分按同侧脚旁。接着如熊行走般，抬左脚和右手掌离床面。当左脚、右手掌回落后即抬起右脚和左手掌。如此左右交替，身躯亦随之左右摆动，片刻而止。

4. 猿戏

择一牢固横竿，略高于自身，站立手指可触及高度，如猿攀物般以双手抓握横竿，使两脚悬空，作引体向上7次。接着先以左脚背勾住横竿放下两手，头身随之向下倒悬，略停后换右脚如法勾竿倒悬，如此左右交替各7次。

5. 鸟戏

自然站式。吸气时跷起左腿，两臂侧平举，扬起眉毛，鼓足气力，如鸟展翅欲飞状。呼气时，左腿回落地面，两臂回落腿侧。接着跷右腿如法操作。如此左右交替各7次，然后坐下。屈右腿，两手抱膝下，拉腿膝近胸，稍停后两手换抱左膝下如法操作，如此左右也交替7次。最后，两臂如鸟理翅般伸缩各7次。

第七章　现代高校体育教学科学训练

第一节　科学运动训练实践探索

一、科学运动训练常识

生命在于运动，然而运动必须有一定的规律性，只有掌握了体育训练的一般生理卫生知识，科学地进行体育训练，才能够起到强身健体、防病治病的作用。从某种意义上说，运动安全是体育训练的首要问题，如果不注意运动卫生，盲目或随意运动，有时反而会对身体造成危害。因此，体育训练必须遵循人体生理活动规律和一定的卫生要求，才能收到良好的效果。

（一）合理安排训练时间

参加体育训练的时间主要根据个人的生活习惯、身体状况或工作性质而定，但就多数体育训练者来说，体育训练的时间多安排在清晨、下午和傍晚。不同的训练时间有不同的特点，练习者可根据自己的实际情况选择。

1.清晨训练

清晨的空气新鲜，早训练有助于体内二氧化碳的排出，吸入较多的氧气，有利于体内新陈代谢的加强，提高训练的效果。所以，许多人喜欢在清晨进行体育训练。清晨起床后大脑皮质处于抑制状态，通过一定时间的体育训练，可适度提高大脑皮质的兴奋性，从而有利于一天的学习与工作。所以有人说，早晨动一动，少闹一场病。但是，由于清晨训练多在空腹情况下进行，所以运动量不要太大，时间也不宜太长。否则，长时间的运动会造成低血糖，不仅影响训练效果，而且会使身体产生不适应。另外，对工作和学习紧张的人来说，没有必要每天强迫自己进行早训练。

2.下午训练

主要适合有一定空余时间的人进行体育训练，特别适合大、中、小学的师生。经过一天紧张的工作后，下午进行一定强度的体育训练，不仅可以增强体质，而且可使身心得到调整。下午进行体育训练时，运动强度可大一些，青年学生可打球、做游戏，老年人可打门球、跑步。对心血管病人来说，下午运动最安全。因为经医学研究表明，心血管的发病率和心肌劳损的发生率在上午6～12时最高。

3. 傍晚训练

晚饭后也是体育训练的大好时光。特别是对那些清晨和白天工作、学习十分忙的人来说，傍晚进行适当的体育训练，既可以健身强体，又可以帮助肌体消化吸收。傍晚运动的主要形式为散步，傍晚进行体育活动的时间一般不要超过1小时，运动强度也不可太大。强度过大的运动会影响胃肠道的消化吸收，同时，傍晚训练结束与睡觉的间隔时间要在1小时以上，否则，会影响夜间的睡眠。

（二）体育训练的合理进食

体育训练后，不要急于进食，要使心肺功能稳定下来，胃肠道机能逐渐恢复后再用餐。如果在运动后立即进食，由于胃肠的血流减少，蠕动减弱，消化液分泌减少，进入胃内的食物无法及时得到消化吸收，储留在胃中，容易牵拉胃黏膜造成胃痉挛。长期不良的饮食习惯还可诱发消化道疾病。

体育训练时，体内的物质代谢加强，能量消耗加大。合理的营养和饮食卫生，有助于稳定机体内环境的平衡，加快机体的调整与恢复，以达强身健体之效用。

1. 要有充足的食物量

机体内进行物质代谢必须不断地从外界获取新的物质，以补偿机体所消耗的能量。一般情况下，青年学生每日除主食提供一定的热量外，其余的热量需从豆类、肉类、蛋类、蔬菜、食用油等副食品中补充。

2. 要注意补充优质蛋白质

人体的组织细胞主要由蛋白质组成。所以，在饮食中要注意蛋白质的供给。蛋白质在人体内不能合成，只能从每天的饮食中得到。如蛋白质不足，就会直接影响健康。有条件者应注意在每日三餐中适量补充。

3. 要注意供给含无机盐及含维生素的食物

钙、磷、碘等无机盐都是人体必需的营养素。维生素是人体不可缺少的有机化合物，它具有广泛的生理功能，对保持人体健康有着极为重要的作用。诸如豆制品、鸡蛋、虾皮、绿叶蔬菜、海带、紫菜和新鲜水果等含无机盐和维生素比较丰富，因而在饮食中应注意摄取这些食物。

4. 要养成良好的饮食习惯

第一，要纠正忽视早餐的不良习惯，注意改善早餐饮食的质量。

第二，要重视饮食的合理搭配，注意食物的多样化，不要暴饮暴食，不要偏食挑食。

第三，吃饭时要细嚼慢咽，切忌狼吞虎咽。

第四，饭前便后要洗手，餐具要经常消毒并保持清洁。

第五，每天三顿饭都要定时定量的吃，尽量让食物多样化，这样才会保证各种营养均衡；另外不能暴饮暴食。

第六，每天应保证6～7杯白开水；保持良好的睡眠习惯。

（三）体育训练的卫生

体育训练必须遵循人体生理变化的规律，符合运动卫生的要求，才能有效地增强体质，防止运动损伤和疾病的发生。

1. 定期进行体检

为了了解体育训练对增强体质的作用，了解运动中身体健康和机能的变化状况，检查训练的方法是否正确，运动量是否适宜等，应定期进行体格检查，从而进一步修订体育训练计划和改进训练方法。

2. 要注意做好准备活动和整理活动

整理活动是人体内运动状态过渡到相对安静状态的活动过程，它是促进体力恢复的一种有效手段，因此体育运动后要做好整理活动。整理活动有助于人体机能尽快恢复常态，有助于偿还氧债。准备活动和整理活动就是实现这种变化的过渡手段。

体育训练前进行充分的准备活动对于体育训练者来说是非常重要的，有些体育活动爱好者就是由于不重视训练前的准备活动而导致各种运动伤害，不仅影响训练效果，而且影响训练兴趣。对体育活动产生畏惧感。

二者在体育运动中有着不可估量的作用。准备活动能够提高内脏器官的机能水平，调节心理状态，使身体各器官系统机能迅速地进入工作状态，以适应剧烈运动的要求，减少或防止运动损伤的发生。整理活动能够克服机体的生理惰性，加速肌肉组织的新陈代谢，调节运动情绪，可使人体更好地从紧张的运动状态逐渐过渡到相对的安静状态，并可消除机体内的代谢产物，减轻肌肉酸痛和消除疲劳。

3. 饭后不宜立即进行剧烈运动

饭后不能立即运动。强度运动可在饭后两小时后进行，中度运动应在一小时后进行，轻度运动在半小时以后进行最合理。

4. 注意训练时的饮水卫生

与体育训练后进食不同，体育训练后的补水是可行的，只要口渴，在运动后甚至在运动中即可补水。在天气较热的情况下，大量排汗引起体内缺水，不及时补水，可能会造成肌体脱水、休克等。最近的研究发现，中等强度的体育训练后，胃的排空能力有所加强，因此，运动后或运动中的补水是可行的。

补水要注意科学性，不可暴饮。剧烈运动时和运动后，均不宜一次性大量饮水，运动时的饮水应以少量、多次为原则。饮用不同成分的饮料对人体也有影响，运动中排汗的同时也伴随着无机盐的流失，因此，运动后最好饮接近于血浆渗透压的淡盐开水，以保持体内的盐平衡。也可选用橙汁、桃汁等原汁稀释饮料，不要饮含糖量过高的饮料。

5. 选择适宜的训练场所

（1）要选空气清新的地方

由于体育训练时，体内代谢加强，肺通气量增加。环境被污染的地方，工业废气、汽车尾气的排出，造成空气成分发生很大的变化，这时如果吸入有害物质，会比平时吸入的增多，就会危害健康。

若在人数多、通风换气不充分的体育馆或密闭的室内进行体育训练，由于空气中的二氧化碳含量过多，可使人头晕、运动能力下降，对人体产生不良影响。另外，雾大不宜进行体育训练，因为雾中多含有尘埃、细菌和其他有害物质。

（2）运动场地的要求

训练时还要选择合适的场馆，场地不能过于狭窄，要平整，不能有碎石杂物，空中也不能有悬挂物，以免发生碰撞和损伤。场地不能太滑，做跳跃运动的场地不能太硬。游泳时游泳池要符合标准，水质要过关。

运动场地周围应合理栽种各种树木，这样可以改善空气环境。室外篮球、排球、网球场，以土质为宜，场地须结实平坦。足球场最好是草皮场，要求保持平整、结实而富有弹性。在跳远坑里，应垫上干净的沙子，使用前应将沙子掘松，用耙子理平。投掷标枪、铁饼、铅球的区域，地面要平整，铁饼投掷区应三面围上铁丝网。

体育馆应有完善的通风和照明设备，室内或夜间的场地采光和照明要充足，光线要柔和、均匀、不炫目，应经常开窗通风换气。体育馆内应保持清洁卫生，馆内应设有更衣室、温水淋浴室和厕所等。

（3）运动器械

田径运动：投掷用的各种器械表面要光滑，无破裂处，无泥土；器械的重量和大小，要符合训练者的年龄和性别特点。

体操运动：体操用的各种器械，例如单杠、双杠等，表面要光滑，安装要牢固，落地处应放置体操垫。在上器械前，手掌可抹些镁粉，目的是加大摩擦力、以防脱手而引起事故。球类运动：使用的球必须符合规定标准。练习或比赛时，应充分利用保护装置，例如护腿、护膝等，这样可以防止运动损伤。

（4）避免强烈的日光照射

室外运动时，要避免强烈日光的过度照射，防止紫外线和红外线对人的损害。在强烈的阳光下活动，特别是在高原地区，应戴遮阳镜或太阳镜，减少太阳射线对头部和眼睛的直接照射，或抹一些防晒霜以保护皮肤。

（5）运动衣着

服装能保护人体免受外界环境的各种不良影响。服装的保温性、透气性、吸湿性等，均具有重要的卫生作用。因此，运动时穿的衣服要轻便、舒适。经常从事体育训练的人，要勤洗勤换运动衣裤，尤其是内衣裤，以免汗液和细菌污染机体健康。

鞋子尺寸应以合适为原则。从卫生学的观点看，运动鞋应当轻便、富有弹性，具有良好的透气性。另外，袜子应当通气良好，吸汗性强，而且干净、柔软、富有弹性。

6. 训练后的保暖和洗浴

体育训练后洗澡不仅可以保持皮肤的清洁卫生，还能使神经系统的兴奋性降低，体表血管扩张，血液循环加快，从而改善肌肤和组织的营养状况，降低肌肉紧张，加强新陈代谢，有利于肌体内营养物质的运输和疲劳物质的排除，提高睡眠质量。

训练后进行温水浴是消除疲劳的好方法，水温40℃左右为宜，时间为10～15分钟。体育训练后不能立即进行冷水浴，否则，不仅不能消除疲劳，而且会引发各种疾病，严重的会当即休克甚至死亡。因为这时如果进行冷水浴，会迫使皮下血管迅速收缩，热量散发不出来，肌体就会因热量积聚而发生代谢紊乱，从而引起疾病。

同时，剧烈运动后，肌体的免疫力有所下降，这时如果不注意保暖，各种病毒细菌就会乘虚而入，造成感冒、发热等症状。因此，训练后应赶快穿好衣服，不要等凉了以后再穿。

（四）女子体育训练的卫生

女子参加体育训练，除了要遵循一般成人体育训练的卫生要求外，还需注意女性的身体特点。

1. 根据自身的生理特点选择适当的身体练习

多进行平衡性、柔软性、节律性和动力性的练习，多进行发展腹肌、手臂肌和骨盆肌的练习。最好避免采用剧烈震动和引起腹内压升高的身体练习。

女子体育训练的一般要求：

（1）女子呼吸系统和心血管系统机能比男子差，在训练中总体运动量比男子要相对小些。

（2）女子肩部较窄，臂力较弱，故避免做过多的持久的支撑、悬垂和大幅度摆动。女子在青少年时期，骨盆尚未发育完全，不要过多地进行负担量过大的负重练习，如从高处跳下、举重等练习。

（3）根据女子爱美心理和柔韧性较好的生理特征，可多选择一些节奏性较强、轻松活泼的练习，如艺术体操、舞蹈等项目。

（4）为塑造形体美，可多选择一些增强腰背、腹肌和骨盆底肌的练习，如仰卧起坐、仰卧举腿等练习。

（5）要重视全面身体素质训练，克服和改善女生的生理弱点，努力提高力量、耐力等身体素质，使之终身受益。

2. 月经期体育卫生要求及其他

月经是女子正常的生理现象，经期一般不出现明显的生理机能变化。所以，身体健康的女子在月经期间不必完全停止体育训练，适度的体育训练还有助于女子经期的平稳过渡。在经期参加适量的体育活动，不仅可以改善盆腔血液循环，减少盆腔充血，而且由于运动能起到对子宫的柔和按摩作用，有利于经血排出，并且可以调整大脑皮质的兴奋和抑制过程，有利于人体机能的正常运行。月经期易出现情绪波动、烦燥，适当参加一些体育活动，可使精神愉快，情绪放松，神经过程得到调整。但在月经期必须注意下列事项：

（1）运动量要适宜，训练时间要适中。运动时间不宜过长。对月经初期的少女，由于经期尚不稳定，运动量更要小些。对恐惧经期期间训练者，要多帮助指导，使之逐步形成经期训练的习惯。

（2）身体健康、月经稳定者，经期第1~2天可进行轻微性体育运动，如广播操、传垫排球等；第3~4天可逐渐加大运动量，如进行球类活动和慢跑等；第5~6天便可正常地参加训练。

（3）不宜做震动性大、对抗性强的动作。月经期间应避免做振动大的跳跃、憋气和静力性练习。更不宜参加游泳、长跑、跳跃或持续时间较长的快速运动，因为月经来潮时子宫开放，子宫内膜破裂出血，游泳时容易使病菌侵入内生殖器，引起炎症性病变。

（4）如果出现月经紊乱、痛经和明显腰部酸痛等情况，则应暂时停止体育训练。必要时进行相应的医务检查。

（5）经期应注意保暖，避免寒冷刺激，以防发生痛经、闭经或月经淋漓不尽等。经期也不宜进行日光浴，否则易引起经血量过多。

女同学参加跑步、跳跃等运动时，无论乳房本身大小，下垂与否都应戴乳罩，乳罩的大小松紧应适度，注意不过松不过紧，以免影响乳房和胸廓的发育。

有些女同学一味追求线条美，腰带勒得过紧，使腹腔脏器肝、脾、肾、胃、肠等紧压在一起，造成消化道血液循环不良，消化吸收功能下降。长期束腰会出现子宫脱垂，引起尿失禁，还会由于腹压升高使静脉回流不畅，引起痔疮、盆腔炎、下肢静脉曲张及血栓形成。所以束腰对健康危害很大，要及早摒弃。积极参加科学而系统的体育训练和健美训练，才是塑造健美体形的正确之路。

二、科学运动训练过程监控

（一）基本概念

运动训练过程监控是运动训练工作重要的一个环节，而做好这项工作的前提就是要知道监控什么，为此，准确领会运动训练过程监控的基本概念就显得很有必要。

1. 运动训练过程

从狭义上讲，运动训练过程是运动训练的主体——运动员在教练员的指导下参加每次训练课持续的过程或这种过程的累积。通常是指从一次训练课的准备活动开始到训练结束的一段时间，也可以是一段时间内训练课的累积，不包括训练课以外的时间。

从广义上讲，运动训练过程是运动训练的主体——运动员从事训练活动期间，参加训练课及训练课以外持续的整个时间，既包括训练课的持续时间，也包括训练课以外的所有时间，训练课以外的时间被看作是训练课的延续，是训练课之间的身体机能调整，它的持续时间可以是1天、1周、1个月甚至1年、多年等。

2. 监控

监控就是监测和控制、调控，是一定的行为主体为达到某一目标或为完成一定任务，通过对确定的行为对象——客体进行定期或不定期的不断监测、检查、监督，获取相关信息，并对信息进行分析，提出调控信息，控制或不断调整客体行为，从而达到既定目标或完成既定任务的活动过程。

3. 运动训练过程监控

运动训练过程监控，就是在运动训练过程中，为了确保训练过程的科学化、实现训练目标，以科研人员为主对运动员的训练过程实施监测和评定的活动和以教练员为主对运动员训练过程实施调控的活动过程的统一。即科研人员运用一定的测量指标对运动员承担训练负荷、训练效果、训练质量、身体机能状况等进行分析与评价，教练员根据科研人员的监测和评价结果对运动训练计划和训练活动实践进行调控，从而达到科学训练、实现训练目标的活动过程。

运动训练过程监控的定义，主要阐明了以下几个要点：

（1）运动训练过程监控是一个活动过程

由于运动训练进行的步骤和程序本身是一个动态变化的过程，因此，对训练过程的监控也应是一个动态的过程。只要运动训练过程发生，运动训练过程监控就应进行。运动训练过程的一个重要特征是长期性和不间断性，因此，训练过程监控也应是一个长期的、不间断的过程。

（2）运动训练过程监控实施的主体是科研人员和教练员，客体是运动员

作为监控主体的科研人员和教练员负责运动训练过程监控计划的制订、监控方法的选择与设计、监控过程的实施、监测结果的分析、调控信息的确定等。他们组织、控制着整个运动训练过程。作为监控客体的运动员在训练过程中承担的训练负荷、竞技能力状况、机体机能的变化与疲劳恢复、伤病、营养等，均是运动训练过程监控的直接对象。

（3）训练过程监控是以确保运动训练的科学化、实现训练目标为主要目的

运动训练的主要目的就是要最大限度地发挥人的机体的潜力，创造最好成绩。要达到这个目的，须确保训练过程的科学化，以提高训练的质量，进而提高训练效果是关键。而运动训练过程监控的目的与任务就是通过对训练过程的不断监测、检查、评价，并对运动训练计划制订提出调控信息，确保训练的质量。

（4）运动训练过程监控是"监"的活动与"控"的活动的统一

运动训练过程监控实施分两个阶段：第一阶段是对运动员训练过程中的各个因素进行监测、检查；第二阶段是对监测的结果进行评定、分析，并对下一阶段的训练计划提出修改意见或建议。这两个过程不是孤立存在的，而是紧密联系的，前者是后者的前提和基础，后者是前者的目的和结果，二者是有机的统一。

在运动训练过程监控中，有时运动员对自己各个方面的感觉更直观，能够实现自我监控。对于运动员的自我监控，我们把它看作教练员与科研人员实施监控的手段的延伸，它只是教练员和科研人员获得运动员信息的一个重要途径，所以，从这个意义上讲，运动员不是监控的主体。训练监控和训练过程监控到底用哪个概念更好？我们认为，还是用"训练过程监控"较好，因为"训练"一词是一个较笼统的概念，并且比较口语化。而"训练过程"更具体，更能反映训练是一个动态的、长期的、具有阶段性的、包括多个环节的过程。

（二）目的和意义

在运动训练过程中，运动员经常会出现训练不足和过度训练的情况，训练不

足会造成体能缺失、技战术稳定性不高、心理状态失衡；而过度训练会造成过度疲劳、损伤、疾病、神经驱动力丧失、过度敏感与兴奋。训练不足和过度训练都不能使我们取得最佳的训练效果，进而获取最好的运动成绩。而运动训练监控的介入可以使整个运动训练过程的计划与实施更具针对性、有效性，提高运动训练的效率，最终达到对运动训练过程的最佳化控制。所谓最佳化控制，就是指对控制的目标、方法和途径的最优化选择，其目的是使某一控制指标达到预定的最大值或最小值或最适宜值由此，可以认为，运动训练监控的目的就是要使运动训练安排具有针对性和有效性，进而取得最佳训练效果。有效是运动训练监控的初级目标，取得最佳训练效果是运动训练监控的高级目标。

运动训练监控的意义：

（1）确定运动员的现实状态；

（2）优化运动训练的内容、方法与负荷；

（3）控制运动训练的效果；

（4）激发和保持运动员的训练热情和动机；

（5）避免训练不足和预防过度训练；

（6）预测运动员的训练潜力和运动成绩。

（三）基本内容

运动训练监控是训练过程的一个主要组成部分，它利用生理生化的方法和技术，测定运动负荷训练过程中运动员体内的一些生理生化指标，以评价运动员训练时的负荷强度和量、训练方法和手段的合理性与效果，以及机体对运动训练产生的适应信息、恢复效果等，从而帮助教练员了解训练效果，正确评价和调整训练方案。运动训练的生理生化监控涵盖了运动训练过程的前、中、后，以及动态的和静态的全方位的监控。

竞技能力发展状况监控子系统是检查运动员阶段训练效果的子系统。竞技能力是运动员比赛成绩的决定性因素，提高运动员的竞技能力是运动训练的根本任务，运动训练效果的好坏主要表现为运动员竞技能力是否得到有效提高。因此，构成竞技能力的各个因素均应作为被监控的内容。对运动员竞技能力发展状况的监控主要包括体能、技术能力、战术能力、心理能力的监控。通过本系统的监控，主要是检查所实施的运动训练能否有效改善运动员竞技能力的各个方面，从而检查所采用训练计划、训练方法与手段等设计的有效性。

运动员承受训练负荷状况监控子系统主要为分析竞技能力发展状况提供依据。竞技能力发展主要取决于训练负荷，无论运动员的竞技能力能否取得改善，均应对运动员在训练过程中实际承受的训练负荷进行分析。因此，本子系统主要对运动员在训练中实际承受的各类负荷量、负荷强度及不同的负荷手段等进行系统监控。运动员训练与比赛期日常身体机能状态和心理状态监控子系统：主要为保障运动员正常训练与比赛提供良好的身体、心理状态的子系统。及时监控训练对运动员身体机能、心理造成的影响，以及运动员身心疲劳与恢复状况，为检查训练手段的效果及安排下一步的训练提供依据。

身心健康状况监控子系统同身体机能、心理状态监控子系统一样，也是为保障运动员正常训练和比赛提供良好的身体和心理状态的子系统，与此同时，健康通常同伤病联系在一起，是医务人员才能解决的问题。因而它主要侧重于对运动员身心疾病等的监控与预防。

营养状况监控子系统是为保障运动员保持正常训练和比赛提供科学合理营养状态的子系统。运动员在运动过程中所需要的能量以及调整身体正常机能状况的各种维生素、微量元素等均是通过营养来提供。对运动员的营养状况进行监控，一方面是确保运动员训练的必需能量和维持身体工作的各种营养素，以及如何确保运动员以最佳的营养状态去参加训练与比赛；另一方面也为分析运动员的身体机能状况提供参考。

（四）基本类型

运动训练过程监控可以按不同分类方法划分为多种类型。

1.按监控内容与运动成绩关系的不同分类

按监控内容与运动成绩关系的不同，可以将运动训练过程监控分为决定性因素监控和影响性因素监控。

众所周知，影响运动员运动成绩和运动训练过程实施的因素有许多，但归纳起来不外乎两大类：一类是内部因素，是运动成绩与运动训练效果的决定性因素；另一类是外部因素，是影响运动成绩和运动训练过程实施的次要因素。

内部因素，主要指决定运动成绩的竞技能力和决定竞技能力的运动训练方法与手段。运动训练的目的就是通过一定运动训练办法与手段，提高运动员的竞技能力，从而取得优异运动成绩。所以，内部因素是训练和比赛的核心因素，要想提高运动成绩，只有通过改进训练方法和手段，提高竞技能力才能实现。

外部因素，主要指影响运动成绩和运动训练过程实施的可控因素，主要指运动营养状况、机能恢复状况、身体健康状况等因素。这些因素本身不能提高运动员的比赛成绩，但它们能保障训练和比赛的正常进行，最终确保运动员获得优异运动成绩。

2.按监控实施间隔时间长短的不同分类

以监控实施间隔时间长短的不同为依据，可分为即时监控、日常监控和阶段监控。

根据从一种状态过渡到另一种状态所需要时间的长短，人们通常将运动员的状态分为三种类型，即阶段性状态、日常状态、即时状态。所谓阶段性状态，是指运动员在较长一段时间内，如1周、1个月、数月由训练效果累积而获得的相对稳定的状态。

所谓日常状态，是指在一次或几次训练课的影响下，即训练效果短时间作用下，身体所处的状态。所谓即时状态，是指运动员在完成一次身体练习的影响下，身体状态即时、迅速所发生的变化，由于持续的时间非常短暂，这种状态也称为即刻状态。教练员只有及时和准确了解运动员的状态，才能有效监控训练的进程，并确保训练的效果。

3. 按评价类型的不同分类

按评价类型不同可以分为结果监控和过程监控。

所谓结果监控，通常指经过一段时间后，对运动员竞技能力和身体机能状况进行检查评定，以检验训练的效果，即在一个点上进行的监控。结果监控实施的间隔时间相对长些，如1周、1个月，或一个训练周期。所谓过程监控，即在一个时间序列上进行的监控，这里主要指对每次训练课所采用的每一种训练方法和手段对运动员机体产生的影响及运动员每天的饮食、伤病等进行监控。

如果说结果监控是反映一段时间训练效果的话，那么，过程监控是反映这一效果产生的原因。可以说，过程监控是为了更好地解释、说明产生监控结果的原因。以时间为轴，我们把即时监控和日常监控看作是过程监控，把阶段性监控看作结果监控。当然，这都是相对的，对于由4个月组成的准备期来讲，每一个月的监控相对于每次训练课来说是结果监控，而相对于4个月来说又是过程监控。

4. 按周期训练理论分类

20世纪60年代马特维耶夫提出的周期训练理论，至今仍在我国竞技体育训练理论中占主导地位。当下，随着竞技体育比赛形式及比赛次数的变化，虽然周期训练理论受到诸多质疑，但其主要思想仍然是指导训练的重要理论依据。周期训练理论把一个训练的大周期分为准备期、比赛期与调整期。因此，可以把运动训练过程的监控分为准备期监控、比赛期监控和调整期监控。

但为了突出赛前训练期的地位及为了分析问题的方便，按照周期训练理论，还可以把训练过程监控划分得更细些，即可分为基本训练期监控、赛前训练期监控、赛中监控与赛后调整期监控。基本训练期监控的根本目的是保障训练过程的安全、有效实施，辅助提高运动员主项所需竞技能力的发展水平，为比赛打好基础；赛前训练期监控的根本目的是保障运动员在基本训练期已获得的竞技能力发展水平、身心健康状况、营养状况等都调整到最佳的竞技状态，准备参赛；赛中监控的根本目的是保障运动员能以最佳竞技状态参赛，并监测运动员在比赛中的发挥情况，为下一周期的训练提供参考；赛后调整期的监控主要是为了确保运动员能迅速恢复体能，防止身心疾病，以最短的恢复时间进入下阶段训练。

（五）基本特征

运动训练过程监控主要表现以下四个基本特征：

1. 全程性和全面性的统一

从时间和空间维度上看，运动训练过程监控具有全程性和全面性统一的特点。所谓全程性特点，主要是指在时间维度上，运动训练过程监控是过程监控和终末监控的统一，是即时监控、日常监控和阶段性监控的统一，是基本训练期监控、赛前训练期监控、赛中监控与赛后调整期监控的统一。进一步讲，运动训练过程监控不是一次或几次的测试，也不是一个月或两个月的监测，而是只要运动员从事训练活动，每天都应进行监控。

所谓全面性特点，主要是指在空间维度上，全面对运动员进行监控，既包括对运动成绩的决定性因素的监控，又包括对运动成绩的影响性因素的监控。具体讲，在运动训练过程中，应从运动员的竞技能力、承受运动训练负荷、身体机能变化与恢复状态、营养状况和身体健康状况等几个方面全面进行监控。运动训练过程监控的全程性，有利于对运动训练进行纵向的对比，这是运动训练过程监控的核心特征，只有通过纵向的对比，才能检查训练的效果及准确分析产生的原因。运动训练过程监控的全面性，是确保运动训练过程监控有效性的前提和保证，只有把运动员在训练过程中的所有信息全面完整地整合、统一起来，才能准确分析运动员的状态和训练效果。

2. 共性和个性化的统一

所谓运动训练过程监控的共性，是指对于从事同一项目的运动员来说，由于项目自身的特点是固有的，制胜的规律是一致的，那么对运动员训练过程监控的要求总体上应是统一的，监控的主要指标以及监控时间的安排规律也基本一致。

所谓运动训练过程监控的个性化，是指对于每一个运动员个体来说，他又具有自身的特殊性，如年龄、性别、专项水平、身体状况、技术特长等不同。所以，运动训练过程监控在共性的基础上，还应该针对每一个运动员个体的特殊情况，有区别地设置监控指标，确定监控方案。运动训练过程监控的共性，有利于运动员之间的横向对比，以了解所监控运动员总体的发展趋势；运动训练过程监控的个性，又有利于充分满足运动员个体的特殊需求，以使每一个体都能得到最佳的发展。

3.定性评价和定量评价的统一

从测量评价学的角度看，运动训练过程监控就是通过对运动员竞技能力、身体机能、身心健康状况的评价，提出下一步训练的调控信息，并及时反馈给教练员的过程。从这个角度讲，监控指标体系的各指标也是评价指标。运动训练过程监控指标体系中大部分指标是直接通过测验、实验等定量指标来客观评价训练过程中运动员的各种状况。但也有少数指标是不能用仪器直接测量的，如运动员疲劳感、用力感及一些心理因素，则需要通过一些定性的方法来评价。这些定性评价有时是定量评价所不能代替的，在运动训练过程监控中具有重要作用，是对定量评价的补充和深化。因此，必须把定量指标的定量评价与定性指标的定性评价统一起来。

4.静态性和动态性的统一

从对监控监测结果如何合理解释的角度看，运动训练过程监控具有静态性和动态性统一的特点。一些保障性指标，如反映身心健康类指标、营养状况指标、身体机能恢复等指标，大多能直接反映当前运动员的发展状况，如果这些指标检查出异常，应马上提出调控建议。而对于竞技能力、运动员承担负荷状况等指标，则需要通过一个相对较长的时间才能反映出一定的规律来，不能通过1天、1周或2~3周的训练就能表现出来。所以，对于这些指标通常不要在监测结果出来后马上提出调整建议，而是经过几天、几周，甚至几个月的动态监测才能评价结果。因此，从这个角度讲，运动训练过程监控具有静态性和动态性统一的特点。

第二节　专项身体素质理论与训练

一、专项特征概述

（一）专项特征定义与构成

专项特征是指一个运动项目在比赛规则的允许下，以获得最大的运动效率为目标，在力学、生物学等方面表现出的主要运动特点。

通常专项特征可以分为技战术、体能、心理和环境等方面，每一个方面又由不同的因素构成。从训练学的角度分析，竞技运动项目的特征包括三个不同的层次：一般特征、项群特征和专项特征。三个不同层次的项目特征在范围上并没有质的区别，其主要差别在于对项目特征解释和描述的程度上。

项目间的差异，并不是总能体现在所有的项目特征上，如技战术、体能及心理等，尤其是对于同一属性的运动项目来说，它们的差异可能更多地集中某一个项目特征中。例如田径的1米跑和20米跑项目，它们的专项特征在很多方面具有共性，其差别主要表现在由于运动时间不同而造成专项运动时能量供应特点的不同，正是这些不同的供能特点为运动员的训练提供了目标和依据，100米跑运动员的训练应该以发展ATP/CP能量代谢能力为主，以提高"速度"为核心，而200米跑运动员在提高速度的基础上还应该注重发展无氧乳酸代谢能力，加强"速度耐力"的训练。

（二）专项特征的确定

由于各运动项目的性质可以从各个不同的方面和角度去确定，而且一个项目的性质以不同的标准确定可以有多重性。但其特征的确定则要找出区别于其他项目的特别显著的标志。训练中确定运动项目特征通常有四个方面。

1. 各运动项目比赛规则规定取胜的主要因素

以竞技体操为例，我国体操界广大教练员、科研人员、运动员通过多年的探索，多数认为竞技体操项目的显著特征是"难、新、美、稳"，这是竞技体操比赛规则规定的取胜的主要因素。

2. 运动项目的主要供能系统

在体能类项目中，经常以主要供能系统确定项目的特征。例如田径100米跑主要特征是ATP供能，因此训练中提高运动员的无氧代谢能力，发展速度是最为重要的。

3. 运动项目的技术结构和主要环节

任何一个运动项目的动作技术都有其特殊性，具有不同的技术结构和主要环节。动作技术的结构主要指动作是由哪些部分构成的，动作技术的主要环节是在构成动作技术的若干部分中，对完成动作、决定成绩最具影响的部分。

例如，田径运动中的跳跃项目，无论是跳高还是跳远，动作技术主要是由助跑、踏跳、空中姿势和落地四个部分构成的。其中踏跳与助跑的速度，起跳的支撑时间、角度、力量等密切相关，对整个技术动作的完成和运动成绩的提高影响最大。

4. 运动项目对运动素质的特殊要求

在举重项目中，若仅仅依照运动素质的特殊要求来确定其是力量性项目，这并非十分严谨。因为从比赛动作抓举和挺举两项来说，它需要的力量是全身协调用力的速度性力量，或称爆发力量，而不是单纯的最大力量，这也是该项目比赛动作技术对运动素质的特殊要求。因此准确地说，举重项目的特征，其实是全身协调用力的速度力量性项目。

例如田径中的投掷项目，以远度确定成绩。远度主要决定于比赛中器械出手的初速度，而各器械项目的器械重量又是恒定的，也就是说克服的阻力是没有变化的。所以投掷的远度并非主要取决于力量的大小，而主要取决于出手的初速度。

二、体能与专项能力

（一）体能

体能是运动员竞技能力的重要组成部分，也是运动技能表现的必要条件。科学合理的体能训练，能够提高运动员的竞技能力和改善身体形态，使之更加适应专项运动和技术的需要，从而达到提高运动水平的效果。同时，对提高运动员预防伤病的能力和恢复能力也有积极意义。毫无疑问，体能训练越来越得到各级运动队教练员的高度重视。体能训练研究也成为目前国内体育科研的热点研究领域，成为众多运动训练学专家所关注的焦点。

1. 体能相关概念辨析

目前，我们经常见到一些和体能相似的词汇，比如体适能、体质、体力、运动能力等。其实，这些词汇的概念与体能概念有很大的不同，如果不清楚它们之间的区别，我们就无法对相关的理论问题进行深入的研究。

（1）体能与体力的区别

体力，是人体活动时所付出的力量。一般理解为机体整体的抗疲劳能力，它是体能的重要组成部分之一。体力是与耐力有密切联系的概念，但它又不能完全等同于耐力。我们经常谈到的体力，一般是指身体整体的耐力。

体能与体力的主要区别在于，体能不仅内涵上与体力有所不同，它指的是运动员运动能力与对环境适应能力的结合体，而且外延要大于体力，体力涉及的身体抗疲劳能力仅是其适应运动需要的一个方面的能力。

（2）体能和运动能力的区别

运动能力是身体在运动中表现的活动能力，包括一般活动能力和竞技运动能力。体能与运动能力的区别，主要表现在概念的层次关系上，体能是运动能力的上位概念，也就是说，体能包括运动能力，它比运动能力涉及的内容要多，如体能还包括运动员对比赛环境的适应能力。

（3）体能与体质的区别

体质是指人体的健康水平和对外界的适应能力，是在遗传性和获得性基础上表现出来的人体形态结构、生理功能和心理因素的综合的、相对稳定的特征。其包含的范畴综合起来有：

1）身体的发育水平，包括体格、体型、体姿、营养状况和身体成分等方面；

2）身体的功能水平，包括机体的新陈代谢状况和各器官、系统的效能等；

3）身体的素质及运动能力水平，包括速度、力量、耐力、灵敏、协调，还有走、跑、跳、投、攀登等身体基本活动能力；

4）心理的发育水平，包括智力、情感、行为、感知觉、个性、性格、意志等；

5）适应能力，包括对自然环境、社会环境及应激原的抵抗能力等。体质侧重点在于先天遗传表现出来的基础的生理和形态结构，是一种比较稳定的、先天性的基本的身体素质和内在心理的倾向，在静态中表现出来的一种机能的特质。

体能是体质的下位概念，即体质包含体能，是体质的一个主要方面，是体质的前提和基础，是体质在一定范围的延伸。体能侧重于运动员的运动能力和运动适应能力，是有机体各器官、系统的机能在肌肉活动中的反映，是人体机能在动态中表现出来的特质。在评价方式方面，体质好坏，用一个精确的"标准"是不可能完成的，而体能是生理机能的外在表现，是身体物质做功的能力，体能水平的高低可以有速度、力量、耐力、灵敏等身体素质等计量指标。在运用方面，体能主要应用于运动训练研究实践中，而体质则侧重应用于遗传和医学等方面。

（4）体能与运动素质的区别

运动素质是体能的外在表现，是体能的构成因素之一，属体能的下位概念，也是运动实践中评价和检查体能水平的常用指标。体能与运动素质既有联系，又有区别。运动素质是指运动员具备的力量、耐力、柔韧等。

体能概念涵盖的内容更广，既有运动素质，又有运动员对比赛环境的适应能力。所以，专项训练中，体能训练是从整体、全局的角度，运用各种有效的训练手段和方法，提高运动员的专项运动能力和对比赛环境的适应能力，使运动员的身体形态、机能水平和运动素质在同一个体中实现最优配置，达到提高竞技能力的目的。而运动素质训练主要偏重于速度、力量、耐力、柔韧等能力的提高。

2.体能特点

至今，体能训练已成为各个运动项目竞技能力训练的主要内容，但由于教练员对体能本质特征的认识存在差异，因而，体能训练效果也不尽相同，所以，揭示体能训练特点很有必要。归纳起来为特异性、时间局限性和不均衡性。

（1）体能的特异性

体能的特异性，又称为其专项性。从不同运动项目中挑选相同年龄阶段的运动员进行最大吸氧量和最大氧债值实验室测定，所得数据较为一致，但若再用专项负荷进行测验就可发现，其结果与实验室资料比较差异很大，说明体能存在着特异性，即专项性的特点。

体能的获得是通过采用专项特有的手段训练的结果，即使用非专项的手段来获得，也必须符合该项目的要求。其生物学机制在于适应过程的专项特异性，这是现代竞技运动中保证运动技术水平的一个特征。适应性反应的专项特异性不仅表现于身体素质和植物性神经系统能力的发挥方面，而且表现于心理因素的发挥方面，特别是在完成紧张肌肉活动，又必须用意志来加强工作能力这一方面。

（2）体能的时间局限性

某一种体能水平只能保持相应的时间，这就是体能的时间局限性。体能的产生过程即是运动员有机体的适应过程，任何适应过程都存在着两种适应性反应：急性但不稳定的、长久的相对稳定的。急性适应性反应产生的体能，取决于刺激的大小、训练水平及其机能系统的恢复能力。由专项强化训练所获得的体能虽然目的很明确，但并不表示有极大的稳定性。因为这种适应性反应是通过高强度的专项负荷产生的，是以超量恢复为其表现特征的，并不建立在各种器官和系统的肥大、变异的基础上，即生物学的形态改造上。这就导致体能存在着时间局限性。虽然相对稳定的适应性反应是建立在各器官、系统的形态改变基础上，但是各运动专项的特点是随着专项成绩水平的提高而变化的。即使在某一时期已形成较为稳定的体能，但随着专项特点的改变，原有的体能将不再能满足未来专项特点的需要，因此也表现出时间局限性。

（3）体能的不均衡性

体能的不均衡性表现为已获得的体能不可能在较长时间的工作过程中维持同一水平。这是因为，任何肌肉活动都是依靠有机体的能量供应系统的工作保证的。能量供应系统存在着无氧系统和有氧系统。无氧与有氧系统工作时，机制迥异，动员的器官系统也不相同。虽然这一工作过程发生在同一机体上，但相互之间有着一定的独立性。在维持较长时间的工作时.虽然有着主导供能系统支撑工作，但还是要依靠互相的交替和补充。这时，各供能系统之间存在着"衔接"的问题。由于每个供能系统的发展并不完全一致，并不整齐划一，因此必然会产生总能量供给的波动状态。

3.影响体能发展水平的主要因素

体能发展水平的高低，受运动素质、形态结构、机能水平、心理品质和适应能力等多种因素的影响。

（1）形态结构对体能的影响

人体的形态结构影响体能发展水平的高低。通过发展肌肉的力量练习，肌肉的横断面增大了，肌肉的重量体积增加，运动员的体重增加了，形体发生了变化，在投掷运动中，增加了运动员动作过程的中动量。

在动作速度、动作技术等基本不变的条件下，人体动量的增加，器械出手时的速度就增加，从而器械就能飞行更长的距离。足球、篮球等项目中运动员肌肉体重的增加，就增加了在同等动作速度条件下的动量，提高了在短兵相接时的对抗能力，包括合理冲撞能力。

通过训练运动员心脏的心室或心房的肌肉出现运动性增厚，肺脏呼吸肌增加，等等，这些形态结构的变化，导致心脏每搏血液输出量增加，尤其是承担最大运动负荷时，心脏血液最大输出量增加，这就直接有利于人体承受最大运动负荷时氧气和营养物质的供应、代谢物质的还原和消除等机能能力的提高，从而有利于体能的提高。

（2）人体的机能能力对体能的影响

人体的机能能力包括承担负荷量的能力、承担负荷强度的能力、承担总负荷的能力、恢复能力、免疫能力、可塑性、体能动员发挥能力等，这些能力的大小直接影响体能的大小。

承担负荷量、强度、总负荷能力的高低是衡量和评定体能高低的主要指标和标准，其中任何一项能力指标的上升或下降都是体能提高或下降的标志，其中任何一项指标提高了，即标志着体能相应提高了。

恢复能力，尤其是以大强度为主的大负荷训练后的恢复能力是近代运动训练中越来越重视的主要训练指标之一，提高恢复能力是最重要的研究课题之一。这是因为恢复能力大小或高低直接决定体能能力、竞技能力提高的幅度、速度及最终达到的高度。大负荷刺激后，身体产生不适应反应，恢复能力强的运动员产生新的训练适应的能力就强，可塑性就大，包括体能在内的各项竞技能力因素提高就快。

适应能力、免疫能力也是对体能的高低起决定性影响的因素之一。该能力的稳定提高对体能的提高和发挥都起着保证和促进作用。对训练负荷、对训练比赛等体内外环境适应性差的，对流行疾病免疫力低的运动员体能的稳定性必然差，训练的系统性必然缺乏必要的保证。体能的动员发挥能力也是体能的重要组成部分之一。体能水平基本相同的两名运动员，谁的动员发挥能力强，谁就能战胜谁，这也是比赛中最普遍的现象。

（3）心理能力、技能等竞技能力因素对体能的影响

在运动训练和比赛中，运动员的体能不但与形态结构、机能能力、运动素质等因素或与这些因素的潜力直接相关，而且与能否把这些可能性和潜力充分协调

组合充分发挥表现出来的心理能力、技能，甚至是战术能力等竞技能力的组成因素的能力大小密切相关。

在各个运动项目中，尤其是在体能类运动项目中，我们经常能见到一些运动能力，甚至形态结构较好的运动员，由于承受心理压力和抗外部干扰能力较低，或动作技术不尽合理，不够稳定巩固，造成体能能力或其潜力得不到应有的发挥，运动成绩往往还不如一些体能能力及其潜力与自己基本相同、基本相近，甚至稍低而心理素质和技术水平发挥较好的对手。

（4）比赛环境对体能的影响

体能就身体本身而言，具有贮备性和潜在性。如主观不情愿或客观受限制，则体能不能得以展现和发挥。其一，主观能动性如何。主观上可以调控自身能力释放的总量和强度，因此思维指令是决定体育发挥的关键因素。其二，神经中枢的兴奋状态怎样。精神振奋与萎靡不振势必有截然相反的体能表现。其三，意志品质等心理特征怎样。体能的施展是一种体力的耗费，在许多情况下是一种艰难甚至是痛苦的生理过程，其中意志品质的作用是相当重要的。其四，对变化的外界环境的适应能力如何。外界环境的变化，势必引起机体的应答反应。体内的这些变化，就会连锁地影响体能的发挥，适应能力强，机体调节快，则能应答自如，宛若平常。综上所述，一定的体能水平或潜力，必须具有相应的心理能力和技能等作保证才能相应或充分地发挥出来，才能构成竞技能力中的体能优势，才有实际意义。因此，在体能训练中，我们不但要切实抓好体能三大组成部分的训练提高，而且还要认真抓好心理能力、技能水平的改善和提高。

（5）形态结构、机能能力和运动素质的相互关系

形态结构制约机能能力的发展和提高，机能能力制约运动素质的发展和提高。因此，体能训练内容和训练安排，不仅要最终落实到运动素质的发展和提高上，还要相应兼顾到形态结构、机能能力的提高和发展，这样才能使体能训练收到事半功倍的效果。例如，肌肉的肌腹长，肌腱短而粗壮，去脂体重大，肌肉的放松紧张能力强等肌肉的形态结构条件好，这就预示着肌肉的收缩能力强，发展潜力大；机能能力的发展提高快，潜力大；力量、速度等运动素质发展潜力大，最终体能提高快、水平高。形态结构制约机能能力，机能能力制约运动素质的发展，另外我们也发现形态结构、机能能力等体能因素水平的高低必须通过运动素质的高低表现出来才有实际意义，才能促进体能，进而促进竞技能力的提高。

在运动实践中，我们时有发现一些运动员的形态结构、机能能力均不错，而运动素质水平相对不高，导致体能上不去，或水平不高，最终导致竞技能力和运动成绩的水平受到限制，正如俗话所说的"花架式"。而有些运动员的形态结构

或机能能力并非很好，而运动素质却能上得去，表现出很高的体能水平和竞技能力。最为著名的例子是两届奥运会金牌得主土耳其举重运动员穆特鲁，肩、肘关节的形态结构有明显的伸不直的问题，明显地影响了两臂的支撑力量，影响了体能能力，但他具有过人的两臂上推力量，具有过人的支撑能力，因而取得了独霸一方的骄人成绩。

（二）专项能力

专项能力与运动员专项运动紧密相关，它是能直接促进专项成绩提高的一种特殊能力。对运动员而言，其竞技能力充分的发挥，主要依靠对运动成绩具有决定性作用的专项能力的强化训练，挖掘其体能和技术的潜力，这样才能有效促进运动成绩的快速提高。专项能力训练的目的是根据运动员现有条件，将个人身体素质转化为专项竞技所需的能力。不但练习内容要依运动员训练水平、技术状况、训练时期、年龄及生理、心理特点而定，而且其动作时机、速度、顺序、路线、幅度及身体姿势等时间和空间特征也应尽量接近于比赛技术动作，或尽可能满足专项竞技和比赛的需要。因此，专项能力训练是将运动员身体机能和身体素质转化为专项实战能力的重要桥梁，在实践中往往是取得高水平运动成绩进一步突破的关键环节。

1. 专项能力的定义

一个未受过竞技运动专业系统训练的人也许同样具备很好的肌肉力量，但是他在任何一个运动项目的比赛中都不可能达到高水平，其原因就在于他拥有的力量不是专项运动所需的力量，专项能力达不到专项运动员的水平。

专项能力是相对于一般能力提出来的。一般能力指运动员全面和基础的能力，是"专项能力"的基础，它主要对专项运动成绩起间接的支持作用。专项能力指与运动员的比赛专项有密切关系的能力，是决定运动成绩优劣的直接因素。专项能力就是运动员进行专项运动的直接动力，是区别不同专项和运动水平的显著指标。一般能力与专项能力的主要差别在于专项技术的存在，一般能力是竞技运动项目都需要的基础能力，而专项能力是一般能力与专项技术的有机结合，是一种专门的能力体现。

2. 专项能力的训练

在各个项目的训练过程中，都必须处理好专项能力与一般能力的发展关系，合理安排好两种能力训练的内容和训练时间的比重。在多年训练过程中，随着训练水平的提高，专项能力的训练应逐渐占主导地位。

（1）强化"专项"在训练中的核心位置

在运动员多年训练过程中，一般能力和专项能力的发展在比例上并不是等同和不变的，而是随着年龄和专项成绩的提高不断地发生变化。一般来说，在基础和初级训练阶段，一般能力的训练占有重要位置，而随着年龄和运动成绩的提高，专项能力的训练比例逐渐增加，直至在进入高水平训练阶段后成为训练的核心。

在过去近2年的训练过程中，人们过于强调训练的"多样化原则"，在运动员进入高水平训练阶段后仍然采用大量分解和局部的训练手段和负荷发展运动员的专项能力。在这一训练思想的指导下，我们恰恰忽视了专项本身作为一种专项训练手段对专项能力发展的作用，没有认识到完整的专项练习是集机体各种不同能力于一身，从生理、心理到技、战术等多方面对机体构成最全面和最适宜刺激的训练手段，从而致使以突出整体和综合性为主要特征的专项能力得不到有效的发展。因此，自20世纪90年代初期开始，国外学者重新提出专项本身是专项训练的核心内容。

这一专项训练旨在强化"专项"在训练中的核心位置，以提高专项成绩作为训练的最终目标，从运动训练的生物适应理论出发，最大限度调动和发挥机体的专项潜能，在科学训练思想的指导下强调和突出不同运动能力的协作和整体发展。完整和高强度的专项训练对于高水平运动员尤其重要。运动员进入高水平训练阶段后，各项身体素质及它们之间的协作已经达到很高水平，某一局部运动能力的改善不仅很难使专项成绩得到提高，而且有时还会影响整体的发展。此时，只有运用完整和高强度的专项练习手段才能在更加接近实际比赛的环境下，充分挖掘那些与专项密切相关的器官和系统的潜力，从整体上促使不同素质之间、各种素质与技术之间以及心理、环境等因素与技、战术的发挥之间的协作更加均衡和稳定。另一方面，体能类项目的特点也决定了"专项"在训练中的核心作用。当运动员进入高水平训练阶段之后，运动成绩的进一步提高很大程度上依靠"体能"的改善得以实现。分解和局部的训练在训练负荷上难以达到"专项"的训练效果，显然无法有效地提高专项能力。但是，我国部分体能类项目的训练表明，至今完整的专项练习手段作为专项训练的核心内容无论是在理论认识上，还是在训练实际中均处于滞后状态。它导致我国相当一部分高水平运动员尽管拥有出色的身体素质条件，却无法在专项技术中得到充分展现。

同时，我们还发现，我国运动员不仅在专项成绩上落后于世界水平，而且在比赛适应能力和连续比赛能力上与世界优秀运动员也存在较大差距。相当一部分优秀运动员总是不能在国际大赛中取得令人满意的成绩，在预、复、决赛多轮比赛中成绩的起伏过大，这都证明我国运动员的"完整专项训练水平"较低。

（2）提高训练强度

传统的周期训练理论曾对运动训练产生过较大的影响，尤其在青少年运动训练方面，虽然至今仍有积极的指导意义。但其已不能完全适用于现代高水平竞技体育研究。在旧的训练模式的指导下，一些教练员片面地理解训练"量"与"质"的关系，机械地认为数量的堆积是获得训练质量的前提，简单地将由训练量引起的机体疲劳作为衡量训练效果的指标。这种以"量"为主构成的训练，即使是运用了非常"专项化"的训练手段，也不可能提高训练的"强度"。运动成绩的提高，取决于多方面的因素，其中训练质量对训练的效果起着至关重要的作用，而训练的质量取决于训练的强度、完成专项技术和练习动作的正确性及练习的密度和数量等。训练目标不明确、重点不突出、针对性不强的低强度训练，运动员的专项能力也就难以提高。运动训练实践已经证明，随着运动员竞技水平的提高，机体各器官、系统的功能及其它们之间的协作不仅达到了相当高的水平，而且日趋逼近生理机能的极限。运动员进入高水平训练阶段的一个主要特征为竞技能力的"可塑空间"逐渐减小，专项成绩的提高速度日趋缓慢，它导致运动员对训练手段和负荷的要求显著增强。在这种情况下，低强度大负荷训练不利于专项水平的提高，有一定强度要求的训练才能有助于运动员保持稳定状态，在比赛中发挥水平。

（3）根据"从实战出发原则"安排训练

"从实战出发"，就是要将比赛场的残酷性、对抗强度、比赛压力体现在训练中。

1）掌握项目特点和规律

运动项目特点是建立科学指导思想的根本，是科学设计训练方法的源泉，是我们制订科学训练计划的指南。因此在实践中，只有切实了解和掌握了运动项目的特点，才能做好优秀运动员的专项能力训练，否则一切都是空谈。对运动项目的规律和特点有了本质的认识，专项运动能力训练的方向才不会出现偏差，运动成绩才会大幅提高。项目的特点不是一成不变的，随着比赛规则的变化，运动水平的提高，我们在训练中对专项的理解也应随之变化，专项训练的方法和手段也应发生相应的变化。

2）重视训练与比赛的一致性

从实战出发就是从比赛的实际需要出发，是专项训练与比赛一致性的具体体现和要求。从实战出发要求在训练中使用比赛时完整和高强度的专项训练手段，这对于体能类项目可能十分重要，比如田径中的跳高和跳远等。但是，在实践中，完整的专项练习手段作为专项训练的核心内容无论是在理论认识上，还是在训练实际中均处于落后状态，如此可能导致相当一部分高水平选手尽管拥有出色的身体素质条件，但由于体能水平与专项成绩的不平衡而无法在专项技术中得到充分展现。完整和高强度的专项训练对于高水平运动员尤其重要。运动员进入高水平训练阶段后，各项身体素质以及它们之间的协作已经达到很高水平，某一局部运动能力的改善不仅很难使专项成绩得到提高，而且有时还会影响到整体的发展。此时只有运用完整和高强度的专项练习手段才能在更加接近实际比赛的环境下，充分挖掘那些与专项密切相关的器官和系统的潜力，从整体上促使不同素质之间、各种素质与技术之间以及心理、环境等因素与技、战术的发挥之间的协作更加均衡和稳定。

3）坚持从难、从严要求

从实战出发要求我们在进行专项能力训练时要从难、从严进行。从实战出发的难就是强调专项能力训练的针对性和高质量；从实战出发的严，最根本的就是要突出专项的特点。从难和从严的训练要求我们的训练必须有针对性，根据实战需要从实际出发，结合运动员的个体特点，进行有针对性的训练。

4）注重心理和智力的培养

对优秀运动员的培养，不仅包括加强对其体能和技术的训练，更重要的是加强对其心理和智力的训练。例如，根据运动员的心理与智力特征，坚持从实战出发，塑造其优秀的心理素质。在实战训练中要打破以"体力投入为主"的单一训练模式，使之向身心并重、技能合一的方向转化和发展。在实践中，有些运动员在大赛中因心理失衡而导致失败，其实这就是平时训练中不注重内在质量的结果。

3. 专项能力训练中存在的问题

（1）对一般与专项能力认识上的误区

在不同训练时期，一般与专项能力在训练中扮演的角色，以及它们对运动成绩所产生的影响均会发生很大的改变，例如在低、中级训练阶段，最大力量是专项快速力量的重要基础，此时最大力量的提高往往伴随着专项快速力量的改善，但是当运动员进入高水平训练阶段后，专项快速力量与最大力量的关系也随之改变，并非依然成比例地发展，一些运动员可以在最大力量不提高的情况下使专项快速力量得到优先发展。

另一方面，部分教练员将一般与专项能力视为两种相互独立的能力，认为必须拿出专门的时间和运用专门的训练手段分别发展这两种能力，其结果同样导致在高水平训练阶段，由于担心一般能力的下降而不能把训练的重点迅速转向专项能力的培养。

（2）专项能力训练安排的错位

运动训练系统化的主要特征之一，是根据不同专项的特点和人体生长发育的规律，在运动员成长的不同时期合理地设计和实施不同的训练内容。训练实践证明，这种贯穿多年的系统和科学的训练，是获得优异成绩的重要前提和保证。但是，我国部分体能类运动项目的训练至今仍然缺乏长期的系统性安排，未能处理好"一般能力"和"专项能力"的发展问题。其主要表现为：在运动员的基础和初级训练阶段，过早地运用成年选手的训练方法和手段，专项训练的比例和强度过大，造成了运动员的"早期专项化"。但是，在运动员进入高水平训练阶段之后，专项能力训练却没有受到应有的重视，一般能力的训练仍然保持较高的比例，导致高水平运动员专项能力训练的比例减少，难以突破已到达的"能力极限"，专项成绩长期徘徊不前甚至倒退。

（3）重"外在"而忽视"内在"的专项能力训练

从"生物适应"理论的角度来看，影响训练效果的主要因素是训练手段和训练负荷。训练手段的选择确定了机体接受刺激的部位和运动方式，而负荷的大小则决定了对某一部位刺激的程度，它们从内、外两个方面确保了机体能力沿着预定的训练方向发展。然而，在我国体能类运动项目的专项训练中普遍存在只注重专项训练的外在而忽视内在的问题。教练员往往易于选择那些与专项相近的训练手段，但对某一个专项练习的负荷，尤其是负荷强度缺乏科学的设计，在诸如练习次数、组数以及次和组间隔等一些训练强度的主要构成要素上不能很好地反映或突出专项的特点，致使那些主要由负荷强度确定的机体能力得不到有效的刺激。当然，也不可能产生对专项的"适应"。

纵观当前世界对专项能力训练的研究成果，一个突出的趋势是人们将研究的重点更多地投向训练负荷强度方面。人们根据人体运动器官和系统的生理、生化特点，结合不同项目对上述特点的依附程度，提出了针对性的专项训练负荷原则。

我国体能类项目普遍存在对训练微细构架重视不足的问题，在单元训练计划的安排上，一方面缺乏对运动员训练状况及其动态变化的详细了解；另一方面又没有生理、生化和训练学等基础理论的支持，所以，在诸如练习次数、组数、间歇时间以及负荷量和强度等方面表现出一定的盲目性。

三、专项身体素质训练方法

（一）专项力量

1. 专项力量概念的界定

运动训练学专家们常常把专项力量看作是力量素质的下位概念，将力量与专项的关系划分为一般力量和专项力量。专项力量究竟是一种什么样的力量，它的概念究竟应该如何界定，目前在运动训练学界尚无统一的认识。

2. 不同项目对力量的不同要求

在对"专项力量"进行界定时，必须弄清不同项目对力量的不同要求，通过分析几个典型项目的用力特点后我们发现，这些要求主要体现在以下方面：

（1）在不同的运动项目中，由于专项动作用力时刻的起始速度要求不同，最终将导致不同专项运动员的力量产生差异。

（2）由于不同的项目对肌肉用力的持续时间要求不同，导致对运动员的肌纤维成分、用力时的供能系统，以及最大力量和快速力量的要求不同。

（3）在肌肉用力的目的相似时，用力收缩方式稍有不同，会对力的效果产生重大的影响。

（4）在动作结构相似的条件下，如果用力方向的要求不同，对运动员的用力要求也是不同的。

（5）即使在动作结构相似的条件下，如果克服的恒定外界阻力不同，对肌肉力量的要求会不同。

（6）不同的项目，产生反作用力的物质材料的性能不同，对肌肉用力的要求不同。

（7）即使动作的结构相近，但由于不同项目的战术要求不同，会造成肌肉力量特点的不同。

总之，不同项目运动员的力量特点，主要是由该运动员比赛动作的技术和战术在时间和空间上对肌肉用力的要求来决定的。

3. 我们对专项力量的认识

对"专项力量"较为准确的解释是，在运动员比赛动作技术和战术所要求的时空条件下，参与运动的肌肉或肌群收缩克服阻力的能力。由于这种肌肉的能力最终表现为运动员在该项目的比赛中，为了获得比赛的优胜，在符合规则的条件下，对人的整体或某一部分或器械进行最大限度的加速或减速，或使它们保持在一个特定的位置上，因此，运动员所克服的阻力，以及运动员或其控制的器械的速度大小或速度变化大小，以及位移大小和姿势的准确与否，都可用来考察运动员在专项力量上的水平。特别注意，"时空条件"应该包括肌肉收缩时的速度大小、收缩开始前所需改变状态的物体的初速度、肌肉用力的持续时间和肌肉收缩形式。另外，技术是一种理想的"模式"，反映的是一般规律，具有共性；但又必须考虑运动员个人的特点，具有个性。同时技术具有相对性，它随实践的发展而发展，始终处于一个动态的过程中。在理解战术要求时，要着重注意，由于要贯彻战术意图，运动员的心理定向将导致对比赛动作要求的影响。

（二）专项力量训练机理

专项力量是指在运动员比赛动作技术和战术所要求的时空条件下，人体参与运动的肌肉或肌群收缩克服阻力的能力。专项力量训练的目的就是通过专门的肌肉力量训练，使运动员相关的神经肌肉系统引起专项化的适应和提高。

神经肌肉系统可以通过神经和肌肉两条途径来适应训练。根据训练计划的特征，发展肌肉力量时，爆发力将会因去适应其他力量的特征，而导致下降。比如，用完成很慢的大负荷抗阻力练习来提高运动员的最大力量时，就可能导致肌肉快速力量和快速收缩能力的下降。因此，首先要确定目标运动的专项化神经肌肉特征，再去安排用以提高专项力量的各种抗阻力练习。神经肌肉系统引起的适应，以及由此在运动中产生的提高，与所运用的抗阻力练习类型密切相关。这种训练的专项性涉及练习的各个特征。它们包括：练习所动用的肌肉群、动作的结构、关节运动的范围、肌肉收缩的类型与速度。力量训练的专项适应性，要求必须确定目标活动的专项需求。

（三）专项力量训练

1. 体能主导类快速力量性项群

体能主导类快速力量性项群包括跳跃、投掷和举重项目。快速力量的训练在本项群训练中有着特别突出的地位。跳跃项目中快速起跳能力的培养，投掷项目中器械出手速度的训练，举重项目迅速发力上挺能力的训练，都在本项群训练中日益引起高度重视。

2. 体能主导类速度性项群

体能主导类速度性项群包括短跑、短距离游泳等项目。例如：100米跑、200米跑、50米自由泳、100米自由泳与100米跨栏等。

短跑运动员专项力量训练。该项目的力量是一种动力性力量，根据用力的性质，动力性力量又可分为重量性力量和速度性力量。短跑运动中的肌肉活动，既表现为重量性力量又表现为速度性力量，只不过在短跑运动中，肌肉的收缩速度更明显、更重要。因此，我们把短跑运动员的用力称之为速度性力量。

3. 技能主导类表现难美性项群

技能主导类表现难美性项群包括跳水、体操、艺术体操、健美操、花样滑冰、花样游泳和技巧、武术等竞技运动项目。

例如，竞技健美操的专项力量训练。力量素质是竞技健美操比赛取得好成绩的关键，一切高难度动作的完成都必须以力量素质作保障。没有力量就没有难度动作，更没有高难的创新动作。根据竞技健美操竞赛规则的要求，运动员在比赛中必须完成一些特定的、不同类型的难度动作、托举、配合动作和具有健美操特色的操化动作及基本步伐。竞技健美操运动员所需的力量素质主要有：相对力量、快速力量、力量耐力、静力性力量。

4. 技能主导类对抗性项群

隔网抗性项群包括乒乓球、羽毛球、网球、排球等项目。专项力量素质是该项群运动员对抗能力、速度，以及运动技术动作的掌握与完善的基础和保证。所以，要求运动员必须进行全面的专项力量训练。

例如，乒乓球运动员的专项力量训练，应以动力性力量和相对力量为主。因为乒乓球所有动作，均属动力性力量，使用的相对力量、快速力量较多。因此，在专项训练中必须结合乒乓球技术特点，采用负荷量较轻，速度快的动力性力量训练，以发展运动员的动力性力量和相对力量。

（四）专项速度训练机理

专项速度训练的目的，就是针对不同的专项，通过专门的反应速度训练、动作速度训练、位移速度训练，使运动员相关的神经肌肉系统引起专项化的适应和提高。专项速度的生理、生化基础表现为以下几点。

1. 专项反应速度

（1）反应时。反应速度的快慢取决于兴奋通过反射弧所需要的时间即反应时的长短。在构成反射弧的五个环节中，传入和传出神经的传导速度基本上是固定的。所以，反应时的长短主要取决于感受器的敏感程度、中枢延搁和效应器的兴奋性。其中中枢延搁优势最重要的，反射活动越复杂，经历的突触越多，反应时越长。

（2）中枢神经系统的灵活性与兴奋性。中枢神经系统处于良好的兴奋状态时，能够加速机体对刺激的反应。

（3）条件反射的巩固程度。随着运动技能的日益熟练，反应速度会日益加快。有研究发现，通过训练，反应时间可以缩短11%～25%。

2. 专项动作速度

（1）肌纤维类型的百分组成及其面积。肌肉中快肌纤维百分比越高、快肌纤维越粗，肌肉收缩速度则越快。

（2）肌组织的兴奋性。肌组织兴奋性高时，强度较低且时间短的刺激强度就可以引起组织的兴奋。

（3）条件反射的巩固程度。在完成动作的过程中，动作技术越熟练，动作速度也就越快。

3. 专项位移速度

以跑为例，位移速度主要取决于步长和步频两个因素及其协调关系。步长主要取决于肌力的大小、肢体的长度以及髋关节灵活性和韧带的柔韧性；而步频主要取决于大脑皮质运动中枢的灵活性、各中枢间的协调性、快肌纤维的百分比以及其肥大程度。神经过程的灵活性好，兴奋与抑制转换速度快，是肢体动作迅速交替的前提，各肌群间协调关系的改善，可以减少因对抗肌群紧张而产生的阻力，有利于更好的发挥速度。所以在周期性的项目中，肌肉的放松能力的改善，也是提高速度的一个重要因素。

（五）专项速度的特点

区别于一般速度的专项速度，按不同的表现形式，可分为专项反应速度、专项动作速度及专项位移速度。运动员在大多数运动项目中所表现出来的专项速度，都是这三种表现形式的综合体现，但在不同项目中，专项速度的三种类型各自占的比重有所不同，通常不会单独出现，而是在不同的专项中，表现出各自不同的需求。

运动员专项速度的发展水平对其总体竞技能力的高低有着重要影响。竞技技术动作大多要求快速完成，良好的专项速度有助于运动员更好地掌握合理而有效的运动技巧，肌肉快速的收缩能够产生更大的力量，高度发展的专项速度又为速度耐力、专项耐力的发展提供了更大的空间。在不同的运动项目中，专项速度有着重要的作用。对体能主导类速度性的竞技项目，专项速度水平直接决定着运动成绩的好坏；对耐力性项目，高度发展的专项速度有助于运动员以更高的平均速度通过全程；对技能主导类项目，时间上的优势可以转化为空间上的优势，使体操、跳水等项目选手有更大的可能完成难度更高的复杂技巧，使球类及格斗项目选手获得更多得分的机会。

发生运动损伤的原因很多，可分为直接原因和诱因。直接原因有思想上不重视、缺乏合理的准备活动、技术上的错误、运动负荷较大、身体功能和心理状态不良、组织方法不当、运动粗野或违反规则、场地设备的缺点、不良气象的影响等。诱因有各项运动的技术特点和局部解剖的生理特点等。常见的运动损伤有挫伤、肌肉损伤、关节韧带损伤、滑囊炎、腱鞘炎、骨骺损伤、髌骨劳损、胫腓骨疲劳性骨膜炎、脑震荡等。主动预防损伤，比发生损伤后再去治疗更为重要。

参加体育锻炼是为了增强体质，增进身心健康。如果在体育锻炼时，不重视运动损伤的预防工作，没有采取积极的预防措施，就可能发生各类伤害事故，轻者影响学习和工作，重者可造成残疾甚至危及生命，并造成不良的心理影响。因此，积极预防运动损伤对广泛开展群众性体育活动，体育教学和运动训练都有重要的意义。

第三节 科学预防体育训练中的损伤

一、各类体育运动的预防

（一）田径运动

田径运动包括跑、跳、投掷和竞走。其创伤并不少见，创伤的性质和程度也各不同。同时还有其他运动中所罕见的过度紧张状态及重力性休克（急跑后突然停止，由于心脏失去肌肉活动帮助血液回流的作用，而发生心脏与脑缺血，造成休克）。

1. 短跑运动

（1）常见创伤

短跑创伤比较少见。在短跑时常遇到的外伤有大腿后部屈肌拉伤、足踝腱鞘炎、跟腱纤维撕裂、断裂或跟腱腱围炎。赛跑时由于急停而引起的髂骨前上棘的断裂、踝关节与膝关节扭伤、大脚趾种子骨骨折等。有时也可以因为起跑坑未垫平而致伤。

（2）预防

有目的、按比例发展大腿前后肌群的力量，合理安排足尖跑、后蹬跑、碎步跑，充分做好准备活动，训练后充分放松肌肉；要穿着合适的跑鞋；注意跑道的平整。

2. 中长跑运动

（1）常见创伤

外伤较少，但可以出现过度紧张现象。下肢训练过多，有时可出现胫腓骨疲劳性骨膜炎或骨折。长跑过程中摔倒可发生擦伤，但有时也可因倒在跑道的边沿上或道边的板牌上而发生骨折，也曾有人记载过钉鞋刺伤的病例。马拉松比赛时，由于距离过长，运动员常常发生会阴部及尿道口擦伤，膝外侧疼痛综合征，胫前肌腱鞘炎及足趾挤压伤。

（2）预防

要穿着合适的运动服装、鞋子；会阴部和大腿根部可涂些凡士林以防皮肤擦伤；选择松软的道路做跑的训练，合理调整运动量，注意跑的动作。

3. 跨栏运动

（1）常见创伤

跨栏最易发生大腿后肌肉拉伤、腰痛及髌骨软骨病等。

（2）预防

应注意训练制度的安排，跨跳姿势的矫正，以及栏的安放位置及方向；加强大腿后群肌肉的伸展性练习，做好准备活动，是预防肌肉拉伤的积极措施。

4. 跳高、跳远、三级跳和撑竿跳运动

（1）常见创伤

最常见的外伤是踝关节韧带挫伤或骨折、足跟挫伤、膝关节的韧带与半月板损伤、前臂骨折及肩部挫伤。这些创伤的发生，可见于下列情况：如助跑时撞到别人身上，跑道不平或太滑，沙坑太硬或有石块，坑沿太高；也见过数例因跳高落地时肩部撞地而引起肩锁关节分离的病例。撑竿跳，除上述创伤外，还可因竿的折断或不正确的落地，而引起头及脊柱的伤害，但较少见。

（2）预防

要正确掌握技术动作，训练前要认真检查沙坑、跑道。撑竿跳训练前认真检查竿的质量、跳坑的安全条件，起跳后要注意保护。

5. 投掷运动

（1）常见创伤

投掷项目常见的损伤是肩、肘关节的肌肉、韧带，严重者还可以引起肱骨骨折，主要是投掷技术动作不正确引起的。铁饼运动员由于经常在膝关节蹲位置支撑、扭转用力，引起髌骨劳损。推铅球时，技术有缺点，球从指间向后滑出，引起掌指关节扭伤。掷链球最常见的损伤是斜方肌拉伤。

（2）预防

预防方法是注意合理的技术动作，注意掌握运动量。

6. 竞走运动

（1）常见创伤

竞走运动中，因运动负荷安排不当，膝关节长时间地在一定范围内作屈伸活动，使膝外侧的髂胫束不断地前后滑动，与股骨外髁发生反复摩擦，导致膝外侧滑囊损伤。

（2）预防

合理安排训练，避免单一的训练方法，防止局部负荷过多，这是预防创伤性腱鞘炎的主要措施。同时，运动前做好充分的准备活动；运动中或运动后，对负荷较大或易伤的部位进行局部按摩或热敷，都有利于该伤的预防。

（二）球类运动损伤

我国球类活动比较普遍，篮球、足球、排球在群众中尤受欢迎，因此，球类活动引起的创伤也很常见。

1. 篮球运动

（1）常见创伤

最常见的创伤是因跌倒、跳起抢球落地不正确（踩在别人脚上或被踩），急停、急转、冲撞或因场地不平，或场地过滑而引起的急性创伤。外伤最轻的仅仅是一点擦伤，重的可以发生骨折或脱位。一般较常见的有踝关节韧带的挫伤或骨折、膝的韧带半月板损伤、指挫伤及腕部舟状骨骨折。另外，在篮球运动中也可发生慢性创伤，其中最影响运动训练与技术发挥的是髌骨软骨病，其发生主要是由于滑步进攻与攻守、急停与踏跳上篮等局部训练过多所致，应引起注意。

（2）预防

加强全面训练，避免单打一的训练方法，创造合乎标准的场地条件。同时，应注意运动员的过度疲劳状态，以减少发生创伤的可能性。

2. 足球运动

（1）常见创伤

足球运动是创伤发生率最高的运动项目之一。外伤程度，最轻的是擦伤，重的可以有骨折、脱位及内脏破裂。损伤中除一般常见的擦伤及挫伤外，踝关节的扭伤最常见。其次是大腿前后肌肉拉伤、挫伤，膝关节损伤又次之。其中半月板撕裂，膝十字韧带撕断，髌骨骨折，髌骨软骨病等虽比较少见。

（2）预防

除加强政治思想工作和全面训练原则外，必须注意使用各种保护装置。训练和比赛时使用绷带裹踝，防止踝扭伤与"足球踝"的必要性，开始时踝的动作因不习惯而不太灵活，但换来的是长久的踝灵活。此外，为了预防肘、膝小腿挫裂伤，也应使用护肘、护膝及护腿。

3. 排球运动

（1）常见创伤

排球运动的损伤，主要集中在肩部、肘部和脚腕部。肩部最主要的受伤原因便是在用力击球时，"肘关节"超过了"肩关节"，使得肩部肌肉和韧带被过分拉长，以出现肌肉拉伤的现象。肘部的伤病俗称"网球肘"，其根源是由于"腕部"活动太多而造成的。人体关节中，脚腕部是最易受伤的关节。

（2）预防

应注意改进错误的技术，遵循训练原则，改善场地卫生条件，使用厚护膝及护腰。在准备活动时，应特别注意肩、膝、腰、指及腕关节的活动。

（三）游泳与跳水运动

游泳与跳水是受人喜爱的体育活动。然而，初学跳水者若是跳水时不注意安全，很容易发生颈椎损伤事故，造成严重后果，甚至导致死亡。

（1）常见创伤

常见的损伤有游泳肩、背部损伤、头部损伤、颈椎的损伤、膝关节损伤、耳损伤、手腕损伤、骨折、皮肤疾病、呼吸科疾病、胃肠道疾病等。

（2）预防

为了防止颈椎损伤事故，对初学跳水者，首先要加强安全教育，强调跳水及入水的技术要领，不可在浅水游泳池或在未摸清水底情况的江河湖泊中跳水；练习跳水前的准备活动一定要充分，必须将四肢、腰背、头颈、关节充分活动开。

（四）雪上运动损伤

滑雪运动多在高低不平的山地上进行，并且还有从山上急速滑下和跳板滑雪等动作，这些动作较难掌握。如果疏忽，创伤也较严重，甚至造成死亡。

（1）常见创伤

滑雪运动可能发生各种创伤，其中最常见的是膝关节创伤，其次是踝关节损伤、腰椎骨折。此外，滑雪者还常常发生冻伤。

（2）预防

为了预防跳板滑雪时的创伤，必须注意场地卫生设备和用具。训练时，应先在小的或教学用的跳板上进行，待有了良好的训练和技术水平后，再在大跳板上练习。为了预防冻伤，必须穿上合宜的服装和鞋子。允许滑雪运动的气温标准，决定于城市及所在地区的地理位置和当地居民耐寒程度。在中国的北部，滑雪运动大概可允许在下列气温时进行。

（五）射击运动损伤

射击的枪种及比赛种类很多，创伤较少。

（1）常见创伤

如桡骨茎突腱鞘炎，腰肌劳损或姿势性脊柱侧等，尺神经麻痹和肩胛上神经麻痹。另外也常发生震动性耳聋。由于在寒冷的天气或在潮湿的场地上，长时间的静止性卧位练习，也常常引起关节风湿病。

（2）预防

加强一般身体训练，特别是腰肌及上肢的肌力练习；避免一次或多次训练课中单一姿势的射击练习。射击时应使用耳塞，注意保暖，如卧射时应着棉衣，铺厚垫子；做好练习前、中、后的辅助及整理活动。由于射击是一种较静止的运动，准备活动不能出汗，否则易伤风感冒或引起关节风湿病，因而其内容应当是动作缓和。另外，在准备活动中，应注意腰肌及上肢的辅助练习。为了消除练习中的静止性疲劳及防止脊柱畸形，练习中间和练习后练体操或太极拳较好。练习后，消除疲劳的内容也可以包括一些活动性游戏。

（六）摔跤运动损伤

（1）常见创伤

在古典式摔跤尤其是自由式摔跤时很容易发生常见创伤，膝关节韧带的牵扯和撕裂、肢体和肋骨的脱位和骨折、脑震荡以及其他较小的创伤，如挫伤、擦伤和撕裂伤。其中耳壳挫伤、软骨炎及撕裂伤较常见。在中国式摔跤中，除上述创伤外，胫骨的创伤性骨膜炎和手的屈指肌腱腱鞘炎，也较多见。

（2）预防

运动员应谨慎地注意自己身体的状况及皮肤，如有擦伤和切裂伤，即须涂上消毒和抗生素药物。在训练和比赛后必须洗澡。垫子套应经常换洗。必须按规定，穿上专门的清洁的鞋。

（七）水上运动损伤

（1）常见创伤

游泳与跳水都可发生意外，其中最严重的是溺死，特别在初学阶段。跳水有时能引起严重的创伤（例如头撞在池底，撞在正在水中游泳者的身上，跳板突出部的打击等）。另外，游泳运动不妥当也会发生一些受伤和事故的情况。如眼球病、皮肤病、外耳炎、腰痛、肩关节痛等症状。

（2）预防

大部水上运动员的外伤，是因一般身体训练安排不当所致，因此，应特别注意一般身体训练的组织方法。

二、自我监督

自我监督又称自我检查，就是运动者在体育锻炼过程中，对自己健康状态和生理功能变化做连续观察，防止过度疲劳和运动性损伤发生，更有利于健康水平的提高。经常地自我监督对于增进信心、坚持科学锻炼，防止过量或不足，对提高锻炼效果和养成运动卫生习惯等都有重要意义。

自我监督的内容包括主观感觉和客观检查。

（1）精神状态：即运动欲望，正常是精神饱满、精力充沛、自信心强，注意力集中。当情绪低落、心情不佳，则厌烦运动，甚至怕锻炼，此时不能勉强。

（2）自我感觉：正常时自我感觉良好，身体无不适感觉。如运动中或运动后感觉异常疲劳，有头昏、恶心、呕吐、全身无力、肌肉酸痛等不良反应时，应查明原因。

（3）睡眠：良好的睡眠就应是入睡快，睡眠深而少梦，晨醒后头脑清醒，精神状态好。如果入睡慢，容易做梦，睡中易醒，日间无力嗜睡，精力不集中，容易疲劳等，表明睡眠障碍。

（4）饮食：体育锻炼能量消耗增大，食欲增加，进食量大。如果运动后不想进食，食量减少，表明运动项目或运动量安排不当、或身体健康状态不良。

（5）排汗量：出汗量如和平时无明显差别时，尿量应无大变化。当轻微活动就会大量出汗时，表明疲劳或某些器官功能不良，特别是有自汗和夜间盗汗现象时，表明身体极度疲劳或有其他疾病。

（6）心率：一般在早晨起床前测定晨醒后的脉搏。脉搏应平衡，锻炼一段时间后会稍有下降。如出现晨脉增快，或心律不齐，可能与疲劳和运动过量有关，应注意观察，适当调整运动强度或运动时间。

（7）体重：进行耐力运动时，体重应该是平稳的。但在锻炼初期，由于水分散失和部分脂肪的氧化消耗，可使体重下降2～3千克，以后因肌肉组织增加，体重还会稍回升而保持平衡。如果体重持续下降，表明有超负荷运动造成的疲劳或患有其他消耗性疾病，应作认真观察、辨别、确认，以便采取相应的纠正措施。

（8）肺活量：有条件时，应在运动前做一次肺活量检查。参加有氧运动后，肺活量会增加一些。如肺活量持续下降则表明肺功能不良。

（9）血压、心电图：在有条件时，或某些患有心脑血管疾病者，应定期检查血压与心电图，并做运动前后对比试验，及时调整运动项目或运动强度，以适应锻炼者的实际需要。

三、自我保护

熟悉和掌握必要的自我防护知识，认识自我、了解自我，对于预防损伤、减少受伤的频率有十分积极的意义。

（一）运动场所和用具

合理选择运动的场所和设施，对提高运动效果、运动成绩以及预防意外事故都是很重要的。运动过程中时刻伴随着多种危险因素，例如，运动场所狭小时，常发生碰伤事故等；路面不平则是导致跌伤、骨折、扭挫等外伤的直接原因；长期在硬路面上进行运动可引起下肢关节的慢性损伤；运动用具使用不当或用具存在质量问题时也容易发生事故。为了更好地保证运动效果，防止运动操作和运动中的意外事故发生，应该具备完善的运动场所和运动设施。我国目前的体育设施及公园、健身中心等与经济发达国家相比，要贫乏得多，能随心所欲地利用的、完善的运动设施及场地目前尚不多。因此，每个人都应根据自己周围的具体情况而做出合理的选择。因地制宜、因陋就简地选择空气清新的房前屋后及环境安静的公园、学校的运动场等，并应注意多与大家一起锻炼，这样更能增加运动的兴趣性和提高运动情绪，进而保证运动效果。

（二）运动服装和运动鞋

运动服装和运动鞋应符合各项目运动的要求。合适的运动服装和运动鞋是防止运动失误的前提，不应当轻视，因此，运动锻炼时，最好能穿运动服和运动鞋，这样既舒适轻便，有利于做各式动作，又能增加动作美感和自我保护作用。

（1）运动服

要选择宽松、柔软、弹性好的运动衣，还要选择色彩明快、吸水性好的服装。冬、夏装应区别开来，冬季天气寒冷，要穿质地厚的运动衣，以利于运动和保温；夏季炎热，可穿轻而薄或半袖的运动衣，以便于散发热量，如直射日光强时还应戴帽子，并注意尽量减少皮肤的暴露。总之，要根据气候变化选择使用，避免中暑、感冒及紫外线的照射等。

（2）运动鞋

经常慢跑的人，对于运动鞋的选择非常重要，运动鞋质地的好坏，尺寸是否合适，直接影响足部及下肢关节的健康。良好的运动鞋应具备透气性好、鞋面舒适贴脚和鞋底有弹性等特点。透气性不好的鞋，容易孳生细菌，诱发各种脚气病。鞋里面要平滑柔软，脚趾应有足够的伸展空间，避免脚部与鞋帮产生摩擦，以免跑步时脚部被挤压而擦伤。鞋底要有一定的厚度，有较好的弹性，无弹性的运动鞋容易造成下肢关节疼痛。另外，鞋还要轻，结实耐用，鞋底落地时稳定性好等。有脚气、脚癣的人，还应注意穿棉线袜，鞋垫要保持干净，经常洗、晒。

四、创造经常从事体育活动的条件

实际生活中常有这种现象出现：许多人非常周密地进行了一系列准备工作，结果刚刚开始参加运动不久，就由于某种原因而轻率地中止了运动。现实生活中，能几年、十几年坚持经常性锻炼的人并不很多。造成中断运动的理由主要有：无时间、运动场所远或不理想、同伴中止了运动、没有指导者、家属不支持、健康方面的原因、搬家、调动工作、其他原因等。为了防止出现这种半途而废的运动，可以采取以下措施。

（一）增加对锻炼的兴趣

体育锻炼最有魅力之处在于运动中的乐趣和运动后的爽快舒心之感。为增进健康所进行的体育锻炼，更应选择趣味强的项目、并尽快使锻炼者体验到其乐趣，这一点是很重要的。即使是对健康十分有利的运动项目，但实行起来枯燥无味还不如说是叫人受罪，这样的运动就不能坚持长久。

体育锻炼是一种供人娱乐的形式，也是人类遗传下来的文化遗产。很多人都发现，一旦进入体育锻炼的运动状态，就使人感觉深奥的情趣，指导者和组织者应因势利导，及时把握和激发锻炼者的积极性。一旦人们对体育锻炼产生了兴趣，就会有积极的、全身心的投入，提高强身健体的实际效果。

（二）结交运动伙伴

运动伙伴的存在，对于运动的兴趣和持久性有极大的影响。人是有惰性的，若没有坚强的意志及原动力，独立坚持参加体育锻炼是一件很难的事。若有比较知心的友人、同事、邻居一同参加情况就会是两样，相互的陪伴、指点、鼓励既可增强彼此自信心，又可消除孤独感和单调感。特别是跑步锻炼时，更应多结伴友，增加大家的集体感。这样才能使人精神振奋，运动才能长久坚持下去。

（三）聘请指导者

对于初次参加运动者或对运动经验缺少者，应有指导者现场监督进行运动。特别是对于年老并有某种疾病的人来说，其意义更重要。首先是在安全方面的监督与保护；其次是对运动技术方面的示教与指导；再者，指导者的鼓励及帮助，都可增加运动者的自信心，并使运动场面显得活跃有生机。

（四）制订运动目标

运动的目标及运动的技巧的提高，对每一个参加运动者来说也很重要。每个人都应有一定的既定目标，例如以减肥为目的的运动，应规定其一周间内的体重减少量和1个月乃至3个月的体重减少量等，经常检验运动成绩，使自己做到心中有数，努力向着目标靠近，可尽早达到运动目的。以增进健康、增加体力、提高运动技巧为目的时，其道理雷同。当运动开始后就应该随着自我感觉有选择地向目标方面靠近，这种感觉可变成明天运动的原动力，为此实行定期的医学检查或体力测验，在客观指标上对健康体力的改善给予确认，也对增加运动者的信心有积极意义。

五、消除疲劳的措施

疲劳常用"累"来表示，一般来说谁都有过这种体验。人体活动到一定时候时，组织器官乃至整个机体工作能力暂时降低的现象叫疲劳。疲劳又分为身体紧张为主的身体疲劳和精神紧张为主的精神疲劳。无论身体疲劳或精神疲劳，都是大脑皮质的保护作用。内环境变化促进了大脑的保护性抑制，疲劳代表着中枢神经系统工作能力的降低。当肌肉活动到某种程度时，能源物质耗竭；血液中代谢产物堆积、内环境稳态失调等因素，都是疲劳产生的原因。由此可见，疲劳是生命体对内外环境适应所做出的反应，也是一种生理性防御反应。从这种意义出发，重视对疲劳的认识和采取措施消除疲劳有相当重要的意义。

运动时人体产生的疲劳是一种综合性的生理过程。它首先伴有内环境的变化和不同生理功能的失调，从而导致中枢神经系统的保护性反应。疲劳的症状大致包括以下三方面：一是自我感觉方面：如全身疲倦、头重、嗜睡、无力等。二是精神方面：如精神不集中、焦躁不安、没有耐性、情绪低落、无兴趣、经常出差错。三是全身方面：面色苍白、眩晕、肌肉抽搐、呼吸困难、口舌干燥、声音嘶哑、腰酸腿疼等。当机体出现这些疲劳症状时，要及时休息，并对运动内容进行必要的调整，才有利于疲劳的消除。

既然疲劳是由身体活动和精神性刺激的，那么停止进行身体活动和尽快脱离不利环境，无疑是消除疲劳的最好手段。许多研究者将疲劳的消除法划分为两种形式：一种是静止性休息，一种是活性休息。每一种方法都有对身体有利和不利的一面，正确的方法是两种疲劳消除法要结合使用。静止性休息时，诸如良好的睡眠或安静环境下的静坐，都有助于体内各系统功能的自然调整和大脑细胞的暂时性松弛；有助于交感神经紧张的减缓和副交感神经的兴奋，利于机体休养生息；有助于体力的复原进而促使疲劳消除。但在大多数情况下，用变换肌肉运动的形式作为活动性休息的手段，对消除疲劳是极其有益的。

（一）积极性消除疲劳

研究证明，在疲劳后变换（整理）运动或做些放松动作，都可达到疲劳消除的目的，这种方法就是活动性休息。

（1）意识昏迷、眩晕及恶心的防止

在运动结束后转入低强度、慢节奏的轻活动，肌肉的泵血功能保持持续状态，机体血液循环系统活动无骤然变化，就能防止以上症状的出现。

（2）防止过度换气

停止剧烈运动后，由于运动时欠下的氧量过多会发生急促的大喘气。当机体转换为轻运动时，氧量的补偿就能达到逐步完成，而不至于出现过度换气现象。

（3）加速血乳酸的排泄

疲劳的原因之一是体内乳酸等酸性物质堆积。通过运动后的整理活动，使流经收缩肌群的血流速度仍不减慢，故能及时地把扩散到血液中的乳酸带走并转化成其他成分，恢复机体的酸碱平衡。另外，乳酸蓄积和氧债密切相关。乳酸消除率提高，氧债的消除也迅速。

（二）简单消除疲劳法

及时消除疲劳，对维持健康和保证正常生活十分重要。因此在日常生活中，注意调节生活节奏，学会一些简易消除疲劳方法，很有必要。

（1）节假日的生活安排

一般的工作周期是一周。而在工作间歇穿插进休息日，是消除疲劳、防止疲劳进一步积累的最合理方法。所以，当劳累时一定要利用星期天，对自己进行调整。星期天与其他节假日的活动要安排得有意义一些。比如，脑力劳动者要尽量去户外活动，体力劳动者要干一些轻松愉快的事，中小学生最好到大自然中去呼吸新鲜空气，老年人应与子孙团圆使精神生活得到满足。

（2）保证睡眠质量

睡眠是机体进行生活、工作、运动的支柱和动力。生活的节奏是极其符合大自然的昼夜规律的，即日出而作日落而寝，这种作息规律使得身体的各功能协调和谐。保证睡眠质量既是维护正常生理功能的必由之路，也是消除疲劳、恢复精力的积极有效手段。为了保证睡眠的效果，注意以下事项：

1）睡眠要有规律：对保证睡眠质量很重要，特别要养成定时入寝与定时起床的习惯。

2）保证有足够的睡眠时间：保证青年人睡眠7～9小时，儿童睡眠10小时以上。

3）睡眠不足时应在白天补足：午睡30～60分钟能有效弥补夜晚的睡眠不足，恢复精力和体力。

4）优化睡眠环境：适宜的居室温度、湿度以及寝具的舒适程度，对睡眠都有一定影响，应予以注意。

（3）从膳食营养的补充

疲劳的一个重要原因是能源物的耗竭。因此，除积极的休息和睡眠之外，还应及时补充膳食营养物质。但要注意膳食平衡原则，不能盲目补充，也不能补充过量。过量的食物还会增加身体的负担，且易造成脂肪的堆积。

（4）沐浴

沐浴使皮肤保持清洁，能改善全身血液循环，加速体内代谢产物排泄和加快疲劳的消除。40℃的温水浴对疲劳消除最理想，入浴时间以20分钟左右为宜。此外，涡流浴、桑拿蒸气浴以及各类保健浴，对疲劳消除都有一定积极的作用，但必须掌握科学的入浴方法，适度而止。

（5）按摩

以轻手法按摩效果最明显。按摩促进疲劳消除的机理是通过按揉手法，使皮肤和肌肉的血液、淋巴循环加强，穴位刺激还能疏通经络。应该注意的是按摩时间应限制在3分钟左右，手法不宜过重。

（6）恢复状况的判断方法

人体是个完整的、有机联系的统一整体。在活动之后，身体所产生的疲劳是综合性的，不仅反映在身体能量物质耗损、生理机能的下降方面，同时也在心理上有一系列反应。而恢复恰好是疲劳的逆向反应过程，为判断机体的恢复状况也应当是全面的、综合的。判断机体恢复的状况，常用自我感觉法、动作技能的分析法、生理机能检查法以及心理机能测定法等。

1）自我感觉法：锻炼者在恢复过程中会感到肌肉的沉重、僵硬、酸疼等感觉逐渐减轻或消失。呼吸急促胸部发闷，甚至头晕目眩的现象消失。自我感觉轻松自在，有继续锻炼的愿望。

2）动作机能的分析法：当人体疲劳时，动作的协调性受到严重干扰，动作无力，错误增多，动作准确性下降，平衡能力及动作的稳定性都会减弱，而当体力恢复以后，以上现象都会明显好转。

3）生理机能检查法：人体的机能从疲劳状态转为恢复时，各器官系统的生理机能都会显著好转，甚至比疲劳前还有所提高。检查时可采用肌肉力量的测定、呼吸肌耐力的测定、心电图S-T段及T波的恢复、视觉内光临界频率阈限值的恢复等指标，此外，通过心血管机能的测定也可判断身体的恢复程度。

第八章　当代大学生体育教学发展的展望

第一节　体育教学目标的统一与协调

体育课的场地、器材等对体育课程目标、课程设置、课程设计思路以及课程任务都有很大的促进和帮助作用。马克思所说过："人创造环境，同样环境也创造人。"《列女传·母仪》中记载的"孟母三迁"也说明了环境对塑造人的重要性。教学环境不仅影响着教学过程的组织与安排，而体育教学环境是体育教学系统的必要条件，并且影响着体育教学系统。本文采用文献资料法、分析和综合的方法论述了体育教学环境和体育教学系统的关系，并且阐述两者如何协调地应用才能达到最好的教学效果。

一、体育教学环境的概念

（一）体育教学的物质环境

无论是学习，还是生活，都离不开环境。体育教学需要的环境主要是运动的场地和体育器材，否则全面深化教学改革，推进素质教育，加强学院普通体育课程建设，提高体育课的教学质量就成了一句空话。课前准备器材时，要根据课堂的内容，注意因地、因时而异。如田径场红色的跑道、绿色的足球场可提高中枢神经的兴奋性，使学生有一种跃跃欲试的冲动。一排排乒乓球台、一片片羽毛球场，它们的采光、空间、通风都会给练习者积极的影响。上理论课，如课桌椅的款式和新旧实验室以及实验仪器、图书资料、电化教学设备等。这些设备是开展体育教学活动的必备条件，对完成体育教学的任务起着重要的作用。为了方便教学体育器材保管，保管室应设在离运动场地较近的地方，房间应通风，光线较好，器材按项目分离存放，随时检修器材，维护运动安全。

（二）体育教学的心理环境

上体育课老师往前一站，一副师道尊严的面孔，会给学生很大的压力。他们因为怕老师，身体有病也不敢向老师反映，造成很严重的后果。所以老师上课前要整理好自己的情绪，具备心胸豁达、移情理解和客观性，真诚而不盛气凌人，当教师热情鼓励的时候，学生更有创造性。当学生把老师看作一个热情又有同情心的人时，课堂里同学之间更能分送喜爱和感情，教师的热情与学生对体育的兴趣与完成运动的密度和强度有着很深的关系。

采用多媒体教学，如学习之前将技术动作放慢、定格。看完录像后，组织学生进行讨论，再进行示范，学生练习后再进行讨论，他们有一种小老师的感觉，他们自己会想办法克服很多困难。学生最不愿意跑步，觉得枯燥。采用4人一组，以比赛竞争、团队参与的形式进行，如蛇形跑、变速跑、追逐跑等。投掷的练习可采用单手投、双手投、向前投、往后投、画方格投等。练习力量时，准备几个不同重量的沙袋，根据学生的实际情况使用，采用20m的往返跑等。利用上课的时间进行班级与班级比赛，加强学生的参与主动性与责任、团队合作、增强积极动机和减少对老师的依赖。为正常人格的成熟、获得独立性、自信、自我控制、坚持，并能忍受挫折这些成熟的人格品质所必需。

（三）体育教学活动中的语言环境

只有爱学生，与学生打成一片，才能了解到学生的喜怒忧乐、兴趣爱好、希望要求。注意心理修养，善于控制和表现自己的情绪。无论在课外遇到什么不顺心的事，在走进教室之前，一定要使自己恢复常态，不能把自己恶劣的情绪传染给学生，更不能向学生流露甚至发泄。教师语言的速度对于教学效果的好坏有直接的影响，认真地探索和把握最科学、最合理的教学语言速度。语言是人与人之间传递信息最为主要的方式之一，体育教学中，教师与学生之间、学生与学生之间语言的交流十分频繁，语言的交流中包含着丰富的信息，因此良好运用这一工具对于提高体育教学质量作用十分明显。实践表明，良好的课堂语言环境对于体育知识、体育技能的传授十分必要。

二、体育教学系统的概念

体育教学系统，顾名思义，就是体育教学体系的统一体，体育教学系统是各体育教学要素以一定的结构形式组织起来的、具有各单一体育教学要素所不具备的某种功能的教学统一体，它包括以下几个系统：

（一）体育教学内容系统

《教育部关于印发普通高等学校体育课程教学指导纲要》文件的精神，结合我校人才培养的目标，以教学改革为根据前提，以学生为主体，以健康为主题，以服务专业为方向的新理念，采用以人为本、强化人体练习、突出个性发展。普通高校按照树立"健康第一，终身体育"的学校体育教育思想，通过传授体育知识、运动技能，达到全面增强学生体质，增进身心健康，培养学生良好的意志品质和素养，养成终身体育的锻炼习惯。

（二）体育教学方法系统

从上位层次看，包括模式教学、模拟教学、程序教学。从中间层次看，上课时老师通常先讲解，再向学生提问，同学生一起讨论，是教学中运用语言指导学生学习，达到教学要求的方法。这些都是用语言传递信息的讲解法、问答法和讨论法。老师示范以及帮助学生纠正动作错误是体育教学中通过一定的直观方式，作用于人体感觉器官、引起感知的一种教学方法，即动作示范法。教师为了防止和纠正学生在练习中出现的动作错误所采用的方法即纠正动作错误与帮助法。循环练习法是根据练习任务的需要选定若干练习手段，设置若干个相应的练习站（点），学生按规定顺序、路线和练习要求，逐站依次循环练习的方法。利用场地器材组织学生进行运动竞赛法等组织学生讨论探究教学方法即发现法。各种教学方法的运用具有教育性、发展性、科学性、多样性等特点，这样才能体现整体化思想，达到最佳教学效果。

（三）体育教学负荷系统

生理负荷是指人做练习时所承受的生理负荷。运动负荷包括运动量和运动强度两个方面。在体育课上只有运动负荷保持适宜，才能收到较好的教学效果，运动负荷过小过大都不行。过小，则达不到锻炼的目的；过大，又超出了学生身心所能承受的限度，对学生身心健康和教学任务的完成都十分不利。因此，合理地安排和调节体育课运动负荷是对体育教师教学的一项基本要求，也是评价体育教学和体育活动锻炼效果的一项重要指标。课堂教学中最常用到的运动负荷测量方法除了脉搏测量外，还有询问法和观察法。据瑞典生理学家研究，当询问学生锻炼后的自我感受，学生回答"累极了、很累、有点累、还行、很轻松、非常轻松"时都有不同的心率，而这些心率和回答之间有着极明显的对应关系。这样教师就可以利用学生的回答来判断学生承受运动负荷的情况。采用观察法可以直接简便地知道学生的运动负荷情况，教师可以通过观察学生的脸色、表情、喘气、出汗量、反应速度等表现来判断所承受运动负荷的大小。比如：当学生承受较小负荷时，额头微汗，脸色稍红；承受中等负荷 时，脸色绯红，脸部有汗下滴；承受过大的运动负荷时，脸色发白，满头大汗，动作失控等。所以，安排运动负荷时要以学生发展为中心，重视学生的生理和心理感受。在体育课上，可以通过调整练习的次数和组数、练习的强度和时间、器械的坡度和阻力，也可以改变课的组织教法等来对运动负荷进行合理的调节。

（四）体育教学评价系统

学生学习态度的评价，学生行为表现的评价，防止违纪行为的升级和负面作用的扩散，学生掌握知识与技能的评价。坚持主体取向的评价机制开放的教育需要开放的评价、量性评价与质性评价，行为评价与心理评价的有机结合，由重视结果向重视过程转变。

三、体育教学环境和体育教学系统的关系

体育教学中，体育教学环境对学校体育教学系统的影响既来自学校内部环境，又来自学校外部环境；既来自学校的物质环境，更来自学校学生和老师的心理环境。而体育教学系统反过来也可以影响体育教学环境，它们之间是相互制约、相互影响的。

四、体育教学环境和体育教学系统的协调统一

在体育教学中，要达到更好的教学效果，完成既定的教学计划，那么体育教学环境和体育教学系统两者之间是缺一不可的，只有两者协调统一才能为体育教学更好地服务。

（一）充分了解当前体育教学环境现状

教师在体育教学中一直是起着一个引导的作用，主要表现在：了解教学目标、制定课时计划、规划教学设计、优化教学方法等。当然这些都必须建立在了解当前教学环境的基础上，教师不仅要了解当前教学的物质环境，还要了解学生当前的学习需求，而不是仅仅停留在课本上，还应该对整个教学环境进行设计。

（二）保持体育教学环境和教学系统的动态平衡

在体育教学中，体育教师既要让体育教学系统适应体育教学环境的变化，也要尽力去改变当前制约体育教学系统发展的环境因素，使两者在动态上保持平衡，为更好地实现体育教学目标而服务。

第二节　体育教学内容的选择与开发

体育教学课程资源的开发和利用最重要的是教师的课程资源观和课程资源的开发意识，理解了什么是课程资源，才有可能开发课程资源。

一、对体育教学课程资源的认识

合理开发与有效利用体育课程资源是体育课程目标达成的必要条件，也是体育课程改革的有力保障。由于地方经济和文化发展的不平衡，体育课程只有符合地方经济并地方化，才能提高体育课程的适应性，才能更有效地发挥体育课堂的本色。

在这里，首先要了解体育教学课程资源这个概念。所谓"课程资源"，无疑是受教育技术和远程教育的启发而由教学资源和学习资源演变而来，但它在教育技术和远程教育界并不被经常使用，甚至有些陌生。由于课程是教学活动的基本单元，因而一切教学资源或学习资源往往都是以课程资源的形式来呈现的。一般来讲，"课程资源是指形成课程的要素来源以及实施课程的必要而直接的条件"。

二、如何进行体育教学课程资源的开发

首先，开发出来的课程资源要从具体学生群体和个体的身心发展特点等一些特殊情况出发，能为他们所接受和理解，符合他们的身体状况和认知规律，有利于学生的身心体验，有利于达到目标。其次，要做一个价值判断，是同学们迫切需要的、对他们显示发展最有价值的，这些体育资源应该得到及早优先的开发。体育课程资源开发的几个途径不是截然分开的，在开发的时候需要有机地将其整合在一起。

（一）从体育师资条件出发

学校具备何种师资，我们的老师具备什么样的素质，他们的特长、专业是否能带动体育课程资源的开发。考虑到这些因素以后，教师们才能游刃有余地进行资源的开发。反之，由于一些学校限于师资的水平和特点，教师没有能力去开发一些学生需求比较强烈、感兴趣的程度也比较高的体育课程资源，于是它就成了教师前进路上的一个瓶颈，在很大程度上制约着教师对体育课程资源的合理利用。

（二）从学生的现状考虑

体育课程资源的服务对象是学生，所以关注学生的身体发展作为开发体育课程资源的主要途径，主要着眼于以下两个方面：

（1）学生身体状况的调查。在开发课程资源时，必须对是否能使其接受新开发的体育课程资源进行考虑。不同学生的身体状况水平都是不一样的，这不仅关系到开发的广泛性，还影响到开发课程资源的内容选择。

（2）要想使学生积极参与进来，不仅要找到学生有兴趣的课程资源，也要保证课程资源永远是最适合学生的，如此，学生既愿意参与进来，又可以充分调动学生的积极性。

这样的体育课程在某种意义上来说是最适合学生的。所以，在开发时，我们要从学生的角度来看待周围的一切，要寻找学生的兴趣所在，力求开发出来的体育课程资源是"学生化"的体育课程资源，这样才能使学生完全融入课程资源中去，不能使课程资源老是一味地"教师化"，否则就失去了教育的意义。

第三节　体育教学方法的运用与创生

通常而言，高校作为我国培养高等人才的关键基地，近些年来，我国政府对于高校教育问题也趋于关注，希望各大高校可以在一定程度上培养出综合实力更强的复合型人才。对于高校体育教学来而言，也需要在创新的教学方法基础上，改良教学方法，推动教学实践，这样的话，不但可以让学生的身体素质有一定程度的提升，而且让他们的思维和创新能力有所促进，让学生养成健康的生活习惯。

一、创新教育理念下体育教育方式运用现存的弊端

（一）大多数学生身体素质较弱

根据国家相关单位针对学生的身体素质调研证明，大部分学生在20世纪80年代开始，身体各方面的耐力与速度以及器官功能逐步下降，身体肥胖与近视的状况逐步增加。尽管近几年我国对于学生身体素质状况日渐重视，并且采取了对应的措施，学生身体素质取得了较好的改良，然而整体状况依旧使人担忧，使得我国革新型体育教育的展开受到了较大程度的影响。

（二）体育教育重视程度不够

由于受到应试教育的影响，在学习中体育课程往往缺乏重视，时常会发生体育课程让步于其他课程的现象，从而使得创新教育观念下的体育教育方式很难取得实质的运用与贯彻。并且，在教学模式上体育课程也具有一些缺陷。创新教育观念要求体育课程发挥提高学生体质的用处，然而依据当前的状况而言，体育课程在这方面的用处并没有得到完全的展现。而且，目前体育课程课本并没实现一致，课程内容未建立起合理的规范，并且老师传授知识的范围与学生了解的程度

需求也未有规定，进而致使许多体育老师在授学的过程中只是单一地教授老旧且落后的体育知识，缺少创新的观念，而部分老师为了防止学生在体育课中发生意外，使得教学方式的革新上顾虑较多，从而一定程度上妨碍了创新教育观念下体育教育方式的实行。

（三）学生体育活动时间普遍缺少

经过长时间教育习惯的积累，致使大多数家长与老师均形成只注重成绩而轻视其他方面的思想理念，认为时间不该浪费在上体育课或者是课外活动上，应该专心致志地学习其他课程，从而致使学生体育活动时间普遍缺少，学生的身体素质与运动观念较难得到提高，使得大多数学生在体育教学中出现抵制以及缺乏兴趣的状况，这种现象导致创新教育观念下体育教育方式的运用受到了较大的妨碍。

二、创新观念的体育教育实施手段

（一）根据学生不同的兴趣与资质进行不同的教育

体育这门课程对学生将来的发展产生着重要的影响，高校的学生尽管价值观以及人生观都逐渐养成，然而通过合理的指引还可以出现一些良好的变化，如若可以运用高校体育课来针对学生的身心实施合理的指引，将会对学生将来的发展起到良好作用。在高校体育教育中依据学生不同的兴趣与资质进行不同的教育能够一定程度上增进学生身心的发展，使其在体育磨炼的过程中增强自身的自信感。而在体育教学实际操作的过程中，每位学生的心理状况以及身体素质都存在着差别，一些学生的体质比较好，并且综合方面都要比其他学生要好，如若让其与其他学生达成相同的课程任务，常常会使其感觉到运动的强度太低，没有较好的锻炼效果。然而一部分学生的体质比较弱，体育课上的运动强度使其感觉到适应不了，并且在看到其他同学可以成功达成训练目标时，自己却完成不了，其对于体育的热情则会逐渐降低，甚至使得其在体育教学中出现抵制或是缺乏兴趣的状况，从而一定程度上影响到创新教育观念下体育教育方式的运用。

（二）集思广益，相互激励

一般情况下，为使学生的身体素质以及思维能力协同在体育教学中取得一定程度的增强与磨炼，老师还可以运用集思广益与相互激励的方式，使学生经过互相协助的方式来互相鼓励，一同完成课程上教师布置的任务。并且，老师也可以制定出一些与体育相关的问题给学生，然后以小组的形式进行探讨与思考，自由地发挥自己的看法与想法，在互相协助的情况下解答教师布置的问题。但是，在过往的体育锻炼中，往往是由老师示范相关的动作要点，学生自主进行操练，较少会予以学生表明自身看法的机会，然而这实质上完全不利于学生创新性思维的提升，但是运用相互激励与集思广益的方式就能够一定程度上促进学生创新能力的发展。

（三）情景教学，提高效率

情景教学方式所指的是在体育教学的过程中，先运用恰当的方式把学生引入相关的情景当中，使其具有一种身临其境的感觉，从而使体育教学更具创新性。而一部分体育老师认为情景创建比较适合低年级学生，对大学生而言，没有具体的可行性，然而实际上，如若可以在高校的体育教育过程中应用情景教学方式，也可以起到鼓励学生的效用，使学生对知识可以取得较好的掌握与理解，从而对体育锻炼更具有兴趣与热情。

总而言之，本文主要对创新教育理念下体育教学方法基础理论以及实践进行了充分的研讨。在当前的创新教育理念下，强化对于高校体育教学方法理论实践，从当前的学校以及学生实际情况入手，创造出更多全新的教学方法，只有这样，才可以更加满足人才培养的需求，培养出更多符合要求的综合型人才，推动学生的身心实现综合全面的发展和进步。

第四节　体育教学手段的使用与创新

教学过程中，有效的教学方法不仅能调动学生学习兴趣和练习的积极性，更能实现体育课堂教学有效性，从而来达到高校体育课要坚持素质教育和健康第一的指导理念，增强学生身体素质。为了实现这个目标，老师要积极结合学生在生活中比较感兴趣的事物，注重学生的个体差异，运用灵活多变的教学模式来创新体育课堂。下面我们就从创新教学手段的作用意义、策略、实施成效、注意事项等几个方面进行阐述。

一、创新体育教学手段的作用与意义

高校体育课堂教学手段的创新并不仅仅是为了顺应新课标的要求，更是为了满足学生的需求，对于大学生的发展也有积极的作用与意义。创新教学手段可以在很大程度上促进学生的身体素质提升，提高他们的运动技能。在高校的学习过程中，由于学业比较紧张，课程安排比较紧密，大部分的学生在每天的学校生活中几乎都不离开自己的课桌。这样对学生的身体素质培养来说就是一大隐患。那么在体育课堂上通过教学手段的创新，就可以吸引学生的注意力，让学生从繁重的学习压力中解放出来，放松身心，振奋精神，通过积极投入，增加锻炼，提升身体素质。

二、创新体育教学策略

（一）运用师生角色互换，突出学生主体地位

传统的体育课堂教学以教师讲授为主，学生获得运动技能为目标。但是单一固定的课堂教学模式容易使学生疲倦，不利于调动学生学习的积极性，更未能突出学生在学习中的主导地位。德国著名民主教育家第斯多惠曾说："教育的艺术不在于传授的本领，而在于激励、唤醒和鼓舞。"师生角色互换，教师成为课堂教学的引导者、服务者，学生成为课堂的真正主角，极大地调动起学生参与的积极性和主动性，唤醒学生自我实现的内在愿望，能有效提高课堂教学效率，促进学生综合素质的提升。

角色互换可以安排在课堂教学开展前，老师根据教学内容，结合班级的实际情况对学生进行分组。学生在准备的过程中，结合自己的能力水平和兴趣爱好，充分发挥主观能动性，通过多途径多方式，如利用教材、向老师咨询请教、通过网络资源等方式，了解掌握教学内容的相关知识点，设计教学方案，然后在实践中展示这一堂课。这一过程可以极大地培养学生发现问题、解决问题的能力。

同样在教学过程中，我们也可以角色反转。老师以"学生"角度提问。例如，在田径教学中，曾向学生提出"推铅球的方式有哪几种"的问题，然后让学生独立思考或小组讨论，最终学生给出了"侧向原地推铅球""上步推球"侧向滑步推球"等不同答案。这样的教学方式不仅能极大地调动学生参与课堂的积极性，而且培养了学生的创造性思维，体会到探索创新的喜悦。

（二）情境教学，使教学更具目的性

情境教学法是指在真实的情境中，使学生通过切身的运动实践、运动欣赏等体育行为，提高运动能力，加深运动感悟，促进体育价值观形成的教学过程。其主要特点表现在情境的真实性、开放性以及感受的深刻性、持久性。

情境教学法与传统的技能教学不同的是，教师不是从基本的动作教起，而是从项目整体特征入手，然后再进行具体技能学习，最后回到整体的认识和训练中，突出主要的运动技术，而忽略一些枝节性的运动技术。注重在实践中培养学生对项目的理解，把技术运用在"尝试性比赛"中，引导学生懂得如何学以致用。

比如在球类技战术教学中，让学生进行实战观摩，通过看比赛片段、动态

图的演示、图解的讲解等方式，结合实战向学生演示一些技战术的配合和应对的方法，既培养学生全面观察情况、把握和判断时机以及临场的应变能力，又能使学生最终可以根据所学的技术和战术，判断出"做什么"和选择最佳的行动方案——"如何去做"。

比如篮球技战术的教学，挡拆配合。把NBA比赛中配合的技术截取，用慢速播放形式展示，然后学生分组进行比赛，强调比赛时尽量用挡拆配合，少用其他配合，在此过程中，老师可以运用视频手段拍摄学生配合的过程。总结过程中，视频回看并向学生提问，在运用这个技战术中注意的事项，引导学生了解挡拆配合的要求：快速移动，准确卡位，把握时间，正确拆分。老师再示范讲解动作，并在此过程中提出学习的重难点，侧掩护时脚要站稳，不能移动挡拆，挡拆到位后手臂的摆放等，最后才分组进行挡拆练习。这样使得学生学练更有目的性，课堂效果更显著。

（三）使用运动 App 软件，综合构建体育课堂

随着我国科技的进步，信息化技术的发展，大量的新事物进入到了我们的生活中，为我们的生活带来了便利。在高校的体育教学中，为了促进教学手段的有效性，老师就可以将新鲜事物与实际教学结合起来，利用和体育教学相关的App软件进行课堂教学。这既符合学生的心理需求，又能促使其把更多的注意力投入到课堂中来，提升参与度，从而实现教学的有效性。同时在兴趣推动力的基础上，能使学生多去练习，做到自我比较评价，将自己的运动技能水平进一步提升。

比如，在进行24式太极拳教学时，老师就可以利用《24式太极拳》App。将学生进行分组，每组配备一个手机或iPad设备，通过App里面的太极拳概要简介，先了解太极拳的特点；再集体观看视频，建立拳术的整体印象和概念。在观看过程中，老师引导学生关注太极拳的特点在视频中的体现——心静体松、圆活连贯、虚实分明、呼吸自然。最后，让学生通过图文讲解，自学动作，小组协同合作初步掌握动作的框架。在此基础上，老师再介入讲解示范教学，学生掌握技能自然就事半功倍。

课后老师还可以布置练习，让学生再次通过App去复习、巩固、提高，在下一次的课堂中以小组形式进行展示，这样使得课堂学习有了延伸，也使得学生技能的掌握和提升变得更好。当然在教学过程中要引导电子设备的合理使用，仅限课堂内使用，鼓励放假后回家通过软件继续学习、复习提高，自学将要新授的课堂内容。

我们还可以合理利用抖音小视频，设计合理体育项目。

最近抖音小视频在年轻人中十分流行，体育老师就可以积极利用它，设计新颖有趣的体育项目。这样不仅可以激发学生的兴趣，调动学生的积极性，更能促进他们对体育项目的喜爱，主动参与到体育项目的锻炼中来，从而达到增强他们的身体素质的目的。但在这个过程中，老师要注意度的把握，不能让学生形成依赖。

比如，老师可以选择一些符合学校现有教学条件和环境的体育项目，课堂上让学生根据自己的兴趣进行挑选，学生选择最多的那个项目就是下一节体育课的主要教学内容，这样既尊重了学生的意愿，又充分满足了学生的心理需求，也有利于体育课堂有效性的实现。并且在教学过程中，老师还可以将同学们活动的过程拍成抖音小视频传到网上。这样既是对学生的一种肯定，也有利于对抖音小视频的合理利用。

这样有效合理地使用App软件，既促进了教学手段的创新，又构建了良好的教学氛围。

（四）利用积分制管理，科学评价学生表现

（1）设置"积分"：教师在设计教学目标和内容时，将一个技能模块设定为一个单元，根据技能难易程度，结合学生的运动能力水平，设定为掌握、基本掌握、未掌握三个等级，分别以3、2、1进行量分。

（2）得分原则：形成牢固动力定型做动作熟练、省力、自如，即为掌握；技术动作有改进，动作规范，基本上建立动作定型，即为基本掌握；动作吃力、不协调，动作间有干扰现象，并伴随着一些多余动作，肌肉紧张，即为未掌握。

（3）运作方式：模块教学结束，安排课堂内测评。可以根据运动项目和内容的不同，运用多种方式。如武术项目、五步拳，可以东南西北四个角背向而立，独自演练，老师和学生互评结合。田径项目，蹲踞式起跑技术，分组沿跑道线模拟起跑，从器械调整、重心控制、起跑的步伐等方面考评。

（4）积分统计：老师记录测评课同学的得分，按比例折算计入期末总分。

（5）激励办法：每个模块测评结束，运用老师和学生互评相结合的方式评出"模块之星"，学期评选"课堂优秀之星"进行表彰，学生所有积分结果将作为评优评先的重要参考依据。

积分制管理的实施，使学生更加有学习的动力，积极性和主动性得以提高，有利于激发学生之间的竞争意识，完善了教学中的评价体系，为提高创新教学手段的有效性奠定了基础。

三、创新体育教学手段的注意事项

（一）与教学实际要紧密

创新的教学手段要符合学校实际，与学校的资源配置和学生实际的运动能力水平相符合。如教学手段与学校现有的教学资源相脱节，就会在教学的实施过程中，导致教学工作无法顺利开展创新；教学手段的教学难度与学生现有的运动水平能力不符，就会导致学生空有体育理论知识，但实际运动技能的掌握和提高并不理想。

（二）教学手段与学校规章制度要协调

为了激发学生学习体育的兴趣，有些老师倡导运用一些有关体育项目的手机软件，这固然可以提高学生进行学习锻炼的兴趣，但也增加了学生对手机的需求。这一现状的出现就与许多学校的规章制度相违背，教学过程中要合理地处理好这两者之间的矛盾，保障学校教学秩序的正常进行。

（三）创新教学过程中要紧扣主题

不同地区的高校教学水平参差不齐，对体育学科认识也不充分，创新教学手段就有可能因为这些因素，导致教学偏离主题。比如：学校倡导老师要学会放手，让学生通过多媒体课件自主学习，有一部分老师就会完全让学生观看体育视频，自己在课堂上完全不参与，过分强调学生的自主性，忽视老师应该承担的指导责任，这就是偏离了主题的表现，不利于学生的健康发展和课堂的有效性实现。

（1）注意师生安全：创新体育教学手段，丰富体育课堂内容，但对课堂的安全性也提出来更高的要求。首先教师要考虑学生的个体差异，设计科学合理、难易程度得当的教学内容和教学过程，要加强安全教育，落实课堂常规，对学生练习中的错误动作要及时纠正，场地、器材安排布置落实要到位。

（2）注重教学质量：在教学过程中，教学质量永远是学校以及老师所关注的重点。那么在创新体育教学的过程中，为了保障教学质量，学校就可以采取调查问卷和对比观察的方法。通过调查问卷形式了解学生对教学手段创新的喜好程度、欢迎程度；通过对比观察的方法，对使用创新与传统不同教学手段的班级比较，从学生课堂的参与度、技能掌握度、身体素质提高等方面做出参照，再结合每年的体质健康数据测试的机会进行综合对比，用数据来体现。

综上所述，创新体育教学手段是提高体育课堂的有效手段，并且保障创新体育教学手段的有效性也是学校需要努力的方向，只有保障了教学手段的有效性，才可以确保课堂的有效性。这样不仅有利于激发学生的学习兴趣，让学生自主投入到体育运动的学习、锻炼中来，更能培养学生终身体育锻炼的意识和习惯，为促进我国的体育事业发展起到一定的推动作用。

第五节　体育教学模式的多元化发展

一直以来，高校体育是我国整个教育体系中非常重要的一个组成部分，它是连接学校教育与社会教育的重要枢纽部分。目前越来越多的人已经开始认识到终身体育思想的重要性，并对其致以高度的认同。随着终身体育思想的普及发展，如今，终身体育思想已经渐渐成为现代人们社会生活的理想追求。终身体育思想也在学校体育中得以充分的重视与运用，而高校体育作为学校体育教育的最后阶段，是培养学生终身体育思想与习惯的重要平台，同时也为学生将来走向社会并在社会生活中培养终身体育习惯与行为打下坚实的基础。高校体育教学模式是高校体育教学的基本结构，其中凝聚了高校体育教学理论核心，是一个具有操作性与实践性的体育教学框架。在当前高校体育教学改革的过程中，通过对多元化体育教学模式的构建，不仅有利于培养大学生健康的身心素质和持久的体育思想，从而实现大学生身心素质的全面发展，同时也符合当今时代对于综合素质全面发展人才的需求。

一、高校体育教育中多元化教学模式的重要作用

在当前的高校体育教学过程中，通过对多元化、富有成效的新型体育教学模式的运用，充分体现学生在教学过程中的主体性，鼓励并引导大学生积极参与到体育教学过程中，增加学生参与体育活动的主动性，从而提高学生的参与度，使得学生在彼此之间的互动与交流中学习体育理论并提升体育技能，有利于培养学生的实践能力和团队协作能力，同时也有利于激发学生对于体育课程学习的兴趣与热情，从而增强学生的体育学习效果，最终实现体育教学目标。在高校体育教学过程中，在实施多元化体育教学模式时，要充分挖掘并利用已有的体育教学资源对体育教学模式进行适当的改革与创新，增强体育教学模式的新颖性、多样性与有效性，并积极引入符合学生身心发育特征、受大多数学生欢迎的体育活动形式，在保证体育教学模式科学性与实用性的基础上，进一步丰富高校体育教学模式，从而促进高校体育教育事业的高水平发展。高校体育教师在体育教学过程中，开展多元化教学模式的时候，还应该充分了解并掌握当地学生的实际情况，探索出科学合理且具有特色的体育教育形式，以更进一步地丰富整个体育教育体

系，对体育教育相关资源进行充分挖掘与有效整合，并且可以在整个教学过程中，适当融入一些具有趣味性的元素，以实现体育教学过程的趣味化与特色化，最终促进高校体育教学有效性的提升。

二、体育教学模式多元化的必要性与可行性

（一）体育教学模式多元化的必要性

多元化已经成为当今社会多个领域发展的普遍追求。在学术领域中，多元化发展为学术理论的生存与发展提供了比较广泛的空间。在如今的社会中，传统的绝对主义思想已经渐渐被多元化发展思想所取代，渐渐失去了其存在的意义。在当今信息时代背景下，多元化发展思想渐渐推动着现代教学模式的合理化与科学化发展。所以，在新时期，对于高校体育教育而言，非常有必要顺应时代发展的需要，自觉改变过去传统单一的体育教学模式，积极改革并创新体育教学模式，并结合本校发展实际，充分挖掘、利用、整合当地教育资源，探索出多种符合实际的新型体育教学模式，进一步丰富体育教育体系，以实现体育教学模式的多元化发展，促进高校体育教育整体水平的有效提升，这是当前高校体育教育过程中非常重大的举措。

（二）高校体育教学模式多元化的可行性

1.课程行政主体的多元化

我国于2001年7月颁布了《体育与健康课程标准》，该标准中提出要对课程管理的权力进行下放，与此同时，还提出了三级课程管理体制，具体地说，就是建立国家、地方与学校共同管理的课程体制。对于学校而言，将有更多的自由与权力来管理体育教学内容与教学方式等。我国所制定的新课程标准与传统的教学大纲具有比较明显的差异，主要表现为只是制定了教学目标，而对具体的教学内容没有进行详细且硬性的规定。该课程标准还将体育教学目标进行了适当的划分，分成了五个领域和六个水平。但是对详细的评价方法与可行性的评价方案没有进行具体明确的规定，而是交给高校和体育教师来自行设定。总之，该体育课程标准的实施为高校体育教学模式的多元化发展提供了良好的政策环境。

2.对传统体育课教学模式的反思

在传统体育教学中，主要教学目的在于提高学生的体能素质，并向学生传授运动技术。在传统的课堂教学中，主要运用的是一种教师讲解示范—分解练习—完整练习—熟练巩固的教学模式，在该模式下，主要是以学生的运动技能形成规律为基础的。尽管这种传统的体育教学模式有利于增强学生的身体素质，有利于提高学生的运动技能，但是缺乏一定的针对性，不利于学生综合素质的全面

发展。该模式没有充分尊重学生的个体差异性，没有充分考虑不同学生的实际情况，这种单调传统、缺乏针对性的体育教学模式导致很多对体育运动感兴趣的学生不乐意上体育课的现象。由此可见，这种传统单一的体育教学模式不利于学生体育素质与综合能力的全面发展。基于这样的情况，作为高校体育教学工作者，应该积极创新，勇于探索，自觉培养自己的创新意识与探索精神，并根据时代发展需要，结合现代体育教学理念，构建出多元化的新型体育教学模式，从而培养出符合时代发展需求的复合型人才。

三、新时期高校体育教学模式多元化发展的策略

（一）加深对体育教学模式多元化的认知

在当今这个信息时代背景下，各大高校应该积极转变自己的体育教学理念，积极学习并引入先进的教学理念，在传统的体育教学评价中，教师只是将学生的成绩作为评价学生体育能力的唯一标准，这种评价方式缺乏一定的科学性与全面性，难以对学生进行客观公正的评价。在新时期，高校体育教师在注重学生体育能力的评价时，还应该注重学生身体素质、心理素质等多方面的评价。因此，在体育教学过程中，高校与体育教师应该重新审视信息化教学的重要价值，充分认识体育教学的重要性，适当提高体育教学的地位，实现其学科地位的提升，要想做到这一点，首先就需要高校体育教学工作的管理者充分认识到体育教学模式多元化发展的重要性，只有如此，才能使得高校体育教学工作者积极转变过去传统的教学理念，在体育教学实践过程中，能够自觉运用现代信息技术。

（二）创新高校体育教学模式

在信息时代背景下，高校应该以新型的、先进的体育教学理念为思想指导，积极探索出新的体育教学模式，高校体育教师是整个教学过程的重要主体，是整个教学活动的引导者与组织者，在整个教学过程中发挥着非常重要的作用。在实际的教学过程中，体育教师应该充分尊重学生的主体性，通过在教学过程中适当融入一些趣味性元素，以激发、调动学生自觉学习体育课程的积极性与主动性，鼓励并引导学生主动探索体育学习中的奥秘，以培养学生的自主学习能力和实践能力。与此同时，体育教师还可以根据教学大纲的要求，积极开展具有趣味性的体育教学活动，例如，体育教师可以通过分组教学法与比赛教学法相结合的方式，让学生通过自由组合与比赛活动的形式，主动参与到体育项目技术的学习中，从而激发学生的学习兴趣与热情，最终实现体育教学效果的提升。

（三）提高高校教师的技术水平

在互联网时代背景下，信息技术已然成为推动教学发展的重要手段，而在

信息环境下，高校应该加大对体育教学专业技能的训练，比如说，对计算机相关知识的培训，要求教师必须要掌握相应的Photoshop和Office办公软件。同时还要学会动画制作等教学视频的制作，将教师的信息技术能力作为教学考核的重要标准，只有这样，体育教师才能够以提升自身的专业水平为根本，不断加强对信息技术的学习，定期与优秀的体育教师进行技术交流，实现共同进步。

（四）加强高校体育教学、科研经费投入

高校体育场地、器材不仅是教师选择教学内容的重要依据之一，同时也是限制大学生参加体育活动的重要因素。高校体育教师在进行教学研究的过程中，遇到最大的问题就是经费投入不够，这在一定程度上降低了他们从事科研工作的积极性。加强学校体育教学、科研经费的投入不仅可以激发教师进行教学改革的动机，也是教改研究能够得以顺利进行的财力、物力保障，还可以激发学生参加体育运动的兴趣与热情。

（五）重视学生在教学过程中的主体地位

素质教育要求把学生作为学习的主体，强调参与、合作、尊重差异和体验成功。教师在选择体育教学模式时，应注重与学生之间的积极互动，共同发展。研究学生的身心特点，因人而异，因材施教，满足不同学生的学习需要。创设能引导学生主动参与的教学环境，激发学生学习的积极性，努力发展学生的聪明才智和个性特点，养成自觉锻炼身体的习惯，使"主动"成为体育教学的核心，引导学生自己去掌握知识、技能，学会锻炼身体的方法，并且实现由"学会"到"会学"的转变，增强学生的学习能力，并使之可持续发展。

（六）运用模式，超越模式

在强调模式方法重要性的同时，还应充分认识到模式方法的局限性。其一，模式是在系统分析的基础上抽象和简化而成的，模式一旦构建完成，即具有相对的稳定性。在一定条件下，模式的稳定性会和不断发生改变的系统产生一定的抵触。此时模式就不具备先进的导向性了。其二，构建模式的目的在于在相同条件的区域进行推广，但是，一旦无限扩大模式推广的领域和范围，就会使其与客观实际相脱离，因此模式是不断发展的，模式的推广也是有条件的。适用一切目的和一切分析层次的模式无疑是不存在的，重要的是根据自己的目的去选择正确的模式，并对多种模式进行综合运用。

综上所述，对高校体育教学模式多元化的探析，旨在改变当前高校传统的教学理念，以信息技术为依托，实现体育教学模式的创新。同时定期开展座谈会，提高教师自身的专业技术，创新教学的内容，从而更好地提高教学的质量。

第六节 体育教学的有效性与正当性

一、体育教学的有效性

我们国家长期的"应试教育"模式导致许多学生苦于文化课的学业压力，让学校把学科的重点教学放在了文化课上，体育课容易被学校忽视，这对于学校的教育工作是不利的。体育课本就在学校课程设置中的所占比重较低，在这样被忽视的情况下，如何提升体育教学的有效性。让学生在稀少的体育课中提高身体素质，帮助他们缓解课业压力，同时也能激发学生对于体育运动的热爱，这是作为一名体育老师所要探究的问题。

（一）教学定位准确，更新教学观念

在中学教育阶段，家长和老师都把大部分注意力放在学生文化课程的训练上，我们承认文化课程对于学生最后成绩的核心影响，但是不能因此而忽略体育教学的重要性。作为一名体育老师，对于如何把控好一节有效的课程教学是有度的，当然教师对体育课程的重要性定位应该是明确的，体育课程的设置应该是能够体现出学生的自主性、主动性和创造性。首先，不管别人怎样看待体育课程的价值，作为体育老师，应该是明确体育的定位是和其他四育并存，对学生的成长是必不可少，所以对于那些占用体育课程的现象，应该说不。其次，教师自身也需要去接纳新的教学理念，在观念的调整更新中改进课程教学。教师应该认识到体育教学对于学生提升身体素质的重要性，在体育教学过程中，教师面向的不是个别学生，而是整个班集体，群体性的教学难度更需要考虑得全面。根据不同的年级学生的课业压力，教师要调整课堂教学的体能训练要求。教师要转变旧观念，根据学生的身体素质实况安排教学内容。体育课是开放性的活动课程，但不代表学生就纯自由活动，教师应该保证每节课都提供给学生一些有科学依据的体能训练。有效的体育教学需要教师有意识地去变换教学方式，寻求自己所代表的体能训练要求和学生所代表的运动需求之间的平衡点。在课程实施过程中的实践安排固然很重要，但在此之前，教师有意识地去规划课程安排，去接纳体育教学中的新鲜观念也很重要。

（二）注重课程训练的科学性

任何一门课程的任课教师都需要专业性的支撑作为提升教学有效性的依据，体育老师也不例外。体育课程和文化课程的不同就在于它的灵活性不确定性因素更高，体育课程很难像文化课程那样去做详细安排，这就给教学活动带来一定难度。学生离开教室可以有难得缓解压力的时机，但并不意味着体育老师就完全给学生自由安排，怎样把控好学生放松的度以及让学生完成一定量的体育训练，这就体现出体育教师的智慧了。

教师除了对于体育知识要有系统性的掌握，还要懂得把专业知识结合学生兴趣，科学合理地呈现在教学过程中。例如，教师在正式运动之前，做好准备活动，在选取教学内容时能够考虑到大部分学生的需求。传统的体育课程设置都是以教师诉求为主，现在我们不妨尝试做出一些改变，在进行实践运动之前向学生传授一些体育知识，通过讲解帮助学生对即将要学习的体育课程内容有一定了解，然后可以征询学生兴趣意愿开展体育安排。当然，开展任何一项体育运动之前，教师要对整节课程的安排有科学规划，本节课程要让学生达到什么程度的体能素质，为了实现这一目标，又应该从哪些准备活动做起，中间又需要增加哪些额外的体能训练。体育课的开放性、运动性就决定这门学科在教学中对思维训练和肢体训练都有要求，需要教师科学安排课程内容，打破机械式的体育训练，增加课程趣味性，真正让学生在活动参与中体验到体育运动的魅力所在，只有学生有参与体育运动的渴望，才能激发学生的积极性，努力配合教师的课程教学，从而提升体育教学的有效性。

（三）充分利用教具，有效利用丰富的教学资源

传统体育课程的教学方式就是让学生通过跑、跳等训练机能的发展。而随着时代的进步，在各种运动器材的辅助之下，体育课程给学生带来真正意义上的运动体验，也为学生提供更加富有真实感的课程教学体验。而且，随着信息化时代的到来，教师可以采用数据汇集的方式，利用丰富的教学资源帮助学生进行体能素质记录。不定期为学生记录体质测量数据，提高学生对身体素质的关注度，这对于提升学生的课程积极性、专注度是有积极影响的，也可以帮助教师实现体育教学的有效性。

学校体育工作要始终以学生为主，教师不仅重视学生的文化课成绩，也要看到体育运动对学生的必要性。有目的、有计划地规划教学内容，体育老师应该充分利用教学时间，真正发挥体育课的效用，让学生在体育活动中既能得到放松，同时也会为文化课的学习塑造良好的身体状态。

二、体育教学的正当性

课堂教学不仅应当是有效的，而且应该是道德的或正义的，这是肯尼斯·斯特赖克所提出的有关有效教学的正当性问题。有时候在追求效率、效益、效能的

基础上，会忽略对体育教学正当性重视，往往看重的是成绩、荣誉。人们不会反过来问"有效的教学是否就一定是正当的教学？"在教学中，教师往往重视那些成绩比较好的学生，对那些成绩差的学生或身体有一定缺陷的学生是不关注的。从整体上看，这样的教学可能会提高效率，但它是正当的吗？在体育教学过程中，教师为了让学生达到预期的结果，以损害学生的身心健康方式，有效地获取了成绩，这样的教学是否就一定是正当的？

（一）正当教学的内涵

正当教学主要是指教学者的教学行为和教学实践应符合人类最基本道德的一种属性。

从内容上来看，包括五个方面：

（1）正当的教学应当是符合法律要求的，不合法何谈正当。教师在教学过程中应当尊重每位学生受教育的权利。

（2）正当的教学应该是平等的。教师要做到一视同仁，平等待人。

（3）正当的教学要以学生为中心，要尊重学生，在教学中体现学生的主体性。

（4）正当的教学应该是符合道德的要求。如诚实守信、公平正义等。教师在教学过程中要促进学生的道德理念，培养学生成为有德之人。

（5）正当的教学应该发挥教师的带头作用，做到宽严有度、松紧有法，才能保障教师的正当性。

（二）体育教学中正当教学的主要原因

1.一味地提高有效的教学，而忽略了对正当性的重视

教学正当性是教学有效性的前提，教学有效性是教学正当性的核心，两者相辅相成，缺一不可。有些教师一味地按照学校过旧的制度去要求学生，被迫学生去做自己不愿意做的事，最后的结果会造成学生破罐子破摔，甚至会伤害学生的身心发展等现象。就《青少年健康体质标准》来说，有关教育部门重视学生的体质是否达到国家所要求的标准，各校必须准确地统计相关的数据，而多数学校为了应付，随意伪造，尤其是农村学校。忽略了有效的正当性。

2.一味地只按预设的结果来教学

教师在安排课时，预期学生在这堂课中所要达到什么目标。比如教师在课前备课和准备等这一系列的工作在教学中是不可替代的，但这只是一小部分，它展现出了一种"生成性"，而它的生成性在于预设只是一种构思和可能，体育教学实践过程中是无法预设的，有可能会出现，有可能不会出现。因为课堂是活的，而不是定性成那样就是那样的。教学的有效性过于注重预设性，而忽略了在教学过程中发生的意想不到的情景，一味地陷入了机械式的教学观念。

3. 一味地体现出以教师为主要角色

教学活动是教师的教和学生的学双边活动。常常提倡"以学生为中心，学生是主体"等话题。从目前教学来看，当运用到实践中去，两者之间的关系还是含糊不清，没有体现出学生的主体性。教师在讲解时，剥夺了学生的发言权利，使学生渐渐形成了没有发言的意识，像这样的教学能体现学生的主体性吗？在体育教学实践中，教师与学生之间、学生与学生之间有语言直接交流的同时，也要有肢体的直接交流，这样特殊的交流会导致教学过程中的随机应变和不可预测性，因此要注重教学的正当性。

三、体育正当教学应采取的措施

（一）保证每一位学生有参与体育活动的权利

体育课程在大学校园是一门必修课程，每一位学生都具有上体育课的权利。体育教师的职责不是禁止学生上体育课，而是鼓励学生积极参与体育活动。在体育实践过程中，有些学生不遵守课堂规则，在课堂上调皮捣蛋或者有些学生身体比较残缺，教师为了提高教学的有效性，禁止他们参与体育活动。我们应做到：用自己的智慧和良好的教法去吸引学生，对于那些不愿意参与体育活动的学生，教师要积极地做思想工作，多去跟学生沟通；对于那些上体育课有困难的学生，教师要把他们领进操场，让他们观察体育带给人的快乐。

（二）体育教学的正当性要做到区别对待

"区别对待"教学原则在体育教学中尤为重要，因为在同一年级、同一层次的学生在智力方面可能差别不太大，而在身体素质和运动技术方面，他们存在着很大的差距，因此会造成学习运动技术快慢的问题。体育教学为了提高教学的有效性，教师对那些学习较快的学生相当重视，而忽略了学习较慢的学生或身体有缺陷的学生，这样的教学是不正当的。要根据学生的身体素质和运动技术的能力、兴趣爱好，合理地分组，教师在有效性教学中要确保教学的正当性。

（三）确保以学生为中心的主体地位

在体育教学实践过程中，学生也有自己的观点和主见，教师不要把学生当成实现某种外在目的的手段。如一些体育老师片面地认为体育课以学生为中心，而自己觉得讲解、示范、传授越少越好，把大量的时间留给学生练习，教师却成了闲人，学生迷迷糊糊地就上完了一堂体育课。我们应该让学生不是消极被动地接受教育，而是让他们主动、刻苦、有创造性地去学习。不是说以学生为中心，教师就没有意义了，而要把两者结合起来，把握好课的尺度，才能使教学达到有效的发展。

参考文献

［1］胡亦海.竞技运动特征研究［M］.北京：人民体育出版社，2013.

［2］胡亦海.竞技运动训练理论与方法［M］.北京：人民体育出版社，2014.

［3］冯连世，冯美云，等.运动训练的生理生化监控方法［M］.北京：人民体育出版社，
   2006.

［4］钟秉枢.运动员基础训练的人文社科指导［M］.北京：北京体育大学出版社，2005.

［5］刘丹.球类运动训练理论批判［M］.北京：北京体育大学出版社，2006.

［6］国家体育总局竞技体育司.备战2012年伦敦奥运会训练理论与实践创新文集［M］.北
   京：北京体育大学出版社，2011.

［7］陈小平.竞技运动训练实践发展的理论思考［M］.北京：北京体育大学出版社，2008.

［8］胡亦海.竞技运动特征研究［M］.北京：人民体育出版社，2013.

［9］张达成.现代体育运动科学训练理论与方法探索［M］.北京：中国纺织出版社.2017.

［10］郭斌，颜彤丹，刘翔.体育运动训练理论与实践指导［M］.北京：人民日报出版社.
   2017.

［11］国家体育总局科教司.现代教练员科学训练理论与实践［M］.北京：人民体育出版社.
   2015.

［12］孙民治，陈钧，孙凤武.现代篮球运动科学化探索［M］.北京：北京体育大学出版社.
   2009.

［13］文超.中国田径运动史［M］.广州：华南理工大学出版社.2014.

［14］吴兆祥.现代学校体育与健康［M］.合肥：安徽大学出版社.2006.

［15］谭朕斌.篮球运动基本理论与实践研究［M］.北京：北京体育大学出版社.2007.

［16］张立.数字体育探索［M］.北京：北京体育大学出版社.2007.

［17］张外安，孙洪涛，蒋先龙.高教体育论坛［M］.长沙：湖南大学出版社.2005.

［18］张承明，陈孟云.云南现代教育探索与实践2012第2辑［M］.昆明：云南人民出版社.
   2012.

［19］徐燕平，王立新.体育教育探索之舟：2012年上海市中小学体育科学论文精选、案例精

选3〔M〕.上海：上海教育出版社.2012.

〔20〕谭智平，徐国正.高校运动队管理探索〔M〕.长沙：湖南大学出版社.2009.

〔21〕张力为，任未多.体育运动心理学研究进展：国家体育总局体育科学技术成果专辑〔M〕.北京：高等教育出版社.2000.

〔22〕李老民.田径运动教程〔M〕.北京：北京体育大学出版社.2008.

〔23〕何敬恩.攀岩运动机遇与挑战〔M〕.武汉：中国地质大学出版社.2010

〔24〕胡亦海.竞技运动训练理论与方法〔M〕.北京：人民体育出版社.2014.